HANSJÖRG SING

D1704091

ANDALUSIEN

verlag
VIA

Fotos und Pläne: Hansjörg Sing

Grafik: Jasmin Gubo

Zeichnungen, Gesamtgestaltung und Umschlagsentwurf:

Olly und Hansjörg Sing

Titelbild: El Rocio (Provinz Huelva)

Buchrückseite: Puerta de Socorro, Niebla (Provinz Huelva)

Bilder der vorderen Umschlaginnenseite (von links nach rechts):

  oben: Jimena de la Frontera (Cadiz)

        Gärten der Alhambra (Granada)

        Park Maria Luisa (Sevilla)

Mitte: Andalusischer Bauernhof bei Ronda

unten: Mojácar (Almeria); Velez Blanco (Almeria)

Bilder der hinteren Umschlaginnenseite:

        Straße von Gibraltar bei Tarifa

        Bauernhof bei Loja (Granada)

        Costa de la Luz

© für P. Picasso (S. 50 und 51) by VG Bild-Kunst, Bonn, 1987

1. Auflage 1988

2. Auflage 1992

© 1988   Via Verlag
          Postfach 3572
          D-7900 Ulm

Alle Rechte vorbehalten

Druck: Franz Spiegel Buch GmbH, Ulm/Do.

Printed in Germany   ISBN: 3-9801068-2-9

INHALT

ANDALUSIEN

Das Land im Südwesten Spaniens mit 320 Sonnen-
tagen im Jahr.
Ein Land der faszinierenden Begegnung zweier
Welten und Kulturen: Orient und Okzident, deren
Zeugnisse man in Granada, Cordoba, Sevilla und
vielen anderen Städten bewundern kann.
Eine abwechslungsreiche Landschaft mit weiten
Horizonten, zwischen denen endlose Olivenplantagen oder riesige, unberührte Gebiete liegen; mit
freundlichen Dörfern, in deren blendend weißen Mauern die mit Schmiede-
eisengittern und Blumen verzierten Fenster schwarze und bunte Kontraste setzen; mit schönen Städten und selbstbewußten, lebensfrohen
Menschen, über deren Lippen Worte wie 'alegria' und 'corazón' (Freude
und Herz) öfter kommen als anderswo, und in die auch der Fremde mit
offenem Herzen mit einbezogen wird.
Über Andalusien gibt es zwei Klischeevorstellungen, die gleichermaßen
extrem wie falsch sind: einmal das immer noch heraufbeschworene Bild
vom Armenhaus Spaniens, dessen Bewohner von Feudalherren geknechtet
und ausgebeutet werden, zum anderen das in den Prospekten der Touri-
stikwerbung ewig singende, tanzende und feiernde Andalusien. Tatsache
ist, daß der Andalusier ein Sanguiniker mit Temperament ist, gerne feiert
und der Arbeit nicht gerade mit heraushängender Zunge nachläuft.
Andalusien ist die Geburtsstätte des Flamenco und des Stierkampfes,
die aus seiner vielschichtigen Vergangenheit entstanden sind, ist das
Land der Fiestas und Romerias, des Jerez-Weines (Sherry) und edler
Pferde; es hat die höchsten Berge Spaniens, die interessantesten Natur-
schutzparks und die längsten Meeresküsten.
'Una region rica' - ein reiches Land - wenn man berücksichtigt, daß
das spanische Wort 'rico' weniger für reich, eher für herrlich oder präch-
tig steht, wo der aufgeschlossene Besucher - ich vermeide bewußt das
Wort Tourist - so recht nach meinem Motto leben kann:

> 'Die Vergangenheit bewundern,
> die Gegenwart genießen!'

Das heutige Andalusien hat an vielen Orten den Glanz seiner Vergangenheit bewahrt, die sichtbaren Erinnerungen an die Zeit um die erste Jahr-
tausendwende, als das Kalifat Cordoba der 'Leuchtende Stern der Welt'
genannt wurde, weil dort Gelehrte aus vielen Ländern in toleranter Zusammenarbeit den Grundstein zur Entwicklung von Wissenschaft, Zivilisation und Kultur legten.

Spanien und Spanier

V i v a   E s p a ñ a

LAND DER GEGENSÄTZE

Die Frage nach den Deutschen ist schon schwierig genug. Sind die Straß-
burger, die Züricher oder die Wiener Deutsche?
Den Spanier als solchen gibt es eigentlich gar nicht. Ein Ostfriese und
ein Bayer können sich in ihrer jeweiligen Muttersprache gerade noch ver-
ständigen. Die Kommunikation zwischen einem Andalusier und einem Basken ist, sofern jeder seine Mundart spricht, nur noch mit Gestik und
Mimik möglich. Denn der 'Euskaldun' (= jemand, der die baskische Sprache
besitzt) benützt ein Idiom, das einer der vielen Theorien zufolge auf
das Uriberisch zurückgeht, und das sich für jeden Außenstehenden wie
die Sprache der Marsmännlein anhört. Von den rund 2,7 Millionen Basken
können allerdings nur etwa 6,3 Tausend Baskisch sprechen. In Madrid
und Umgebung spricht man das 'Castillano', das der offiziellen Landes-
sprache am nächsten kommt. Von verschluckten Endlauten und -silben
und einer etwas anderen Betonung abgesehen ist das Andalusische vom
'Castillano' gar nicht so weit entfernt. Dies ist so verwunderlich nicht,
wenn man bedenkt, daß hier die 'Cuna de la Hispanidad', die Wiege des
vereinten Spanien stand, wie im Kapitel der Geschichte Spaniens noch
zu lesen sein wird.
Wer von Süddeutschland aus nach Santiago de Compostela im Nordwesten Spaniens (Hansjörg Sing: DER JAKOBSWEG) und weiter nach Portugal fährt, erlebt die Willkür politischer Grenzen in Europa. Sind die Elsässer Deutsche oder Franzosen? Sind die Basken Franzosen oder Spanier?
Sind die Galegos (Galizier) Spanier oder Portugiesen? Die Antworten von
den Betroffenen lauten mehr und mehr: Elsässer (bzw. Basken oder Galegos) wollen wir sein.
So bilden beispielsweise Galizier und Nordportugiesen eine Einheit aus
Sprache, Kultur und Brauchtum. Im Gegensatz dazu liegen Welten zwischen einem Galizier und einem Andalusier im Hinblick auf Mentalität,
Charakter und Temperament. Sagte ich Welten? Galaxien! Angesichts
solcher Unterschiede erkennt man die Fragwürdigkeit des Begriffes 'die
Spanier'.
Madrid liegt, sozusagen als Verwaltungseinheit, im Fadenkreuz vier
konträrer Regionen: Katalonien im Osten, ein hochindustrialisiertes Wohl-
standsland mit starker Autonomie, Baskenland im Nordosten, ebenfalls
wohlhabend und autonom bis separatistisch, Galizien im Nordwesten, bescheiden im Vergleich mit den vorgenannten im Lebensstandard, jedoch
selbstbewußt in seiner autonomen Eigenheit, und - warum nennt man
sie eigentlich immer zuletzt? - die Andalusier im Südwesten, deren Tem-

perament, Lebensfreude und Lautstärke im umgekehrten Verhältnis zu ihren Autonomiebestrebungen und ihrem Anteil an Produktionseifer und Konsumtrieb stehen.

DEZENTRALISIERUNG UND REGIONALISIERUNG

Die spanische Verfassung von 1978 unterscheidet und anerkennt:
1. Drei historische Nationalitäten innerhalb der spanischen Nation: Baskenland, Galizien und Katalonien.
2. Sieben Einzelprovinzen wie Madrid, Murcia, Navarra, Rioja, Asturien, Kantabrien und die Balearen.
3. Sieben Regionen mit regionaler Autonomie wie Andalusien, Aragon, Extremadura, Kastilien - La Mancha, Kastilien - Leon, Valencia und Kanarische Inseln.

Die 15 Regionen des spanischen Festlandes:

Damit besteht Spanien heute aus 17 autonomen Gemeinschaften, sogenannten 'comunidades autonomas'. Die Unterschiede in der Durchführung der Autonomie der Sprachen werden für den Touristen oft beim Lesen der Ortsschilder signifikant: entweder nur spanisch, spanisch und regional, oder wie in Katalonien schon häufiger anzutreffen, nur noch regional.

Auf älteren Landkarten und in vielen Büchern steht beispielsweise noch: Lerida (zwischen Barcelona und Zaragossa), auf den Hinweisschildern aber nur noch: Ileida. Dem Gast in Galizien wünscht man gelegentlich schon eine 'boa noite', statt 'buenas noches'. Der Andalusienreisende hat es diesbezüglich leichter. Zwar hat auch die Region Andalusien ihre Autonomie, doch ist sie im Hinblick auf ihre geschichtliche Entwicklung, ihre Rasse und Sprache bei weitem nicht vergleichbar mit der Besonderheit jener drei Nationalitäten der Basken, Galizier und Katalanen. Man gewöhnt sich relativ rasch daran, die Auslassungen der Mundart mitzuhören und ein 'becao' als 'pescado' (Fisch) oder 'ba na' als 'para nada' zu verstehen.

Die Ursachen für die Unterschiede in der Autonomie der Regionen Spaniens liegen unter anderem auch in wirtschaftlichen Potentialen begründet: Katalonien mit seinem Industriezentrum Barcelona kann sich finanziell eine eigene Polizei leisten, während Andalusien sich solchen oder ähnlichen Luxus versagen muß.

Des weiteren gibt es Regionen mit stark ausgeprägtem Nationalismus wie Katalonien oder Baskenland; andere wie zum Beispiel Andalusien zeigen einen nur gemäßigten Regionalismus. Drei Zahlen sagen dazu vielleicht mehr als viele Worte: in den ersten vier bis fünf Jahren der Parlamentstätigkeit der 'comunidades autonomas' wurden in Katalonien 85, in Baskenland 66, in Andalusien nur 24 Gesetze verabschiedet!

EIN PAAR GEMEINSAMKEITEN

Bei aller bisher aufgezeigten Gegensätzlichkeit im Land der Spanier habe ich im Laufe meiner vielen Reisen kreuz und quer durch dieses schöne Land einiges entdeckt, von dem man sagen könnte, es sei typisch spanisch.

Wer nun erwartet, daß ich mit dem Stierkampf beginne, unterliegt bereits einer der vielen falschen Klischeevorstellungen über Spanien, denn in Galizien zum Beispiel gibt es keine 'corrida', von zwei Ausnahmen abgesehen: einer 'Pequeña Corrida' (kleiner Stierkampf) in Pontevedra und Noya im August. Im übrigen widme ich dem umstrittenen Thema Stierkampf ein eigenes Kapitel in diesem Buch, da andererseits Andalusien 'la cuna de la tauromaquia' - Wiege des Stierkampfes - ist, gemeint ist der Stierkampf zu Fuß.

Was also ist für ganz Spanien typisch? Trotz intensiven Nachdenkens sind mir zu dieser Frage schon beim Schreiben meines ersten Spanienbuches 'Der Jakobsweg' nur zwei Dinge eingefallen, und es will partout kein drittes dazukommen.

EL PASEO
Eine spanische Stadt kann noch so groß, ein 'pueblo de Dios', ein Dorf in der verlassensten Gegend, noch so unscheinbar sein - sie haben ihren Paseo.

Das ist ein Platz oder eine Straße im Zentrum, wo allabendlich, so etwa zwischen 19 und 21 Uhr - je südlicher, desto später - das ganze Dorf oder ein großer Teil der Stadtbevölkerung sich trifft. Genauer gesagt: man bummelt hinauf und hinunter, redet hier, lacht dort über irgendwas, ruft sich etwas zu, geht wieder hinauf, trinkt einen 'café solo', schlendert hinunter, kaut 'pipas' (Sonnenblumenkerne) und spuckt die Spelzen aus, ohne die Kerne zu verlieren. Eine Kunst, die man mindestens zehn Jahre geübt haben muß.

Mädchen zu Gruppen, immer über irgend etwas kichernd, vor allem über die Blicke von drüben, wo man sich lässig gibt. Getuschel und Gekicher auf der einen, zur Schau getragene Überlegenheit auf der anderen Seite des Paseo sind die Deckel, unter denen es kocht.

Die Mütter wissen das und passen auf. Auf die Töchter. Der ältere Bruder weiß es und paßt auf die kleine Schwester auf. Die Väter wissen es auch und zucken mit der Schulter. Über die Söhne. Auf die Töchter passen sie auf. Die Alten wissen es und lächeln geheimnisvoll. Der 'Cura' (Pfarrer) weiß es auch und denkt schmunzelnd an die Beichte.

Neuerdings findet man, vorläufig und hauptsächlich in den Städten, auch schon die Attribute internationalen Standards: Disco, Pille und Porno. Ist das nun Fortschritt?

Verlobte gehen Hand in Hand. Verheiratete stehen in Gruppen. Frauen hier, Männer dort. Bei den Frauen stehen die Kinderwagen. Der Advokat hat die Gattin am Arm. Damit man das schwere, goldene Armband besser sieht. Ich höre immer wieder mit neuem Vergnügen zu, wenn die Mütter ihre Kinder rufen, vor allem die Mädchen: Maria del Carmén beispielsweise. Das wird immer ganz ausgesprochen, ausgenommen beim Tadel: 'niña!' mit sehr langem A. Remedios, Purificación, Inmaculada. Versucht man, diese Namen in unsere Sprache zu übersetzen, erscheinen sie wie gerupfte Paradiesvögel: Abhilfe, Reinmachung, Unbefleckte.

Dann, so gegen 21 Uhr, je nach Breitengrad wieder verschieden, verschwindet alles wieder wie ein Spuk. Die Plaza, der Paseo, die Rambla oder wie immer sie heißen, sind wie leergefegt.

Das Abendessen findet in Spanien selten vor 22 Uhr statt. Danach beginnt die zweite spanische Gemeinsamkeit:

LOS BARES

Man kann das kaum übersetzen, auch nicht mit dem Wort Kneipe. Man muß es erleben.

Vamos a tomar una copa - Gehen wir auf ein Gläschen!

Kein Land hat eine so hoch entwickelte Kneipenkultur wie Spanien. Man kann diese Art der Gastronomie weder mit unserer Stehbier-Eckkneipe, noch mit der Bar Frankreichs oder Italiens vergleichen. Die spanische Bar hat eine lange, hölzerne oder gemauerte Theke, was noch nichts Außergewöhnliches ist.

'Tapear' heißt das Zauberwort, und 'tapas' sind jene Gaumenfreuden, die in Wannen, Schalen oder Tabletts auf der Theke stehen und in Portionen serviert werden, die gerade einen Mund voll zwischen zwei Gläsern ergeben.

Zur Information für den Spanien-Neuling: es gibt Tapas, die einem der Wirt unaufgefordert - und damit gratis - hinstellt: ein paar eingelegte Oliven, zwei oder drei Käsestückchen oder Wurstscheiben, und solche, die man mit der Frage 'hay tapas?' (gibt es Tapas) verlangt und bezahlt.

Solchermaßen werden dann auf kleinen Schälchen diverse Salate, Braten-stücke in Sauce, Gemüse in vielerlei Variationen, Geflügel, Fisch oder Mariscos (Krusten- und Schalentiere) und natürlich auch der berühmte Serrano-Schinken gereicht, über den ich im Kapitel Sierra Aracena, Jabu-go, Provinz Huelva ausführlich berichten werde.

'Tapear' heißt von Bar zu Bar gehen, eine Tapa zwischen zwei Bierchen hier, einen Café solo dort zu sich zu nehmen, Freunde zu treffen, Neuig-keiten bei einem Gläschen Weißen zu hören und sie bei einem Roten an der nächsten Theke weiter zu erzählen. Der Spanier hat keine Stamm-

Das Singen von 'Coplas' ist Ausdruck unverfälschter Lebensfreude

10

kneipe, wo er den ganzen Abend verbringt. Er geht seine Runde, jedoch nicht als einsamer Zecher, sondern immer in Gruppen, auf der Straße und am Tresen. Er trinkt dabei nicht gerade wenig, und doch ist der betrunkene Spanier die seltene Ausnahme. Extravertierte Lebensform, Kommunikationsbedürfnis und Lebensfreude sind die Beweggründe seines Kneipenbummels, nicht der Alkohol.

Nicht selten kann man sogar erleben, daß sich einige Gleichgesinnte zu einer 'reunion' zusammen finden, zu singen und zu klatschen beginnen und vom Wirt statt voller Gläser eine leere Flasche verlangen. Jene bestimmte Anisflasche mit der geriffelten Oberfläche, die mit einem Löffelstiel rhytmisch, laut und mitreißend bearbeitet wird. Der Spanier braucht keinen Alkohol, um in Stimmung zu kommen; der Andalusier erst recht nicht. Seine Abneigung, sich zu betrinken, wurzelt weniger in der Angst vor einem Leberschaden, sondern vielmehr vor dem Verlust seiner Haltung. Ist das nun der sogenannte stolze Spanier? Vergessen wir dieses Klischee, das falsch ist wie viele andere, möglicherweise jedoch entstan-

Alegria andaluza

den aus der Haltung des Toreros vor dem Stier, oder des Caballeros zu Pferd. In Wirklichkeit verbirgt sich dahinter eine gute Portion Selbstbewußtsein ohne Überheblichkeit, verbunden mit dem tief eingefleischten Bestreben, vor sich selbst, seinen Freunden, der Familie und vor allem seinen Kindern als 'hombre' (Persönlichkeit) zu stehen. Zuviel Alkohol gibt ihn der Lächerlichkeit preis. Das weiß und fürchtet er. Eso es - das ist es.

VOM UMGANG MIT SPANIERN

Es kann dem Besucher Spaniens im allgemeinen und Andalusiens im besonderen durchaus passieren, daß er auf seine Fragen, sei es auf der Straße oder bei einer Behörde, eine vage oder sogar falsche Auskunft erhält.

Das hat auf keinen Fall mit Böswilligkeit zu tun. Hier liegt das zweite Körnchen Wahrheit zum spanischen Stolz. Er will nicht zugeben, daß er etwas nicht weiß. Das noch viel entscheidendere Motiv dafür liegt jedoch in seiner angeborenen Höflichkeit. Es gilt als ausgesprochen unhöflich, auf eine Frage keine Antwort zu geben, und 'no lo se' (das weiß ich nicht) geht nun einmal schwer über seine Lippen.

Selbst von amtlicher Seite erwarte man nicht immer präzise Auskunft. Im staatlichen Touristenbüro in Sevilla drückte man mir ein Merkblatt mit den Öffnungszeiten in die Hand. Derzeitige, aktuelle Ausgabe, Dezember 1987. Der Beginn der Besuchszeit der Kathedrale war mit 10 Uhr angegeben, die Tore öffneten sich jedoch erst um 10.30 Uhr. Nicht nur an jenem Tag, weshalb ich meine Leser bitten muß, die am Ende des Buches angegebenen Öffnungszeiten nicht im deutsch-präzisen Sinne zu verstehen.

Die Hierarchie spanischer Behörden ist ausgeprägter als bei uns, der Respekt der unteren vor den oberen Dienstgraden spürbarer, wenngleich sich auch der niedrigste der Rangfolge als Señor fühlt und als solcher behandelt werden will. Wer von einer spanischen Behörde etwas will, sollte auf gar keinen Fall zeigen wollen, 'was eine Harke ist', und es schon gar nicht mit Bestechung versuchen! Nur mit freundlichen Reden erreicht man etwas, wenn überhaupt. Und mit Geduld. Mit viel Geduld.

Der Spanier, vor allem der Andalusier, ist tolerant und wenig aggressiv. So mancher Streit hört sich furchterregend an, ist aber bei näherer Betrachtung nur eine Mischung aus Lautstärke und Drohgebärde. Ich habe im Verlauf von 22 Jahren noch keine Schlägerei gesehen. Auch im Verkehr bewegt sich der Spanier eher defensiv als aggressiv. Ausnahmen bestätigen wie immer die Regel.

In einer Verhandlung in Spanien, und auch das gilt für Andalusien wieder besonders, sei es mit Ämtern, Polizei, Rechtsanwälten und anderen Personen, steckt, obwohl die Mauren seit 1492 nicht mehr im Lande sind, immer noch viel Orientalisches. Ein Nein ist kein Nein für alle Zeiten. Beim dritten oder vierten Mal oder später wird daraus ein 'vamos a ver' (wir werden sehen, vielleicht), noch später vielleicht ein Ja.

Wie gesagt, orientalische Geduld, Höflichkeit und Gelassenheit sind erforderlich, und dies umso mehr, je südlicher man sich in Spanien befindet.

Die Geschichte Spaniens

ex oriente lux

Die Geschichte Europas ist ohne die Spaniens nicht denkbar, und die Geschichte Spaniens wurzelt tief in der Andalusiens.

Die rund 800 Jahre andauernde Hochkultur Andalusiens brachten jedoch die Mauren ins Land. Der Mitteleuropäer reist heute nach Westen, um die Kultur des Ostens kennenzulernen.

Ex oriente lux - das Licht kam von Osten; Andalusien war der Spiegel, der es ins Abendland reflektierte.

Von den vier markanten Ereignissen im Verlauf dieser Geschichte

DAS MAURISCHE SPANIEN

RECONQUISTA, RÜCKEROBERUNG SPANIENS DURCH DIE CHRISTEN

CONQUISTA, EROBERUNG DER 'NEUEN WELT'

INQUISITION, VERTREIBUNG UND VERFOLGUNG DER MAUREN

standen zumindest drei in enger Beziehung zu Andalusien, weshalb ich in den folgenden Kapiteln diesen spannenden Ereignissen etwas mehr Raum geben möchte, als denen davor oder danach.

DAS VORMAURISCHE SPANIEN

Die Iberische Halbinsel hat ihren Namen von den Ureinwohnern des Landes, den Iberern. Seit dem ersten Jahrtausend vor Christus tauchten, hauptsächlich im Süden, abwechselnd Phöniker, Griechen und Karthager auf.

Im ersten und zweiten Jahrhundert nach Christus eroberten die Römer nach und nach 'Hispania', zuerst die Provinzen Tarraco (Tarragona) und Corduba, dann, unter Augustus, das ganze Land.

Nach einem Zwischenspiel der Vandalen, hauptsächlich in Andalusien, begründeten die Westgoten ab dem fünften Jahrhundert ihr Reich, das aber sehr bald in rivalisierende Königreiche zerfiel, die im Verlauf von rund zwei Jahrhunderten in ihren Völkern Unzufriedenheit und Verbitterung hervorriefen.

In dieser Situation wurde zu Beginn des achten Jahrhunderts Spanien von den aus Nordafrika eindringenden Mauren vorgefunden.

DAS MAURISCHE SPANIEN

Die folgenden Ereignisse rechtfertigen eine Umformulierung des häufig zu lesenden 'Spanien unter den Mauren' in: 'Spanien mit den Mauren'.

Denn bereits bei dem entscheidenden Sieg der Araber über die Christen, im Jahre 711 bei Jerez de la Frontéra, hatte Roderich, König der Westgoten, keine begeisterten Kämpfer auf seiner Seite. Viele seiner Leute verbündeten sich sogar mit den Mauren, die mit ihrem Feldherren Tarik an jener Stelle spanischen Boden betraten, die heute noch seinen Namen trägt: Gibraltar, von Gebal Tarik = Felsen des Tarik. Jener Roderich war im übrigen nicht, wie oft fälschlicherweise behauptet wird, der letzte Westgotenkönig. Im Norden Spaniens fand im Tal von Covadonga, nördlich der Cantabrischen Berge, bereits im Jahre 722 unter der Führung des Westgotenkönigs Pelayo die erste Schlacht gegen die Mauren statt, der erste Sieg der sogenannten RECONQUISTA, der Rückeroberung Spaniens aus der Herrschaft der Mauren. Doch davon im folgenden Kapitel 'Reconquista' mehr, denn im Süden regierten die Mauren bis zur Übergabe von Granada an die Christen im Jahre 1492. Das Jahr, in dem Kolumbus Amerika entdeckte.

Bevor wir mit der Geschichte des maurischen Spanien fortfahren, sei dem interessierten Leser zwischendurch gesagt, daß Mauren nicht gleich Mauren waren.

Das Kalifat Cordoba, Zentrum der Wissenschaften und Forschung, verdankt seine Blütezeit vom achten bis zum 10. Jahrhundert dem Geschlecht der Omaijaden, allen voran Abd ar-Rahman I und III, einer Seitenlinie der Kalifendynastie von Damaskus. Beim Kampf gegen die Christen im Verlauf der Reconquista erschienen ab 1086 die Almohaden, eine Berberdynastie aus Nordafrika, und regierten rund ein halbes Jahrhundert in Sevilla. Ebenfalls aus Nordafrika kamen ab 1145 die Almoraviden, glaubensfanatische und kriegerische Stämme, die mit dem Schwert besser umzugehen wußten, als mit Büchern. In fanatischer Verblendung zerstörten sie sogar Kunstwerke ihrer eigenen Glaubensgenossen, wie zum Beispiel die Palastanlage Medina Azahara (siehe Provinz Cordoba).

Die Nasriden, die von 1238 bis 1492 in Granada regierten,

Granada: Alhambra

Cordoba: Mezquita (Moschee)

kamen wiederum aus dem Osten, schufen jene verfeinerte Kultur, deren Glanz wir heute noch in der Alhambra bewundern können, und verstanden es ohne jegliches Schwertgeklirr, allein mit diplomatischem Geschick, wenngleich als Vasallen Kastiliens, sich bis 1492 zu halten.

Diese Unterschiedlichkeiten innerhalb der Mauren in Herkunft, Charakter, Kultur und Weltanschauung trugen erheblich zur späteren Zersplitterung des maurischen Reiches in viele kleine 'Taifas' (Königreiche) bei und verschafften den spanischen Reconquistadoren und einem Karl Martell in Frankreich wesentliche Vorteile im Kampf gegen sie.

Trotz alledem - die 770 Jahre maurischer Herrschaft beeinflußten nicht nur die davon betroffenen Teile Spaniens; sie befruchteten die gesamte, europäische Kultur, und das Geistesleben des Abendlandes ist von ihr geprägt bis auf den heutigen Tag.

Nachdem die Mauren die Westgoten besiegt und weite Teile Spaniens besetzt hatten, führten sie ein im Vergleich zu anderen Besatzungsmächten im Verlauf der Geschichte nachsichtiges und mildes Regime.

Sie heirateten die Töchter des Landes, verbesserten den Ackerbau durch kunstvolle Bewässerungsanlagen und bereicherten die Küche durch Einfuhr und Anbau von Reis, Zitronen, Zwiebeln, Aprikosen, Zucker - in Europa süßte man bis dahin nur mit Honig - und verschiedenen Gewürzen und Süßigkeiten.

Sie beherrschten eine hohe Kunstfertigkeit in Handwerken wie Papierherstellung, Tuchweberei, Eisen- und Lederverarbeitung. Der französische 'cordonnier' (Schuhmacher) hat seinen Ursprung in Cordoba. Sie waren Meister der Keramik, und ihre Erzeugnisse kamen als Majolika, benannt nach Mallorca, nach Europa. Auch die Fayencen in Faenza, Mittelitalien, entstanden unter der Anleitung und nach dem Beispiel maurischer Keramik-Künstler.

Buchhändler und öffentliche Büchereien waren ebenso maurische Erfindungen wie das Schachspiel, die Spielkarten und verschiedene Musikinstrumente.

Das Bemerkenswerteste an ihnen jedoch war ihre Toleranz. An den neu gegründeten Universitäten von Cordoba, Toledo und Sevilla und anderen lehrten und forschten gleichzeitig Christen, Juden und Araber.

Einer der bedeutendsten Philosophen des Mittelalters, der Rabbi Moses Ben Maimon, genannt Maimonides (1134 - 1204), war ein Schüler arabischer Lehrer. Der islamische Gelehrte IBN RUSHD, genannt Averroes, übersetzte und kommentierte Aristoteles.

Musikanten aus:
Cantigas de Sta. Maria

In der Literatur spielte die sinnliche Liebe eine große Rolle, wie zum Beispiel im 'Halsband der Taube' von IBN HAZM.

IBN SHUYAD schreibt lange vor Dante schon über eine Reise durch die Unterwelt, und König Alfons der Weise dichtet als Troubadour Mariens seine 'Cantigas de Santa Maria' in maurischen Versen. IBN DSCHUDI, Sohn des Stadtpräfekten von Cordoba, galt als Urbild des ritterlichen Troubadours. Diese Mischung aus Minnesang und Schwertgeklirr setzte sich später in den südfranzösischen Troubadouren und den deutschen Minnesängern fort.

Don Quijote, der Ritter von der traurigen Gestalt, bildete den liebenswürdig melancholischen Ausklang dieses Rittertums.

Das Cordoba des 10. Jahrhunderts besaß 80 öffentliche Schulen mit kostenlosem Besuch, viele öffentliche Bibliotheken, Bäder und Krankenhäuser.

Die maurischen Universitäten waren die führenden der damaligen Welt, allen voran die von Cordoba. In der Mathematik führten sie das Zehner-Zahlensystem mit der Null ein; bis dahin kannte man in Europa nur die römischen Zahlen. Die Medizin besaß Kenntnisse der Anatomie und des Sezierens von Leichen, und man operierte mit kontrollierter Anästhesie und unter Berücksichtigung der Antisepsis. Schon im 10. Jahrhundert gab es eine erste Approbationsordnung für Ärzte. In der Pharmakologie bediente man sich weitreichender Kenntnisse der Heilwirkung von Kräutern und Giften, die ersten Apotheken Europas gab es in Andalusien, und in der Chemie stammen Begriffe wie Alkali, Alkohol oder Aldehyd aus dem Arabischen.

Ohne die maurischen Universitäten hätte es im christlichen Europa des Mittelalters keine Fortschritte in diesen Wissenschaften gegeben.

In der Architektur fand nicht nur in Andalusien, sondern auch in anderen Teilen Spaniens, so zum Beispiel entlang des Jakobsweges durch Nordspanien, eine gegenseitige Beeinflussung statt. Die Durchdringung der christlichen und maurischen Stilrichtungen zeitigte Variationen wie die der Mozaraber, der Christen, die von arabischer Kunst lernten, und die der Mudejaren, der unter den Christen lebenden Moslems (siehe Sevilla: Alcazar).

Doch nicht nur in der Architektur von Palästen, Kirchen

und Moscheen kann der zeitgenössische Betrachter die Schönheit islamischer Proportionen und Baustrukturen erkennen.

Auch heute noch zeigt das andalusische Bauernhaus auf dem Lande und das Bürgerhaus der Städte etwas typisch Arabisches: den Patio. Dieser von den Wohnräumen umschlossene Innenhof war für die Wüstensöhne der Inbegriff der Geborgenheit in der Oase: Wasser, Baum und Blume, was gleichzusetzen ist mit Lebensquell, Schatten und Schönheit.

"Dem maurischen Spanien verdankt Europa den ersten Funken einer wiederkommenden Kultur" (J. G. Herder)

Das Licht der Geisteswissenschaften und einer verfeinerten Kultur kam aus dem Orient nach Andalusien und strahlte von da aus in die Finsternis des mittelalterlichen Abendlandes.

Ex oriente lux. Olé!

Das bewundernde 'Olé' des Spaniers entstammt dem gläubigen 'Allah' der Mauren.

Im Jahre 1212 fand die Entscheidungsschlacht von Navas de Tolosa, an den Südhängen der Sierra Morena, statt. Alfons XIII. besiegt die Mauren.

Der Einiger der Königreiche Kastilien und León, der König Ferdinand III., der Heilige, erobert 1236 Cordoba, 1238 Valencia, 1246 Cadiz und Jaen und schließlich, 1248, Sevilla. Von dort aus regiert er und dort stirbt er. Sein Grabmal ist in der Capilla Real, der Königskapelle in der Kathedrale von Sevilla zu sehen (siehe: Sevilla).

DIE RECONQUISTA

Die Zurückeroberung Spaniens aus maurischer Herrschaft kann als nationale Bewegung verstanden werden, entstanden aus dem Neid eines politisch uneinheitlichen und auch sonst verzettelten, christlichen Norden gegenüber dem klaren Weltbild und der in seinen Augen beneidenswerten Homogenität des maurischen Reiches im Süden, das außerdem noch - horribile dictu - aus Ungläubigen bestand.

Im Bewußtsein, den rechten Glauben zu haben, und im Bestreben, auch 'jemand zu sein', krempelte man also die Ärmel hoch, holte sein Schwert unter der Matratze hervor und hieb dieses auf des Ungläubigen Haupt. So geschehen erstmals im Tal von Covadonga, im Jahre des Herrn 722, elf Jahre nach Roderichs Niederlage bei Jerez de la Frontéra. Covadonga ist heute ein Nationalheiligtum.

Ferdinand III.
der 'Heilige'

Die Schlacht von Clavijo, südlich von Logroño, brachte im Jahre 844 die entscheidenden Impulse im Kampf gegen die Mauren. Der Sage nach soll der heilige Jakobus, der Jünger Christi, dessen Grab in Santiago de Compostela vom 10. bis zum 16. Jahrhundert zum Pilgerziel von Millionen Menschen aus ganz Europa wurde (H. Sing 'DER JAKOBSWEG) auf einem weißen Pferd dem christlichen Heer vorangeritten sein und ihm zum Sieg verholfen haben.

Seitdem wird Jakobus in Spanien als 'matamoros' (Maurentöter) gefeiert und dargestellt. Granada - Besucher können ihn so über einem Seitenaltar der Kathedrale sehen: hoch zu Roß, die Fahne des Sieges in der Hand und die Feinde unter sich zermalmend. (Foto rechts)

Santiago (sanctus iacobus) ist der Schutzpatron Spaniens und sein Nationalheiliger. Sein Namenstag wird am 25. Juli in ganz Spanien gefeiert.

Der Schlachtruf 'Santiago' beim Kampf gegen die Mauren verlieh ohne Zweifel den Christen Mut, Auftrieb und Ausdauer. Und sicherlich trug auch das kriegerische Können des großen Reconquistadors Ferdinand III. zu den Erfolgen in der Rückeroberung Spaniens bei.

Doch ebenso sicher verdankten die Christen viele Siege in diesem langen Kampf der Schwächung des Gegners durch dessen eigene, interne Zwistigkeiten, wozu vor allem zwei Faktoren zählten: die Zersplitterung ihres Reiches in kleine 'Taifas' (Königreiche), und die Zerwürfnisse und Fehden zwischen Mauren unterschiedlicher Herkunft, Rasse, Glaubenseinstellung und Weltanschauung.

1485 ergab sich Ronda, 1487 Malaga und 1488 Almeria.

Und als 1492 Granada den 'Reyes Catolicos', den Katholischen Königen Isabella von Kastilien und Ferdinand II. von Aragón, übergeben wurde, und das letzte Königreich der Mauren auf spanischem Boden, das der kunstsinnigen Dynastie der Nasriden, seine glanzvolle Zeit beendet hatte, konnte die Reconquista als erfolgreich abgeschlossen betrachtet, und die Einheit des spanischen Reiches begründet werden.

Diese beiden großen Ereignisse der spanischen Geschichte, das Ende der Mauren und der Beginn Spaniens, trugen sich in einem kleinen Ort bei Granada zu, Santa Fé, das von da an den Namen 'Cuna de la Hispanidad' (Wiege Spaniens) trägt.

Santiago (Sanct Jakobus) als 'matamoros' in der Kathedrale von Granada

DIE INQUISITION

1482 brannten in Sevilla die ersten Scheiterhaufen der Inquisition, jener kirchlichen Gerichte, die Häretiker, Ketzer, Hexen, unschuldige Denunzierte und Andersgläubige, dort also vor allem Mohamedaner und Juden, zum Tode verurteilten.

Um ein Geständnis zu erhalten, schreckten sie dabei vor der Folter nicht zurück. Nach dem Todesurteil jedoch folgte ein beispielloser Akt subtiler Perfidie: die Kirche vollstreckte die Todesurteile nicht selbst, sondern übergab die Verurteilten weltlichen Vollstreckern, und für die Todesart wählte man ein 'Töten ohne Blutvergießen': die Flamme als heiliges Instrument der Läuterung.

Die Dominikaner Torquemada (Großinquisitor ab 1483) und Talavera trugen mehr zum Niedergang spanischer Kultur bei, als alle anderen Ereignisse jener Epoche.

Während der Zeit der Mauren lebten Christen, Moslems und Juden im großen und ganzen friedlich zusammen und schufen gemeinsam eine hohe Kultur. Mit der Inquisition kamen Haß, Verblendung, Intoleranz und Vernichtung. Die Juden wurden im August 1492 aus Spanien vertrieben. Die Mauren, die noch dort lebten - man brauchte sie noch ihrer vielen Kenntnisse wegen - wurden, obwohl ihnen von den Katholischen Königen Glaubensfreiheit versprochen wurde, vom Kardinal Cisneros zunächst zwangsgetauft, später aber ebenfalls vertrieben oder verbrannt. Francisco Jimenez de Cisneros, erst Franziskanermönch, Vertrauter Isabellas, dann Kardinal von Toledo, in der Zeit zwischen dem Tod Ferdinands II. und der Inthronisierung des jungen Karl V. sogar Regent, trug die Inquisition bis nach Afrika und in das neu entdeckte Amerika.

Die Flammen der Scheiterhaufen erhellten jene Zeit nicht - sie machten die Finsternis um sie herum nur noch dunkler.

DIE CONQUISTA

Die 'Santa Maria' das Flaggschiff des Chr. Kolumbus

'Conquista' heißt Eroberung und kennzeichnet jene Epoche, in der Spanien durch die Eroberung der 'Neuen Welt' und anderer Länder zur Weltmacht wurde.

Durch ihre Heirat im Jahre 1469 hatten Ferdinand II. von Aragon und Isabella I. von Kastilien die beiden großen Königreiche vereinigt und begründeten das Spanische Reich der Reyes Catolicos.

Im Jahr der Übergabe Granadas erhält Kolumbus von ihnen grünes Licht für seine Fahrt gen Westen.

Während ihrer Regierungszeit, einer Epoche weltweiter Machtentfaltung, weiteten sich auch die Horizonte, das enge, geographische Weltbild des Mittelalters wurde korrigiert, und immer neue Entdeckungsfahrten führten auf verschiedenen Seewegen um den ganzen Erdball.

Ihre Tochter Juana la Loca (Johanna die Wahnsinnige), die nicht geisteskrank, sondern nur eine eifersüchtige Cholerikerin war, heiratete Philipp den Schönen aus dem Hause Habsburg. Der Sprößling der beiden war jener Carlos, der 1516 als Carlos I., König von Spanien, Neapel, Sizilien und später der Kolonialreiche in die spanische Geschichte einging, bei uns aber unter dem berühmten Namen Karl V. bekannt ist, Kaiser des riesigen Römischen Reiches Deutscher Nation, in dessen Reich 'die Sonne nicht unterging'.

In jener Zeit nämlich eroberten die 'conquistadores' Cortez und Pizarro mit umstrittenen Methoden das Reich der Azteken (Mexiko 1521) und das der Inkas (Peru 1531), verhalfen Spanien zu Reichtum und weiterer Macht und trugen somit zur Bezeichnung 'siglo de oro' (goldenes Zeitalter) bei.

Dem Bildhauer Guido Mazzoni, einem Zeitgenossen des Christoph Columbus, verdanken wir die einzige, authentische Wiedergabe der Gesichtszüge des Entdeckers Amerikas.
Zu sehen als Porzellanrelief im Kloster Rabida bei Huelva.

Das noch heute sichtbare Zeichen seiner Macht setzte Karl V. in Form des imposanten Renaissance-Palastes mitten in die Alhambra hinein. Auch sein Sohn Philipp II. konnte jahrelang über ein Reich herrschen, dessen Glanz ganz Europa beeindruckte und beeinflußte. Die spanische Hofetikette wurde Vorbild an allen Königshäusern; die neue, strenge Mode, die spanische Reitkunst der Hohen Schule, alles fand begeisterten Anklang. Aber dann begann es an allen Ecken und Enden des Reiches zu kriseln. Kriege gegen Frankreich und Italien, die daraus erwachsenen Schulden bei den Fuggern in Augsburg, Abfall der Niederlande, der Untergang der Armada und anderes mehr. Ereignisse wie diese beschleunigten das Ende des 'siglo de oro'. Als Philipp in selbstgewählter Klausur im von ihm erbauten Escorial verstarb, endete Spaniens Weltmacht.

Was danach kam, wirkte sich auf die Entwicklung der Kunst nur noch stagnierend aus: der Dreißigjährige Krieg, die spanischen Erbfolgekriege, der durch Napoleon verursachte Unabhängigkeitskrieg, der Bürgerkrieg.

Der Übergang von der Diktatur Francos zur Demokratie wurde im Kapitel 'Dezentralisierung' beschrieben.

Die Mönche von Rabida (siehe Provinz Huelva) gewinnen Isabella und Ferdinand für die Pläne des Christoph Kolumbus

Andalusien

sol y sombra

AL ANDALUS - das Land

Al-Andalus - Land der Vandalen (Vandalusien) - nannten die Mauren das Land im Südwesten Spaniens. Historisch betrachtet war das ein Anachronismus, denn zum Zeitpunkt der arabischen Invasion war das Land bereits zwei Jahrhunderte unter der Regierung der Westgoten. Schuld daran waren wohl jene Vandalen, die sich auf der Flucht vor den Westgoten in Nordafrika ansiedelten.

Fast 800 Jahre lang war Andalusien das Land der Begegnung von Orient und Okzident, Morgenland und Abendland, Moslems und Christen. Doch trotz aller Vielschichtigkeit der Kulturen, trotz des Völkergemisches aus Ost und West, Nord und Süd, trotz seines Gegensatzes aus schillernder Vergangenheit und bescheidener Gegenwart, bildet das heutige Andalucía so etwas wie eine individuelle Homogenität, will sagen eine unverwechselbare Harmonie aus Menschen, deren Temperament und Lebensart, aus Klima und Architektur.

Die heutige, autonome Region Andalusien grenzt im Norden an die Regionen Extremadura und Kastilien-La Mancha, im Osten an Murcia-Valencia. Im Westen bilden der Atlantik an der Costa de la Luz und im Süden das Mittelmeer entlang der Costa del Sol natürliche Grenzen.

Zwischen diesen Grenzen liegen rund 90.000 Quadratkilometer Land, das entspricht ungefähr einem Drittel der Fläche der Bundesrepublik, in welchem 6,5 Millionen leben, und auf dem 150 Millionen Ölbäume stehen. Mit anderen Zahlen: auf einen Quadratkilometer kommen 70 Menschen und 1.600 Ölbäume. Bei uns kommen auf dieselbe Fläche etwa 250 Menschen und kein Ölbaum.

Andalusien - das ist: tiefschwarze Flecken der Stiere auf hellocker-farbenem Grund, Sonnenblumen-felder oder Ölbaumplantagen, die von Horizont zu Horizont reichen, blendend weiße Mauern der 'fincas' und 'cortijos' (Bauernhäuser), die sich niedrig hinter grüne Wälle von Kakteen ducken, helles Grün der Weinstöcke, die sich flach an den heißen Boden pressen, Korkeichenwälder, die in Hitze brüten und deren Stille durch das pulsierende Zirpen der Zikaden umso vernehmbarer wird, und ein violettfarbener Himmel, durch dessen unvorstellbare Klarheit und Weite die Keile der Störche ziehen.

Andalusien - Europas ältestes Siedlungsgebiet, dessen Höhlenmalereien aus der Zeit von 35.000 bis 40.000 Jahren vor Christus älter als die von Altamira (Nordküste Spaniens) oder Lascaux in Südwestfrankreich sind.

Andalusien: ein geschichtsträchtiger Boden, reich an Ereignissen, die weit über seine Grenzen hinaus ganz Europa beeinflußten, bereichert durch unterschiedlichste Kulturen, angereichert vom Blut aus allen Himmelsrichtungen, eine wunderbare Mischung, die die Seele dessen in Schwingung versetzt, der es mit wachen Sinnen durchstreift.

Wer Andalusien in Richtung Nordosten wieder verläßt, vermißt bereits beim Anblick der grauen Straßenzüge in der Provinz Murcia seine blendend weißen und sauberen Häuser, und noch vor Erreichen der spanischen Grenze, beim Durchfahren der Randgebiete von Barcelona und Gerona mitsamt ihrem Bruttosozialprodukt steigerndem Industriegestank kommt einem das ferne Andalusien wie ein leuchtendes Traumland vor.

DER SÜDEN - die Menschen

Jedes Land hat seinen Süden. Hinter dieser geographischen Binsenweisheit steckt natürlich mehr, als eine Himmelsrichtung, eine Art Weltanschauung sozusagen.

Man höre sich nur einmal an, wie die Norditaliener verächtlich über die 'terroni' ('Erdköpfe') im Süden (Apulien oder Kalabrien), die Nordfranzosen von 'denen da unten im Midi' (Provence, Languedoc) reden, was man in Deutschland von den Bayern hört, und wie man heute noch in den USA von den Südstaatlern spricht.

Von Katalanen (Barcelona) hörte ich des öfteren Schimpfworte wie Zigeuner, Tagediebe und ähnliche mehr, wenn die Sprache auf Andalusier kam.

Die Theorie, daß dies eine Frage des Klimas sei, ist zu einfach. Der Süden Frankreichs liegt auf denselben Breitengraden wie der Norden Italiens. Auch ich habe bisher keine plausiblen Erklärungen dazu gefunden, wohl aber bei meinen Fahrten durch Europa einige Erfahrungen gesammelt, die so etwas wie einen gemeinsamen Nenner besitzen, ohne jedoch den Anspruch der Verallgemeinerung zu erheben.

Man ist etwas legerer im Süden, etwas weniger strebsam und ein wenig lauter. Man feiert öfter und man macht kein Hehl aus dem Nichtstun. Man geht in Bayern am hellichten Tag in den Biergarten, man pflegt das 'dolce far niente' im südlichen Italien, und die Siesta in Andalusien ist heilig. Der Grundsatz 'arbeiten, um zu leben' hat Vorrang vor jenem anderen 'leben, um zu arbeiten'. Das einzige, was ich persönlich bei alledem als Nachteil empfinde: man ißt besser im Norden; dies gilt vor allem für Italien, Frankreich und Spanien. Die Logik freilich ist transparent: gutes Essen macht Arbeit. Aber ich nehme das gerne in Kauf für 'mas alegria' - mehr Lebensfreude.

Zwar liegen die wirtschaftlichen Zentren Spaniens in und um Barcelona, Madrid und Bilbao, und gilt Andalusien immer noch als der arme Süden, doch haben sich in den letzten Jahren merkliche Veränderungen vollzogen. Trotz einer relativ hohen Arbeitslosenrate hat sich in Andalusien eine immer mehr wachsende Mittelschicht aus Handwerk und Dienstleistungsgewerbe gebildet, die an den Konsumgütern einer modernen Industriegesellschaft durchaus ihren Anteil hat: Hifi und Hightech, Honda und Computer, Hamburger und Coca Cola.

Man begegnet zwar da und dort noch dem Bauern, der auf dem Rücken seines Esels zur Feldarbeit reitet, die Jugend jedoch steigt um auf Moped, Motorrad oder Auto. Man möchte durchaus teilhaben an den Annehmlichkeiten moderner Technik und am allgemeinen Wohlstand. Das einzige, was den Andalusier dabei stört, ist die Notwendigkeit, dafür acht Stunden am Tag hart schuften zu müssen. Ein Andalusier, der seine Arbeit liebt, muß erst noch geboren werden. Gelingt einem von ihnen das Kunststück, mit möglichst wenig Arbeit zu hohem Wohlstand zu kommen, so wird er nicht verachtet, sondern bewundert und beneidet.

Es war ein Andalusier, von dem ich zum erstenmal die Geschichte von dem Arbeitslosen hörte, dem anläßlich einer Protestkundgebung mit der Forderung nach Arbeit ein Unternehmer auf die Schulter tippt und ihm das Angebot eines Arbeitsplatzes macht, worauf jener erschreckt antwortet: "Hombre, warum gerade ich - da stehen 2000 andere!" Der Arbeit bringt der Andalusier einen höflichen Respekt per Distanz entgegen.

Als ich im Garten einer kleinen Pension, in welchem zum Wäschetrocknen nur ein alter verrosteter Draht hing, eine richtige Wäscheleine spannte, meinte ein älterer Andalusier mit feinem Lächeln: "Los alemanes tienen fuerza!". Übertragen bedeutet das "Die Deutschen sind schon verdammt tüchtig". Er sagte das ganz ohne Spott oder Bosheit, eigentlich sogar mit einem Unterton der Bewunderung, aber doch so, daß ich mir ein ganz klein wenig deplaziert vorkam. Und ich sagte zu mir: "Du blöder Hund", sagte ich zu mir, "das muß gerade dir passieren, der du die Menschen hier seit 20 Jahren kennst und wissen müßtest, daß man keine Plastikwäscheleine vor den Augen eines Andalusiers spannt, der gerade Siesta hält".

Andalusier sind Fremden gegenüber unvoreingenommen, offen und freundlich, ich möchte sogar sagen herzlich. 'El corazón' (das Herz) - nirgendwo in Spanien hört man das Wort so oft wie hier. Wer einen Spanier zum Freund hat, hat ihn für den Rest seines Lebens.
Sagte ich vom Spanier, er sei unaggressiv, so gilt das für den Andalusier ganz besonders. Ich beobachtete eines Nachts einen Deutschen, der sein Wohnmobil in unmittelbarer Nähe einer Dorfdisco, einer Binsenhütte am Strand, abgestellt hatte und plötzlich laut schimpfend heranstürzte, cholerisch mit einer Leuchtraketenpistole herumfuchtelte und schließlich damit gegen die Disco schoß. Den etwa dreißig ausgewachsenen Burschen in der Disco wäre es ein leichtes gewesen, den wild gewordenen Teutonen zu verdreschen. Statt dessen standen sie staunend und abwartend da und sagten dann ganz ruhig zu ihm, er solle schlafen gehen, oder sich woanders hinstellen. Sie wollten ihre Ruhe haben. Sagten sie bei der Lautstärke von 80 Watt-Verstärkern.
Einladungen eines Andalusiers in sein Haus sollte man dankend zur Kenntis nehmen, aber erst beim dritten Mal wahrnehmen, da die ersten zwei Aufforderungen eher den Charakter einer Höflichkeitsfloskel haben. Würde man der ersten Einladung stehenden Fußes nachkommen, könnte die Förmlichkeit, mit der man empfangen wird, unweigerlich die bange Frage im Inneren aufkeimen lassen, ob man nicht etwas falsch gemacht habe.
Anläßlich einer Fiesta lud uns der Sohn eines Gutsbesitzers zu einem Fest in seinem Hause ein. Wir verabredeten uns für den nächsten Tag um 20 Uhr in unserer Dorfbar. Gestriegelt, gewaschen und gekämmt saßen wir in froher Erwartung schon eine halbe Stunde vorher bei einem Glas Tinto. Gegen 21 Uhr erklang Hufgeklapper. Unser "Gastgeber" kam sporenklirrend herein, seine Hand zuckte aus der Hüfte zu einem flüchtigen Gruß. Ein strahlendes Lächeln, 'holá, que hay' (hallo, wie gehts?), ein Bier an der Theke in der anderen Ecke, wieder die Hand aus der Hüfte,

erneut Pferdegetrappel. Weg war er. Ein paar Fliegen umkreisten unsere leeren Gläser, und wir tumben Toren sahen uns etwas entgeistert an. Das war bei unserer ersten Reise nach Andalusien, vor 22 Jahren.

Sagt ein Andalusier: "Heute abend machen wir in der Bar von Manólo ein Fest um 22 Uhr", dann gibt es zwei Möglichkeiten: entweder geschieht gar nichts, oder die Fiesta fängt um zwei Uhr morgens an. Ich sagte es schon - man muß sich dem Rhythmus des Landes anpassen. 'No hay prisa'. Es eilt nicht.

Die Häufigkeit des Wortes 'mañana' nimmt in Spanien von Norden nach Süden zu. Etwas überspitzt ausgedrückt bedeutet das Wort: im Norden 'morgen' im Sinne des Wortes, in der Mitte 'vielleicht', im Süden 'nie'.

DAS KLIMA

Andalusien hat rund 320 Sonnentage im Jahr, die Provinz Almeria zählt deren sogar 354.

Wer die Satellitenbilder des Fernsehwetterdienstes aufmerksam betrachtet, stellt immer wieder neidvoll fest, daß fast ganz Europa unter Wolken verborgen liegt, und nur die südwestlichste Ecke, Andalusien eben, sichtbar ist.

Anders als bei uns fressen die Kühe dort im Winter Gras und im Sommer Heu, Stroh oder Disteln.

Ein Winter in unserem Sinne findet nicht statt. Die Monate Februar und März gelten als sogenannte Wintermonate, wo es in der Sierra Nevada schneit und weiter unten regnet. Abgesehen vom Hochgebirge mit Eis und Schnee kennt der Rest Andalusiens keinen Gefrierpunkt.

Die mittleren Durchschnittstemperaturen Andalusiens in Grad Celsius:

		Winter	Frühling	Sommer	Herbst
Lufttemperatur	Küste	13	17	25	19
	Innenland	13	19	35	22
Wassertemp.	Mittelmeer	14	17	24	20
	Atlantik	14	16	21	18

Wer die Hitze des Sommers nicht gut verträgt, wer seinen Urlaub außerhalb der Schulferien planen kann und wer dem Tourismus aus dem Wege gehen möchte - vor allem an den Küsten - sollte Andalusien im Mai oder September/Oktober bereisen.

Von Mitte April bis in die zweite Maihälfte blüht ganz Andalusien. Ende Mai bekommt das Land dann seine Sommerfarben. Die Bahn der Sonne zieht immer höhere Kreise, aus grün wird braun und strohgelb, aus bunt wird hellocker und aus dem Blau des Himmels wird ein tiefes Violett. Im Juli und August werden die Schatten immer kürzer, die Sonne steht fast senkrecht über dem Land, in dessen Innerem, vor allem in der 'Bratpfanne' Spaniens bei Ecija und im Tal des Guadalquivir zwischen

Bailen und Sevilla, die Temperaturen bis zu 50 Grad im Schatten ansteigen. Doch ist diese Hitze, weil sehr trocken, viel leichter zu ertragen, als 30 Grad im mittleren Europa.

An der Costa del Sol herrscht Hochbetrieb. Orte, die im Winter 5000 Einwohner zählen, schwellen an auf 50 bis 100 Tausend. An der Costa de la Luz fangen die Winde an, unberechenbar zu werden - mal heftig, mal gar nicht.

Im September ebbt die Flut spanischer und ausländischer Touristen ziemlich schnell ab, die Temperaturen werden mäßiger, und die Restaurants leerer.

Eine durchaus empfehlenswerte Reisezeit für Andalusien sind auch die Monate November und Dezember. Es kann zwar schon mal ein paar Regentage geben, aber die Temperatur ist sehr angenehm, die Farben leuchten klarer und intensiver als im Sommer, und die Luft ist durchsichtiger. Meist kann man sein Frühstück hemdsärmelig im Freien zu sich nehmen, und im Restaurant ist man oft der einzige, aber umso willkommenere Gast, für den man Zeit hat. Zeit zu reden und Gutes zu kochen!

Nur an der Costa del Sol sind in den Wintermonaten viele Restaurants und Hotels geschlossen. Im übrigen Land, Westküste und Städte des Innenlandes, herrscht überwiegend Normalbetrieb.

Rosen blühen noch da und dort, vielerlei Blumen stehen überall rechts und links des Weges, Wiesen leuchten wie gelbe Teppiche, und an den Südhängen der Sierra Nevada hebt sich das strahlende Gold der Orangen vor dem blendenden Weiß der hohen, schneebedeckten Gipfel und dem klaren Blau des Himmels ab.

URLAUBSGESTALTUNG

Für den Touristen bietet Andalusien mannigfaltige Möglichkeiten sowohl individueller, als auch organisierter Urlaubsgestaltung.

WASSER UND STRAND

An rund 700 Kilometer Küste gibt es natürlich ein reiches Angebot. Genauere Beschreibungen folgen in den Kapiteln 'Costa del Sol' (Provinz Malaga) und 'Costa de la Luz'(Provinz Cadiz).

- die 'Sonnengrills' der Costa del Sol mit zwei Quadratmeter Strand pro gebratenem Nordländer, und mit 'high life' in Bars und Discos.
- die individuelleren Strände der Costa de la Luz.

SURFEN

Vor einigen Jahren entwarf man an der Küste von Tarifa ein 'surfers paradise'. Die Vertreibung aus diesem angeblichen Paradies für Surfer besorgte nicht ein Engel mit Flammenschwert, sondern die Launen der Winde. Als im Sommer 1986 internationale Surfmeisterschaften stattfinden sollten, wehte 3 Wochen lang überhaupt kein Wind, und auch sonst sah ich oft genug die tollkühnen Männer mit ihren fliegenden Brettern trübsinnig und gelangweilt neben ihrer Ausrüstung sitzen und wochenlang auf Winde warten. Andererseits können aber auch plötzlich einsetzende Winde so stark sein, daß sie manchen nicht ganz Standfesten überfordern und sogar schon Todesopfer zur Folge hatten.

TAUCHEN UND FISCHEN

Harpunieren ist - leider - noch erlaubt, mit Sauerstoffflaschen jedoch verboten. Das Mittelmeer ist, vor allem in den Küstenzonen, bekanntlich nicht mehr besonders fischreich. Am Cabo de Gato bei Almeria locken klares Wasser und felsige Buchten Taucher und Schnorchler an. An den Küsten des Atlantik werden nur noch erfahrene Taucher in großen Tiefen fündig.

REITEN

Dies ist zweifellos die schönste Art, das Land kennenzulernen, das ohnehin das Land der Pferde genannt wird.

Ob man über die weiten Ebenen des Tieflandes, in den Sierras oder an den teilweise sonst unzugänglichen Stränden reitet: auf dem Rücken eines 'caballo de pura raza española' herumzustreifen, ist für jeden Pferdeliebhaber ein unvergeßliches Erlebnis.

Möglichkeiten: siehe am Ende des Buches in 'Spezielle Informationen'.

MIT DEM AUTO UNTERWEGS

Die umfassendste Art, Andalusien kennenzulernen. Geruhsam von Ort zu Ort fahren. Die reiche Kultur des Landes bewundern, in den Bars

seine Menschen kennenlernen, die Impressionen der Landschaft genießen, und immer mit dem Grundsatz: 'no hay prisa', oder 'mañana'. Zumindest versuchen, die Hektik abzulegen und sich dem Rhythmus des Landes anzupassen.
Auch und gerade mit dem Auto!

ESSEN UND TRINKEN

Die Küche Andalusiens ist nicht gerade die verfeinerte Gaumenfreude der 'nouvelle' oder 'grande cuisine'. Sie besitzt aber gleichwohl einfache wie auch köstliche, bodenständige Gerichte, doch sind diese auf den Speisekarten der Restaurants nicht allzu oft anzutreffen. In den touristischen Zentren der Costa del Sol gibt es sie gar nicht oder an den internationalen Geschmack angepaßt. Auch in den Gasthäusern des Innenlandes erhält man sie oft nur auf Anfrage.
Allerweltsgerichte Spaniens wie Tortilla und Paella gibt es zwar überall, sind aber nicht typisch andalusisch.
Wichtig: im Winter ißt man wesentlich besser als im Sommer, weil die Köche mehr Zeit haben!
Fisch wird größtenteils in siedendem Öl gebraten, oder 'a la plancha' (vom Grill) angeboten. Fleisch abhängen zu lassen, ist in Andalusien bis dato weitgehend unbekannt, obwohl es auch dort inzwischen alle technischen Voraussetzungen gibt. Wer ein 'filete de ternero' (Rindsfilet) verlangt, bekommt vielfach einen Fetzen Fleisch serviert, den er weder mit dem Messer, geschweige denn mit den Zähnen klein kriegt.
Was man aber in den Markthallen der Städte noch in erfreulichem Maße bekommen kann: herrliches Gemüse, Früchte, 'pollos' (Hähnchen), die zu Lebzeiten noch Erde unter den Krallen hatten, frische Fische und 'mariscos' (Krusten- und Schalentiere) des Meeres, vor allem der Atlantikküste.

Beim Essen unterscheidet man in Spanien drei Arten der Nahrungsaufnahme hinsichtlich Lokal und Menge:
- das Mittagessen (almuerzo) und Abendessen (cena) im Restaurant, als Menu oder a la carte.
- 'raciones' (Portionen): in den Bares, den kleinen Kneipen ohne Tisch und Stuhl ißt man an der Theke auf kleineren Tellern das, was meist mit Kreide auf einer Tafel geschrieben steht: 'hay raciones', dann folgen einige Gerichte mit Fleisch und oder Gemüse.
- 'tapas': über diese spanischste aller Essensgewohnheiten lese man im Kapitel "Spanien und Spanier" nach.

Eine Auswahl typischer Gerichte Andalusiens:
GAZPACHO
Kalte Suppe mit teilweise ungekochtem Gemüse. Zutaten: Knoblauch, Tomaten, Zwiebeln, Gurken, 'pimientos' (grüne Paprikaschoten), Weißbrot, Essig und Öl. Alles wird fein zerdrückt.

PAELLA

In einer großen und schweren Eisenpfanne liegen auf körnigem, safrangelbem Reis verschiedene Fleisch- und Fischsorten. Es gibt Paellas nur mit Huhn, nur mit Meeresfrüchten, oder nur mit Fleisch, aber auch welche mit einer Mischung aus allem. Zur Garnierung werden zudem noch Gemüse wie Erbsen, Bohnen, Artischocken, Paprikaschoten und Zwiebeln verwendet.

COCIDO

Eintopfgerichte mit 'garbanzas' (Kichererbsen), verschiedenem Gemüse, Kartoffeln, Speck und diversen Fleisch- oder Wurstsorten.

SOPA DE AJO - Knoblauchsuppe

'sopa' bedeutet in Spanien nicht in jedem Fall ein Gericht mit flüssiger Konsistenz wie zum Beispiel bei der 'sopa de pescado' (Fischsuppe). Die Sopa de Ajo gleicht eher einem Auflauf aus Gemüse, Brot und viel Knoblauch, und war ursprünglich ein Armeleute-Essen.

Geschälte Knoblauchzehen werden mit Salz und Pfeffer im Mörser zerstampft. Geschälte Tomaten und grüne Paprikaschoten pürieren, altbackenes dunkles Landbrot zerbröseln, alles zusammen mit etwas Wasser vermischen, Olivenöl zugeben und bei kleiner Flamme köcheln. Nicht zerkochen! Das Ganze muß seine fast natürliche Konsistenz bewahren. Vor dem Servieren kann man noch mit Scheiben von hart gekochten Eiern und Serranoschinken garnieren.

Das Gericht kann einem selbst in Andalusien zu einem freien Platz im Omnibus verhelfen.

RIÑONES AL JEREZ - Kalbsnierchen nach Jerez-Art

Kalbsnieren in Stücke schneiden und 10 bis zwanzig Minuten in Essig legen. Dann in einer Kasserolle mit viel Jerez fino (trockener Sherry), Knoblauch, Zwiebeln, Nelken, Salz, Pfeffer und Petersilie köcheln lassen.

MIGAS

war ebenfalls ein Armeleute-Essen und ist ein wenig mit dem süddeutschen Kaiserschmarren vergleichbar. 'Migas' heißt Brösel (Krumen). Früher hat man in den ärmeren Gebirgsgegenden (Alpujarra, Provinz Granada) einfach das alte Brot zerkrümelt und ein wenig mit Wasser aufgeweicht, mit Salz und Knoblauch gewürzt und unter ständigem Rühren in Olivenöl erhitzt. Das war alles. Inzwischen gibt es einige verfeinerte Variationen und Dekorationen mit Orangen und verschiedenen Wurstarten (Longaniza). Es zählt zu den typischen Gerichten der Alpujarra.

RABO DE TORO - auch Rabo de Buey - Stier- oder Ochsenschwanz

Der geschmorte Stierschwanz ist eine Spezialität der Provinz Cordoba.

JAMON - Schinken

In keiner Bar Spaniens fehlt er, der berühmte Serrano-Schinken, von der Decke hängend, oder in hölzernen Gestellen steckend, damit man die Scheiben besser abschneiden kann. Ein Geübter hält die Keule in der Hand. Zur Herstellung und Herkunft des Jamón: siehe Jabugo (Huelva).

Bar in Bolonia   oben: Bar 'Ramón' in Sevilla   Bar in Jerez

POLLO AL JEREZ

Irgendwo las ich einmal ein Rezept zum Hähnchen nach Jerez-Art, zu dem Senf, Sahne, Käse, Champignons, Oliven und Knoblauch erforderlich war, von dem ich aber nicht viel halte. Nach dem Grundsatz von J. G. Hesekiel "Das Grundprinzip der feinen Küche ist Einfachheit" bereite ich dieses Gericht folgendermaßen zu:

ein frisch geschlachtetes Hähnchen in Stücke zerteilen, Fett und Haut dabei weitgehend entfernen. Einsalzen, in Olivenöl goldbraun anbraten. In einem großen Topf mit etwas Olivenöl und einem Schuß Jerez Oloroso dulce (nicht trockener, dunkler Sherry) einen Fond bilden. Die Hähnchenstücke einlegen, das Öl aus der Pfanne dazugießen, dann eine Flasche Jerez fino (trockenen Sherry) darübergießen. Bei kleiner Flamme etwa eine halbe bis dreiviertel Stunde köcheln und reduzieren lassen. Körnigen Reis dazu reichen.

CENTOLLO - Meeresspinne

Mit einem Schuß Essig in den Mund werden die Meeresspinnen zunächst 'vollanästhesiert', sodann etwa eine halbe Stunde in Salzwasser gekocht. An das Fleisch in den Beinen kommt man mit einiger Übung ohne Zuhilfenahme von Hammer und Zange heran, wenn man die Beine an ihren Gelenken seitlich zu deren natürlicher Beugerichtung auseinanderknickt. Das Fleisch schmeckt vorzüglich, ähnlich dem der Hummer. Die eigentliche Köstlichkeit jedoch liegt im Inneren der Spinne. Man legt sie auf den Rücken und öffnet die Unterseite, indem man den in einer Vertiefung liegenden Schwanz, der auch als Begattungswerkzeug dient, als Hebel benützt und kräftig nach oben zieht. Nach Entfernung von Fleisch und sonstigem Inneren befindet sich in der Schale des Rückenpanzers ein Saft. Zu diesem gibt man eine halbe 'copita' (kleines Stielglas) Jerez fino, etwas Salz und Pfeffer und einen Schuß Zitronensaft.

Auslöffeln. Für mich ist dies die erlesenste aller Gaumenfreuden. Die Verbindung von Meer und Land. Der Geschmack des Atlantik und der andalusischen Erde mit ihrem köstlichsten Saft, dem der Jerez-Traube Palomino.

Centollos sind teuer und meist nicht leicht zu bekommen. Kenner wissen warum. In Markthallen selten, in Fischereihäfen eher, in guten Restaurants gelegentlich. Am besten über einen andalusischen Freund mit guten Beziehungen.

WEIN

Der bekannteste, ja weltberühmte Wein Andalusiens ist der Vino de Jerez. Die Engländer verballhornten den Namen zu Sherry. Jerez ist jedoch kein Tischwein, sondern ein Aperitif oder ein Getränk 'zwischendurch'. Ähnlich verhält es sich mit den beiden 'kleinen Brüdern' des Jerez-Weines, dem Chiclana und dem Manzanilla. Arten und Herstellung werden im Kapitel 'Ruta del vino' (Provinz Cadiz) ausführlich beschrieben.

An guten Tafelweinen hat Andalusien nicht viel zu bieten. Seit neuestem wird jedoch aus der Palomino-Traube des Jerez ein vorzüglicher, trockener Weißwein als Tafelwein erzeugt. Ansonsten 'importiert' man Valdepeñas-Weine aus der Mancha, südlich von Madrid, oder Rioja-Weine aus Nordspanien bei Logroño.

Jerez trinkt man aus einer 'copa' (Verkleinerungsform: 'copita'), einem Glas mit Stiel, Wein meist aus einem 'vaso' (sprich: baso), einem Glas ohne Stiel.

BIER

In den letzten 15 Jahren ist Spanien zu einem Biertrinkerland geworden. Gleichzeitig damit ist auch erfreulicherweise die Qualität des Bieres gestiegen. Zunächst trank man es aus den kleinen Flaschen, die man in der Umgangssprache 'biberones' (Schnuller) nannte. Seit etwa drei Jahren schenkt man den Gerstensaft im zunehmenden Maße 'de baril' (vom Faß) aus; in Gläsern unterschiedlicher Form und Größe: 'una caña' oder 'un tubo' (beides: ein Rohr, das heißt ein schmales, röhrenförmiges, hohes Glas), oder, wenn man großen Durst hat, 'una Jara' (Krug).

FLAMENCO

Der Urschrei als Kunstform. Über diese Formulierung rümpfen die Flamencologen sicher die Nase. Flamencologen sind Leute, die viel über Flamenco schreiben und ihn auch beschreiben, wiewohl letzteres kaum möglich ist. Man kann Flamenco, so man Glück hat, bestenfalls erleben, aber auch das wird immer schwieriger, da es den echten, authentischen Flamenco, den 'puro', kaum noch gibt.

Die Schwierigkeit, über den Flamenco zu schreiben, beginnt bereits bei der vieldiskutierten Frage, ob diese Kunst eine Erfindung der Zigeuner oder eine gesamtandalusische Tradition ist. Viele und lange Gespräche, mit 'gitanos' (Zigeunern) und 'payos' (Nicht-Zigeuner, 'Weiße') zeitigten folgendes Ergebnis: Flamenco ist andalusisches Kulturgut, zu dem die Zigeuner einen erheblchen Teil beigetragen haben. Für diese und alle folgenden Informationen beziehe ich mich ausschließlich auf die Summe dessen, was ich von andalusischen 'aficionados' und in den Peñas von Jerez de la Frontera erfahren habe.

Die ersten Anfänge des Flamenco gehen auf die 'Romance' zurück. Ähnlich dem mittelalterlichen Bänkelsänger unserer Breitengrade wurden von Christen, Mauren und Zigeunern Geschichten aus dem Zusammenleben und aus den Konflikten zwischen ihnen in erzählender oder singender Form weitergegeben. Dies ist auch der Grund, weshalb in den 'coplas' (Strophen) des 'cante flamenco' soviel Maurisches zu finden ist. Zu diesen Romancen zählten ursprünglich auch Liebesballaden und -gedichte, wie sie später von europäischen Troubadouren übernommen und gesungen wurden.

Aus der Romance entwickelten sich die 'Tonás': Martinete und Campero. Die Lieder der Schmiede (Martillo = Hammer) und Bauern (campo = Land) beim Hämmern, Pflügen und Dreschen wurden ausschließlich nur gesungen und bildeten die erste Form des Flamenco: den 'cante jondo' (auch: cante grande), einen schwermütigen, tiefgründigen Gesang, der von schwerer Arbeit, kargem Lohn, Hunger, Leid und Tod kündete. Mündliche Überlieferungen dieser Liedform stammen aus dem 17. und 18. Jahrhundert. Im 19. Jh. wurden sie unter dem Sammelnamen 'seguiriyas' erweitert um die 'mineras', Lieder der Grubenarbeiter, die 'serranas', Lieder der armen Bergbauern, die 'carceleras', Lieder der Gefangenen und viele andere mehr, die teilweise bereits von der Guitarre begleitet wurden. So gesehen wurzelt der Flamenco also in der 'peña andaluza', dem Leid des damals noch armen Andalusien.

Im gleichen Atemzug aber müssen wir auch die andere Seite des Flamenco nennen: die 'alegría andaluza', die durch kein Leid zu unterdrückende Lebensfreude und -bejahung. Somit steht dem 'cante jondo' der 'cante festero' (auch: 'cante chico') gegenüber. Der Gesang, der die Festtage wie Hochzeit, Geburt und kirchliche Feste untermalte und vielfach von Guitarren begleitet und mit Tanz verziert wurde. Der Flamenco bestand also nicht von Anfang an aus dem Trio 'cante' (Gesang), 'toque' (Guitarre) und 'baile' (Tanz), sondern zunächst nur aus dem 'cantaor' (Sänger), im 19. Jahrh. kam der 'tocaor' (Guitarrenspieler), erst im 20. Jh. gesellte sich der 'bailaor' (Tänzer) oder die 'bailaora' dazu.

Der vereinfachte Stammbaum des Flamenco:

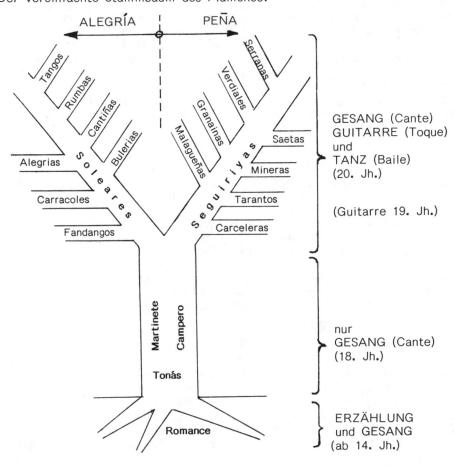

ALEGRÍA — PEÑA

Tangos, Rumbas, Cantiñas, Bulerías, Alegrias, Soleares, Carracoles, Fandangos

Serranas, Verdiales, Granainas, Malagueñas, Saetas, Mineras, Tarantos, Carceleras, Seguiriyas

GESANG (Cante)
GUITARRE (Toque)
und
TANZ (Baile)
(20. Jh.)

(Guitarre 19. Jh.)

Martinete, Campero, Tonás

nur
GESANG (Cante)
(18. Jh.)

Romance

ERZÄHLUNG
und GESANG
(ab 14. Jh.)

Regionale Spielarten des Flamenco in den verschiedenen Gegenden und Provinzen schaffen innerhalb dieses grob orientierenden Stammbaumes da und dort fließende Übergänge.
Weitere Attribute erfuhr der Flamenco ebenfalls erst im Laufe der Zeit: die 'palillos' (Castagnetten), die 'palmas' (das rhythmische Händeklatschen) und die 'zapateos' (Fußstampfer).

FLAMENCO - WO UND WIE ?

Flamenco puro, der echte, unverfälschte Flamenco, war und ist niemals das, was man unter einer öffentlichen Darbietung vor einem Publikum einordnet. Er ist eine sehr spezielle Form der andalusischen Kommunikation und der Art, landesübliche Feste zu feiern, weshalb es für den Außenstehenden, also auch für den Touristen, nicht ganz einfach ist, ihn zu finden und zu erleben.
Die Reinheit des Flamenco nimmt im allgemeinen in folgender Reihenfolge ab: Reunión, Peña, Tablao.
1. Die Reunión:
auch 'juerga' genannt. In einer Bar treffen sich, meist zufällig; ein paar Aficionados, ein Cantaor ist darunter und vielleicht auch ein Tocaor und ein Bailaor. Man unterhält sich, trinkt einige 'copitas', einer klatscht die 'palmas', ein anderer singt halblaut eine 'copla', man unterhält sich wieder, als sei nichts gewesen.
Es kann gar nichts mehr geschehen; es kann aber auch unvermittelt ein Tornado aus Temperament und Lebensfreude durch das Lokal fegen, daß die Wände zu zittern beginnen. Nichts ist kalkulierbar oder vorhersehbar. Dies ist die schönste und echteste Art, Flamenco zu erleben. Da es aber nur vom Zufall abhängt, hat der Tourist diesbezüglich sehr geringe Chancen. Diese steigen jedoch, je mehr Leute er kennt und je besser er Spanisch spricht.
Bei einer Fiesta oder Romeria (Wallfahrt) kann man beides antreffen: die zufällige Reunion oder die im Programm eingeplante "Bühnenvorstellung". Letztere kann gut sein, muß aber nicht.
2. Die Peñas:
Club ist nicht die richtige Übersetzung. Es sind dies Lokale wie zum Beispiel in Jerez de la Frontera (siehe Beschreibung von Jerez, Provinz Cadiz), wo der Flamenco Tradition hat, wo gute Künstler auftreten, Aficionados unter sich sind, aber auch Fremde Zugang haben. Einziger Nachteil: sie sind meist nur im Winter in Betrieb.
3. Die Tablaos:
Die Qualität des Flamenco in den Etablissements, wo Professionelle die Bühne und Touristen den Zuschauerraum bevölkern, ist unterschiedlich, aber meistens schlecht.
Da die Professionellen auf der Bühne wissen, daß die 'extranjeros' (Fremden) kein Spanisch verstehen, kommt das ursprüngliche Element des Flamenco, der 'cante', meist zu kurz.
Der Rest ist, je nach Gegend, reine 'show'. In den Tablaos der Costa del Sol ist es überwiegend ein Tanzspektakel mit sexuell-frivolem Ambiente, von dem sich der Aficionado mit Grausen wendet.

Das Tablao 'Los Gallos' in Sevilla ist zwar um Grade besser, hat aber mit Flamenco puro auch nicht mehr viel gemeinsam. Der Gerechtigkeit halber muß aber hinzugefügt werden, daß die Choreographie der Tablaos und ihrer Gastspiele im Ausland mitunter ein ästhetischer Genuß sind; womit wir beim letzten, aber wichtigsten Kriterium des Flamenco angelangt wären:
DER DUENDE
wörtlich: Dämon.
Der Flamenco puro ist mit den Maßstäben mitteleuropäischer Ästhetik nicht zu messen. Wenn der Dämon des Flamenco aus dem Cantaor herausbricht, kann man dies nur noch mit dem kümmerlichen Vergleich eines Vulkanausbruches beschreiben.

Der Sänger sieht seine Zuhörer nicht mehr, sein Blick gleitet nach innen, er hört die Stimme seines Blutes, das wie Lava zu brodeln beginnt und sich in urgewaltigen Schreien befreit, die Adern an Hals und Schläfen treten hervor, als würden sie jeden Moment platzen, seine Hände beschwören die Geister der Erde herauf und seine Stimmbänder scheinen dem Drang des Dämon fast nicht mehr standzuhalten.

Und doch ist während alledem die hohe Kunst des Flamenco gegenwärtig: Präzision trotz rasendem Tempo und Beherrschung trotz wilden Temperaments. Der Urschrei als Kunstform.

Flamenco puro gitano andaluz: Cristóbal Gonzales Salvatierra, genannt Quillito, aus Bolonia (Prov. Cadiz)

Auf der Bühne kann diese dämonische Ergriffenheit bestenfalls nur gut gespielt sein. Den Unterschied spürt man.

Beim Flamencotanz gilt ähnliches, mit einem kleinen Unterschied: selbst Nicht-Andalusier können die Kunst des Tanzes erlernen und bieten durchaus Perfektes. Aber nichts Authentisches. Auch beim Tanz gibt es den Flamenco puro, den Duende, den perfekten Profi und den Sexy-Heckmeck, der im Vergleich zum echten Flamenco wie Mc.Donald's Hamburger zu einem mexikanischen Churrasco steht.

Wenn Cocteau sagte, Flamenco sei die Kunst, Feuer aus dem Munde zu speien und es mit dem Füßen zu zertreten, so hat der damit möglicherweise schon geistige Anleihen genommen bei R. M. Rilke:

SPANISCHE TÄNZERIN

Wie in der Hand ein Schwefelzündholz, weiß,
eh es zur Flamme kommt, nach allen Seiten
zuckende Zungen streckt -: beginnt im Kreis
naher Beschauer hastig, hell und heiß
ihr runder Tanz sich zuckend auszubreiten.

Und plötzlich ist er Flamme, ganz und gar.

Mit einem Blick entzündet sie ihr Haar
und dreht auf einmal mit gewagter Kunst
ihr ganzes Kleid in diese Feuersbrunst,
aus welcher sich, wie Schlangen, die erschrecken,
die nackten Arme wach und klappernd strecken.

Und dann: als würde ihr das Feuer knapp,
nimmt sie es ganz zusamm und wirft es ab
sehr herrisch, mit hochmütiger Gebärde
und schaut: da liegt es rasend auf der Erde
und flammt noch immer und ergiebt sich nicht -.
Doch sieghaft, sicher und mit einem süßen
grüßenden Lächeln hebt sie ihr Gesicht
und stampft es aus mit kleinen festen Füßen.

Rilke schrieb dieses Gedicht während seines Aufenthaltes in Ronda (siehe Ortsbeschreibung bei Provinz Malaga), wo er als Aficionado nicht nur den Flamenco, sondern auch den Stierkampf besang.

Auch mit dem 'toque' verhält es sich wie mit dem 'baile'. Über einen deutschen Flamencoguitarrespieler, der einen 'gitano' (Zigeuner) zum Cante begleitete, antwortete mir ein Andalusier auf meine Frage nach seiner objektiven Meinung treffend: "Sein Spiel ist perfekt, aber ihm fehlt die 'humildad' ". Mit dieser Demut, besser Bescheidenheit, ist die Notwendigkeit gemeint, sich als Guitarrist dem Sänger nicht nur anzupassen, sondern unterzuordnen; zurücknehmen, wo er gerade weniger gebraucht wird, oder ihn unterstützen, wenn es notwendig ist. Technische Perfektion ist erlernbar, alles andere nicht.

Ohne 'corazón' (Herz) und 'sangre' (Blut) ist Flamenco, ob Gesang, Spiel oder Tanz, entweder Touristen-Show oder, zwar besser aber doch steril, perfekt gelernte Kunst.

VAMOS A BAILAR
- tanzen gehen auf andalusisch

Im Zusamenhang mit dem 'baile flamenco' sei dem uneingeweihten Andalusien-Neuling noch gesagt: die 'Sevillana', der fröhliche, figurenreiche Paartanz im Dreivierteltakt, der in Sevilla, aber auch im übrigen Andalusien zu allen Festen und sonstigen Gelegenheiten getanzt wird, stammt eigentlich aus Kastilien, wurde zwar in abgewandelter Form zum bekanntesten andalusischen Volkstanz, hat aber mit Flamenco nichts zu tun. Gar nichts. Flamenco, gesungen, gespielt oder getanzt, ist immer die Kunst einiger weniger, die zwar Zuhörer brauchen, aber kein Publikum, wie es Konzert oder Theater erfordern. Die Sevillana kann, ähnlich unseren Gesellschaftstänzen, von vielen Paaren gleichzeitig getanzt werden.

Sie besteht aus vielen, in der Melodie sich wiederholenden Strophen und einem gleichbleibenden Refrain. Die Paare umtanzen sich auf graziöse und phantasievolle Weise, wobei jedoch die einzelnen Tanzfiguren strengen Regeln unterliegen. Der männliche, umwerbende Part zeigt, wie könnte es anders sein, natürlich auch stolze Posen des Flamenco, die hier jedoch auf humorvolle Art ausgeführt werden.

Die Freude und Lust der Andalusier, ihre Sevillana zu singen und zu tanzen, lebt erfreulicherweise in der jungen Generation ungebrochen fort. Kein Disco-Abend ohne eingeschobene Sevillanas, die dann aber auch von allen mit besonderer Begeisterung und Hingabe getanzt werden.

Die 'discoteca' hält seit kurzem ihren Einzug, auch in die entlegensten Dörfer. Die andalusische Jugend hat einen verständlichen Nachholbedarf. Während des "normalen" Discobetriebes sind die Bilder beliebig austauschbar mit jeder anderen Stadt oder jedem Dorf in Europa: dieselben Rhythmen, Lautstärken, Lichteffekte und Songs, auf englisch, versteht sich. Und dieselben einsam und isoliert vor sich hin zuckenden Lebewesen mit indifferentem Gesichtsausdruck. Plötzlich bricht die Maschinerie aus Lärm und grellem Licht ab. Jemand hat eine Kassette mit Sevillanas eingeschoben. Die Gesichter erhellen sich zu einem Lächeln, die Augen erwachen zum Leben und sehen, daß auch noch andere da sind, man bildet einen Kreis mit ihnen und tanzt eine fröhliche Sevillana. Tanz als heitere Kommunikation.

Bis dann wieder der internationale Standardhammer des Hardrock die pflichtvergessenen Galeerensträflinge des 'High-tech' in seinen unerbittlichen Rhythmus zwingt. Die Sevillana wird's überleben.

FLAMENCO ZUM MITNEHMEN - Platten und Kassetten
Wer in Andalusien Platten oder Kassettten mit Flamenco puro kaufen möchte, sollte das auf gar keinen Fall in Souvenirläden, in Tabak- oder Schreibwarengeschäften tun, weil er dort mit hoher Wahrscheinlichkeit das Falsche bekommt: Schlager, verwässerten Flamenco-Rock oder ähnlichen Unfug. Ob das böse Absicht ist ("der doofe Tourist merkt das sowie-

so nicht") oder Unkenntnis, ist oft schwer zu unterscheiden. Ich habe schon häufig festgestellt, daß auch so manche Andalusier nicht genau wissen, was Flamenco puro ist. Man muß in Spezialgeschäfte in größeren Städten gehen und dort ausdrücklich bestimmte Namen verlangen. Eine kleine Auswahl zur Orientierung:

Klassischer Flamenco (cante jondo):
Terremoto de Jerez - der größte Cantaor mit 'duende'
Antonio Mairena - der Maestro des Flamenco puro
Chocolate de Jerez - der große 'gitano' des Flamenco
El Agujetas - Meister des cante grande, der 'martinete'
Sängerinnen:
Paquera, Bernarda de Utrera
Zeitgenössische Cantaores:
Camarón de la Isla - Vorsicht, er macht auch schon "auf modern", wie Flamenco-Rock u.a.
José de la Merced - zur Zeit die Nummer Eins im Flamenco puro
Tocaores (Guitarristen):
Pepe Martinez "Guitarra flamenca"
Sabices - Flamenco puro
Paco de Lucîa - Meister der Guitarre, spielt aber inzwischen mehr modern.

FLAMENCO - FESTIVALES

Die Junta de Andalucîa gibt alljährlich einen 'Guia de Festivales Flamenco' heraus. Erhältlich bei den örtlichen Touristenbüros oder im Buchhandel. Da Flamenco-Darbietungen zu vielen andalusischen Fiestas gehören, sei auf das Kapitel "Ferias, Fiestas, Romerias" hingewiesen.
APRIL: Ferias von Sevilla und Jerez
MAI: Cordoba, Fiesta del Patio
JUNI: Cabra (Cordoba): Romeria de Gitanos. Granada: internationale Musikfestspiele in den Gärten des Generalife. El Rocio: Romeria. Jerez: Fiesta de la Buleria.
JULI: Granada: siehe Mai. Lucena (Cordoba): Noche flamenca del campo.
AUGUST: Malaga: Feria. Bornos (Cadiz): Berza flamenca. Sanlúcar de Barrameda. Jerez: Festival del Arte Flamenco (bis September).
SEPTEMBER: Jerez (siehe August). Cabra: Flamenco 'nina de Cabra'. Tarifa (Cadiz): Internationale Volksmusiktage. Ronda. Sevilla: zweite Feria. Jerez: Vendimia (Weinlesefest).

PENAS FLAMENCAS (Auswahl)
Algeciras (Cadiz): 'Sociedad del cante grande'.
Almeria: 'El taranto'. Cadiz: 'El Mellizo'.
Cordoba: 'Alcázar Viejo'.
Granada: 'La plateria'.
Jerez de la Frontera: siehe Ortsbeschreibung in der Provinz Cadiz.
Malaga: 'Juan Breva'.
Sevilla: 'Manuel Vallejo'.

DER STIERKAMPF

Kaum ein Thema erhitzt die Gemüter mehr-
begeisterte Anhänger, 'aficionados', auf der
einen, leidenschaftliche Gegner auf der anderen
Seite. Jeder hat auf seine Weise recht und
ist vom Gegenteil auf keinen Fall zu überzeu-
gen.
Eben deswegen beabsichtige ich mit dem
folgenden Kapitel nicht, irgendwen zu überzeu-
gen, sondern nur zu informieren.
Ich bin kein Aficionado. Aber ich habe in
vielen Gesprächen mit Gegnern des Stierkampfes mangelnde oder falsche
Informationen festgestellt.
Im Stierkampfmuseum in der Arena von Ronda hängt ein Zitat des
spanischen Königs Juan Carlos, dessen ersten Satz ich nur noch sinngemäß
in Erinnerung habe:
Es ist zwecklos, über den Stierkampf zu diskutieren.
Er ist ein Teil spanischer Geschichte und Tradition.
Recht hat er. Vor allem mit dem zweiten Satz, den ich wörtlich wider-
gegeben habe.
Ich will den Stierkampf weder verherrlichen noch verdammen, sondern
lediglich dem interessierten Leser die wichtigsten Kenntnisse zur Geschichte, zur Terminologie und zum Ritual der 'Tauromaquía', der Stierfechter-
kunst, vermitteln.

Der Stierkampf ist kein Sonntagssport wie der Fußball, wenngleich die
Montagspresse ebenso ausführlich darüber berichtet. Und somit sind alle
Begriffe der Sportsprache wie Fairness, Chancengleichheit und andere
nicht auf ihn anwendbar.
Die Arbeit des Matadors ist nicht, wie G.B. Shaw es ausdrückte :
". . . die eines Schlächters", sondern das kunstvolle und gefährliche, sehr
strengen Gesetzen und Regeln unterworfene, rituelle Töten eines Stieres
innerhalb von 20 Minuten. Schafft er das nicht, sei es, daß seine 'pases'
den kritischen Blicken und hohen Erwartungen der kundigen Zuschauer
an Ästhetik der Bewegung nicht genügen, sei es, daß er - nur im Interesse seiner Sicherheit - zu weit weg vom Stier arbeitet, oder sei es gar,
daß er vom Stier verletzt wird, so wird er gnadenlos ausgepfiffen.

Wer den Stierkampf als bloßes "Abschlachten eines gequälten Tieres"
betrachtet, wer in ihm nur die "arroganten Posen" (Shaw) eines 'machos'
sieht, oder wer ganz einfach kein Blut sehen kann, weder vom Tier, noch
vom Menschen, sollte, während die anderen auf ihren 'sol' oder 'sombra'
Plätzen in der Arena sitzen, in eine Bar gehen, 'tomar una copa', aber
dabei ein wenig über den Vergleich zwischen der Lebensqualität eines
deutschen Bullen und eines spanischen Kampfstieres nachdenken.
Der deutsche Bulle steht, von Ausnahmen abgesehen, von der Geburt
bis zum Tod angekettet in einer engen Box, sein Mastfutter ist mit den

Präparaten der pharmazeutischen Chemie angereichert, von einer Kuh kann er nur träumen, sein Blick ist stumpf, sein Fell glanzlos, und den blauen Himmel sieht er nur einmal in seinem Leben: auf seinem Gang zum Schlachthof. Dort steht er nochmals in einem Pferch, wittert das Blut und hört die Schreie seiner Artgenossen und erleidet einen Tag oder eine Nacht Todesangst, bis er selbst geschlachtet wird, und sein freudloses Dasein ein nutzbringendes Ende nimmt.

Der spanische Kampfstier lebt von seiner Geburt bis zum Eintritt in die Arena als Wildtier in der weiten Landschaft und unter dem freien Himmel Andalusiens, spielt mit seinesgleichen, ernährt sich von wilden Kräutern und Gras, Kuhreiher picken ihm die Fliegenmaden aus dem tiefschwarzen Fell, und kraftvolle Muskeln bewegen seinen wendigen Körper.

Angriff und Kampf in seinem Charakter sind das Ergebnis jahrhundertelanger Züchtung, und eines Tages stürmt er in die Arena. Seine ersten Angriffe auf die 'capa' der Toreros sind noch halb Spiel, halb Kampf. Er ist in hoher Erregung. Eine Viertelstunde vor seinem Tod spürt er den ersten Schmerz, verursacht durch die Lanze des Picadors. In der Physiologie eines Stieres geschehen nun die gleichen Prozesse wie in der des Menschen, wie mir Gespräche mit Tiermedizinern bestätigten: in Augenblicken höchster Erregung werden Endorphine erzeugt, morphinähnliche Substanzen, die den Schmerz vorübergehend betäuben. Verletzungen beim Sport, bei Verkehrsunfällen, im Kampf oder gar in Ekstase, bei denen der Schmerz erst viel später eintritt, beweisen dies, und bestärken mich in meiner Theorie, daß der Stier vom Augenblick der Lanzenstiche des Picadors bis zum tödlichen Degenstich, in diesen rund zehn Minuten seines Daseins also, sich in einer solchen Ekstase des Kampfes und der Aggression befindet, daß der Schmerz für ihn nicht zum Leiden wird; würde er sonst nicht laut brüllen und weglaufen?

Stierkampfarena von Ronda (Malaga)

Seine Angriffslust wird zur Angriffswut gesteigert. Auf dem Höhepunkt seiner Erregung erhält er den tödlichen Stoß - ohne Todesangst. Denn vorher hatte er Gelegenheit, seinen Urtrieb des Angreifens zu befriedigen. Ohne diesen Aggressionstrieb ist ein Stierkampf überhaupt nicht möglich!

Sein Temperament und seine Angriffslust werden schon vor dem Stierkampf beim Züchter, in der sogenannten 'tienta' geprüft. Besteht er diese Prüfung nicht, ist sein Bestimmungsort der Schlachthof. Der Stier, der trotz bestandener 'tienta' in der Arena nicht kämpfen will, wird abgeführt zum Schlächter; zur Schande des Züchters.

Lassen wir Rainer Maria Rilke nochmals zu Wort kommen:

CORRIDA

Seit er, klein beinah, aus dem Toril
ausbrach, aufgescheuchten Augs und Ohrs,
und den Eigensinn des Picadors
und die Bänderhaken wie im Spiel

hinnahm, ist die stürmische Gestalt
angewachsen - sieh: zu welcher Masse,
aufgehäuft aus altem schwarzen Hasse,
und das Haupt zu einer Faust geballt,

nicht mehr spielend gegen irgendwen,
nein: die blutigen Nackenhaken hissend
hinter den gefällten Hörnern, wissend
und von Ewigkeit her gegen Den,

der in Gold und mauver Rosaseide
plötzlich umkehrt und, wie einen Schwarm
Bienen und als ob ers eben leide,
den Bestürzten unter seinem Arm

durchläßt, - während seine Blicke heiß
sich noch einmal heben, leichtgelenkt,
und als schlüge draußen jener Kreis
sich aus ihrem Glanz und Dunkel nieder
und aus jedem Schlagen seiner Lider,

ehe er gleichmütig, ungehässig,
an sich selbst gelehnt, gelassen, lässig
in die wiederhergerollte große
Woge über dem verlornen Stoße
seinen Degen beinah sanft versenkt.

* * *

Weder mit dem Gedicht von Rilke, noch mit dem Vergleich zwischen einem deutschen Bullen und einem spanischen Kampfstier soll jemand zu Stierkampf bekehrt werden.

Ich bin, wie gesagt, kein Aficionado, aber ich gehöre nicht in die Reihe derer, die ihn abschaffen wollen. Wenn es nämlich anstatt Stierkampf nur noch Fußball gibt, ist dies ohne Zweifel ein bedauernswerter Verlust ethnischer Tradition und nationaler Individualität, und eine weitere Angleichung an die Gesichtslosigkeit internationaler Norm, die zwischen Tokio und Rio de Janeiro beliebig austauschbar ist. Ich verstehe aber auch diejenigen, die anderer Meinung sind.

Bei allen bisherigen und folgenden Bemerkungen zum Stierkampf spreche ich selbstverständlich nur von denen, die 'con arte' (kunstvoll, von Könnern) durchgeführt werden. Unerlaubte Manipulationen oder stümperhaftes Gemetzel, das auch der Aficionado als 'porquería' (Schweinerei) verurteilt, kommen leider gelegentlich vor, und verhelfen den Gegern zu berechtigten Argumenten.

DIE GESCHICHTE DES STIERKAMPFES

Zwar gilt Andalusien als die Wiege des Stierkampfes, doch ist damit eine besondere Form, die des Kampfes zu Fuß, die heute übliche Art gemeint.

Das Spiel oder die künstlerische und kämpferische Auseinandersetzung mit dem Stier ist sehr alt.

Die Höhlenmalereien der Eiszeit (etwa 15000 Jahre v. Chr.) in den Höhlen von Lascaux (Dordogne, Südwestfrankreich), Castillo (Santander, Nordspanien) zeigen Stierbilder, die in Körperbau, Haltung und Bewegung denen eines spanischen Kampfstieres sehr ähnlich sind.

In der minoischen Kultur (Kreta 3000 Jahre v. Cr.) galt der Stier als Symbol der Fruchtbarkeit und der Kraft, und im Palast von Knossos staunt der Betrachter über das Fresko eines Menschen, das den Sprung über einen Stier in drei Phasen zeigt: er stemmt sich an den Hörnern hoch, schlägt einen Salto über den Stierrücken und landet hinter dem Stier.

Stierspringer von Knossos (Kreta)

Auf spanischem Boden soll Cäsar angeblich die ersten Stierkämpfe gesehen und sogar selbst daran teilgenommen haben.

Nachgewiesenermaßen gab es die ersten Stierkämpfe in Spanien, vor allem in Kastilien, im 16. Jahrhundert. Damals allerdings waren sie das Privileg adeliger Caballeros, die auf den Plätzen der großen Städte, wie zum Beispiel auf der Plaza Mayor in Madrid, vor Volk und königlichem Publikum ihren Mut zeigten, indem sie vom Pferd herab die Stiere mit Lanzen bekämpften.

Den Wendepunkt setzte zu Beginn des 18. Jahrhunderts ein Schreiner aus

Ronda, der einem beim Stierkampf vom Pferd gestürzten und vom Stier bedrohten Edelmann das Leben rettete, indem er den Stier mit seinem breitkrempigen Hut erfolgreich von seinem Opfer ablenkte.

Francisco Romero, wie der Schreiner hieß, hatte in diesem Augenblick den Stierkampf zu Fuß initiiert, damals natürlich noch nicht ahnend, daß er während seiner nachfolgenden Stierkämpferzeit noch rund 600 Stiere töten wird. Er war es, der aus dem bis dahin unkontrollierten und wilden Stierkämpfen die eigentliche 'tauromaquîa', die Kunst des Stierfechtens machte. Er begründete die Escuela de Ronda (auch: escuela rondeña = Schule von Ronda), die klassische Stierfechterschule mit korrektem und ernstem Stil und gilt als Erfinder der Muleta.

Die Romeros, Vater Francisco, sein Sohn Juan, der die Cuadrilla einführte, und sein Enkel, der berühmte Pedro Romero, der zwischen 1771 und 1799 rund 5600 Stiere tötete, führten die Estocada immer 'recibiendo' aus. Zur selben Zeit erschuf der Sevillaner Matador Costillares die Escuela Sevillana, die sich von der Escuela Rondeña durch Verspieltheit, mehr Phantasie und Anmut unterscheidet. Er variierte die Estocada recibienda aus Ronda zur etwas leichteren Estocada Volapié (das Töten mit fliegenden Füßen).

Die Zeit der Romeros und eines Costillares war das goldene Zeitalter der Tauromaquia.

DER BESUCH EINES STIERKAMPFES

'Hay biletes?' Gibt es noch Karten?

Viele Touristen besuchen Stierkämpfe. Und nicht wenige sind darunter, die nach ihrem ersten Besuch sagen: "Nie wieder!" Das kann drei Gründe haben:

-sie sind vom Gesehenen schockiert,
-sie haben nicht verstanden, worum es geht,
-der Kampf war ein abscheuliches Gemetzel.

Wer sich bei seinem ersten oder nächsten Spanienbesuch einen Stierkampf ansehen möchte, sollte schon vorher einiges wissen.

Die wichtigste Vorentscheidung liegt bereits in der Frage, ob man eine Novillada oder eine Corrida de Toros besucht. Bei der Novillada kämpfen Anfänger, sagen wir 'Auszubildende', gegen unberechenbare und oft auch fehlerhafte Stiere, gegen die zweite Wahl sozusagen, und die Gefahr, ein Gemetzel zu erleben, ist ungleich größer als bei der Corrida de Toros, wo Matadore, Meister ihrer Kunst, mit ausgesuchten Stieren kämpfen, weshalb ich dem Unerfahrenen für seinen ersten Eindruck von der Novillada dringend abrate. Die billigeren Eintrittskarten für die Novillada verführen zwar den Neuling zu deren Besuch, stellen sich aber hinterher als 'Sparen am falschen Fleck' heraus.

Der Stierkampf beginnt meist 'a las cinco' und man sagt, er sei die einzige pünktliche Sache Spaniens, nicht ganz zu unrecht. Während einer Corrida werden sechs Stiere von drei Matadores getötet. Manchmal wird auch der Matador getötet. In der Geschichte des Stierkampfes sollen schon 450 Toreros 'in den Sand gebissen' haben.

Die zweite wichtige Entscheidung ist die Wahl des Platzes.

DIE PLAZA DE TOROS - die Stierkampfarena

Lage und Bezeichnung der Plätze sind im Prinzip überall gleich.

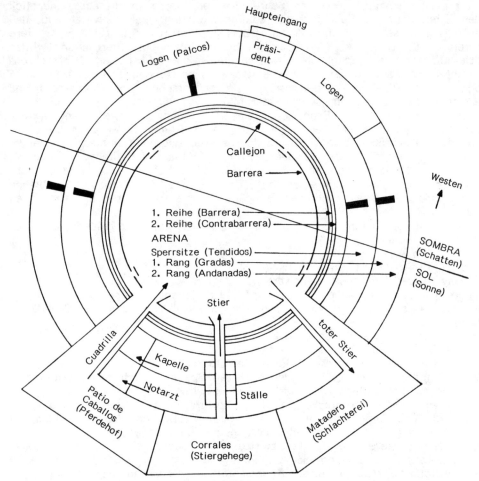

'Sombra' heißen die Plätze im Schatten und sind rund dreimal so teuer wie die in 'Sol', in der Sonne. 'Sol y sombra' sind Plätze, die erst in der Sonne, später im Schatten liegen. Die ersten Reihen 'barrera' und 'contrabarrera' befinden sich direkt über dem 'callejón', dem Gäßchen, in dem sich Toreros, Helfer, Polizei und andere aufhalten, und sind dem Geschehen in der Arena am nächsten, weshalb die Plätze 'sombra-barrera' zu den teuersten zählen. Hier kann man das Blut nicht nur sehen, sondern riechen. Die 'tendidos' (Sperrsitze) sind von solchen elementaren Eindrükken weit genug weg, andererseits aber nicht in allzu weiter Entfernung wie die 'gradas' und 'andanadas'. Hierbei spielt aber die Größe der Arena - die eine faßt 14000, eine andere nur 3000 Zuschauer - eine Rolle.

Andererseits bieten aber gerade diese obersten und in 'Sol' billigsten Plätze Eindrücke ganz anderer Art: dort kocht die Volksseele.
Die Crême de la Crême sitzt in der schattigen Kühle der 'palcos' (Logen) auf der 'sombra'-Seite.
Die Matadores arbeiten mit Vorliebe auf der Schattenseite, nicht zuletzt deshalb, weil sie so ihre Kunst vor den Augen des Präsidenten zeigen können.
Aus all diesen Gründen rate ich dem Erstbesucher zu einem Platz 'sol y sombra' in der Reihe der 'tendidos', wobei die 'tendidos altos' (oberer Sperrsitz) etwas billiger sind als die 'tendidos bajos', die unteren.

DER VERLAUF EINES STIERKAMPFES

DIE ALGUACILES
Berittene Verwaltungsangestellte, die zu Beginn einer Corrida in Kostümen der Zeit Philipps IV. erscheinen und dem Präsidenten melden, daß alles vorbereitet sei.

DER PASEO
Eine Banda de musica begleitet mit Pasodobles den Einmarsch der 'cuadrilla': die drei Matadores in ihren barocken Prunkkostümen, gefolgt von ihrer jeweiligen Mannschaft: je drei Banderilleros, zwei Picadores und den 'monosabios' (wörtl.: dressierte Affen = Spitzname für Arenadiener) mit ihren roten Hemden und ihren Maultier- oder Pferdegespannen, die den toten Stier aus der Arena ziehen. Die Cuadrilla bewegt sich feierlich zur Loge des Präsidenten hin, um ihn zu grüßen. Dann erhalten die Alguaciles von ihm die Schlüssel zum 'toril', dem Aufenthaltsort der Stiere. Die Cuadrilla zieht wieder hinaus, und das Tor auf der dem Präsidenten gegenüber liegenden Seite öffnet sich, und der Matador sieht seinen ersten Stier in die Arena stürmen. "Klein beinah . . ." (Rilke).

DAS TERCIO DE VARAS
- der erste Gang, das Drittel der Picadore
Jeder Kampf wird in drei Drittel (Tercios) untergeteilt, diese wiederum in verschiedene Phasen (Suertes).
Die 'suerte de capa':
Toreros, meist die Banderilleros, "führen den Stier vor", das heißt, sie zeigen dem Publikum das Temperament des Stieres und dem Matador seine Eigenheiten: seine Angriffslust, seine Schnelligkeit, seine Bewegungen und Reaktionen. Dabei werden eine Reihe von 'pases' (Figuren) mit der Capa gezeigt. Diese ersten drei Minuten sind der elegante, unblutige Teil eines Kampfes und ist die eigentliche 'corrida'.

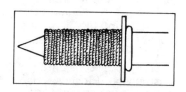

Die Spitze der Pica (=Vara) ist 10 cm lang, davon sind 7 cm mit Schnur umwickelt; nur 3 cm blankes Metall sind sichtbar.

Pablo Picasso: Corrida, suerte de vara

Die Suerte de Varas
Ein Trompetenstoß kündigt die nächste Phase an, und ein Pfeiffkonzert des Publikums begleitet die picadores in die Arena.

Auf einem Pferd, das oft eher die Bezeichnung Schindmähre verdient und auf der dem Stier zugewandten Seite eine dicke, fast bis zu den Hufen hinabreichende, matratzenartige Panzerung trägt, sitzt der Picador mit seinem flachrandigen, quastenverzierten Hut und seiner drei Meter langen Lanze (Abbild auf vorhergehender Seite).

Die Arbeit des Picadors ist wahrhaftig nicht schön, unbeliebt auch bei den Spaniern, aber notwendig aus zwei Gründen: sie erst zeigt deutlich die Angriffslust des Stieres, und die im allgemeinen drei Stiche mit der Lanze, die nur einige Zentimeter in die Nackenmuskeln eindringt, senken den Kopf des Stieres. Bei erhobenem Kopf könnte der Matador die Estocada nicht durchführen.

Das Pferd kann einem dabei wirklich leid tun, und empfindsamen Naturen empfehle ich, meinem Beispiel zu folgen: wegzusehen oder inzwischen den Film zu wechseln.

Gelegentlich gelingt es dem Stier, Pferd und Reiter in den Sand zu setzen. Bei schlechten Stierkämpfen kommt es auch schon mal vor, daß bestochene Picadore den Stier bewußt an der Wirbelsäule verletzen, oder durch Drehung der Pica einen hohen Blutverlust verursachen. Das sind die Kehrseiten des Stierkampfes.

Die Toreros locken den Stier mit ihren 'capas' wieder vom Pferd weg, eine Maßnahme, die man hier und bei anderen gefährlichen Momenten des Kampfes 'quites' nennt.

Der Präsident zeigt sein weißes Taschentuch, und die Trompeten kündigen das nächste Tercio an.

DAS TERCIO DE BANDERILLAS

Jeder der drei Banderilleros setzt zwei Banderillas in die Nackenhaut des Stieres, wobei schnelle Reaktion und Behendigkeit der Beine oberstes Gebot sind. Die Stäbe haben weniger die Aufgabe, die Angriffslust des Stiers zu steigern, sondern dienen mehr dem rituell-dekorativen Charakter des Kampfes.

Pablo Picasso: 'Clavando un par de banderillas'

DAS TERCIO DE MUERTE

Suertes de Muleta

Pablo Picasso: 'Suerte de muleta'

Ein guter Stierkämpfer hat nun Gelegenheit, seine Kunst in der 'faena, der Arbeit mit der 'muleta', dem an einem Holzstab befestigten, roten, herzförmigen Flanelltuch, zu zeigen.

Je besser seine 'pases' - veronicas, faroles, chiquelinas und etwa weitere 15 - sind, desto größer ist der Beifall und die Chance, ein oder zwei Ohren des Stieres zu bekommen.

Die Qualität der 'pases' wird durch drei Kriterien bestimmt:
- der Matador muß dabei so ruhig wie möglich stehen,
- die Figuren müssen korrekt ausgeführt werden,
- der Abstand zwischen Körper und Stier muß so klein wie möglich sein. Am besten so klein, daß die Hörner seine Hose aufschlitzen.

Nach maximal zehn Minuten ertönt die Trompete, und es beginnt die letzte Phase:

DIE ESTOCADA

Auch 'suerte de la Muerte' (Phase des Todes), oder 'suerte suprema' (höchster Augenblick, Augenblick der Wahrheit) genannt.

Spätestens 20 Minuten nach Beginn eines Kampfes muß der tödliche Degenstoß erfolgen, da sonst der Stier beginnt, die List zu durchschauen und statt dem Tuch den Mann angreift

Der Matador dirigiert den Stier in eine bestimmte Stellung: die vier Füße im Rechteck und den Kopf gesenkt, und vollzieht sodann mit dem 'estoque' (Degen) den Todesstoß, wobei er eine etwa Fünfmark große Stelle im Rückgrat des Stieres treffen muß, damit das Herz durchstoßen wird. Die Estocada ist der gefährlichste Moment des Stierkampfes, erfordert vom Matador höchste Konzentration, und wird deshalb auch "Augenblick der Wahrheit" genannt.

Dringt der Degen nicht tief genug ein, und der Stier fällt nicht sofort um, wird ihm mit einem zweiten Degen der Gnadenstoß verliehen (sogenannter 'descabello'), oder mit einem kurzen Dolch das Rückenmark durchtrennt ('puntilla').

Das Ritual ist vollzogen. Der 'Tod am Nachmittag' hat sein erstes Opfer erhalten. Die Gespanne der 'monosabios' ziehen den Stier aus der Arena, wo er eine lange Spur aus Blut und Sand hinter sich herzieht.

Rot und gelb. Die Farben Spaniens.

Olé!

Ein spanischer Witz zum Stierkampf, basierend auf dem Brauch, einem erfolgreichen Matador ein Ohr des Stieres zu überreichen, erzählt von einem Matador, der vom Stier übel zugerichtet wurde. Beim Erwachen aus der Narkose nach der Operation stöhnt der Matador: "Das Ohr, das Ohr! Wo ist das Ohr?" Sagt sein Manager: "Hombre, nicht du hast den Stier besiegt, sondern er dich!" - "Aber doch nicht s e i n Ohr - meines!"

*   *   *

52

DIE TERMINOLOGIE DES STIERKAMPFES

Aficionado	= Stierkampfkenner und -liebhaber
Alternativa	= Weihe eines Novillero (Anfängers) zum Matador de toros (Stiertöter)
Arena (Ruedo)	= festgestampfter Sandboden
Banderilla	= hölzerner Stock (65 cm) mit bunten Papierbändern und Widerhaken
Banderillero	= bezahlte Helfer des Matadors
Capa	= großes Kampftuch, auf einer Seite rot, auf der anderen gelb (Farben Spaniens)
Coleta	= angestecktes Zöpfchen des Matadors
Corrida de toros	= Stierkampf (wörtl.: Lauf der Stiere)
Corrida de novillos	= Stierkampf mit jungen Stieren (siehe Novillo)
Cuadrilla	= Mannschaft des Matadors
Estoque	= Degen des Matadors
Estocada	= Töten des Stieres
Estocada recibiendo	= der Stier rennt auf den stehenden Matador zu
Estocada volapié	= der Matador rennt auf den stehenden Stier zu
Faena	= Arbeit mit der Muleta
Matador	= siehe Alternativa
Muleta	= rotes Flanelltuch des Matadors
Novillo	= junger Stier (3 Jahre, etwa 400 Kg)
Novillada	= siehe Corrida de Novillos
Novillero	= siehe Alternativa
Palmas	= Händeklatschen
Pase, pases	= Figuren, die der Matador mit dem Stier vollzieht
Pica (Vara)	= Lanze des Picadors
Picador	= Schwergewichtsmänner auf gepanzerten Pferden
Quite	= Ablenkungsmanöver der Helfer des Matadors mit der Capa, wenn Gefahr droht.
Rejoneador	= Stierkämpfer zu Pferd (selten)
Sol	= Sonnenplätze in der Arena
Sol y sombra	= Plätze, die erst in der Sonne, dann im Schatten sind
sombra	= Schattenplätze
Suerte (s)	= Phase (n) eines Stierkampfes
Tauromaquia	= Stierfechterkunst
Tercio	= Drittel eines Stierkampfes
- de Varas	= 1. Drittel (Picadores)
- de banderillas	= 2. Drittel (Banderillas)
- de muerte	= 3. Drittel (Matador)
Traje de luces	= wörtlich: Tracht der Lichter, barockes Prachtgewand des Matadors mit Gold- und Silberfäden
Veronica	= vermutlich vom Schweißtuch der Veronica stammend (Schweiß ist hier gleichbedeutend mit Blut). Eine der Figuren (pases), bei der der Stier so nahe am Matador vorbeiläuft, daß sein Blut möglichst die Muleta färbt.
Mierda, Porqueria	= Mißfallensäußerungen von Aficionados

Der Spanier läßt keine Gelegenheit, ein Fest zu feiern, ungenützt vorbei. Man könnte dies sogar noch zum Kapitel "ein paar Gemeinsamkeiten" hinzufügen.

Man muß zwar grundsätzlich unterscheiden zwischen:

- FIESTA:
Fest, entweder zu Ehren eines Heiligen, zum Beispiel Santiago (25.7.)oder aus anderen Anlässen: Fiesta de los Patios (der Innenhöfe) in Cordoba.
- FERIA:
Jahrmarkt. Zu allen möglichen Anlässen: Feria del Caballo, Feria de la vendimia (Pferdemarkt, Weinlese) in Jerez, und viele andere.
- ROMERIA:
Wallfahrt. Die berühmteste ist ohne Zweifel die von El Rocio (Provinz Huelva).

Gleichzeitig muß man aber hinzufügen, daß keine Feria oder Romeria ohne Fiesta abläuft. Selbst die Prozessionen der 'semana santa' (Karwoche), weltberühmt in Sevilla, weniger berühmt - aber ebenso eindrucksvoll - in Jerez und vielen anderen Städten, sind gleichermaßen ein großes Fest.

Einen Kalender der andalusischen Feste zu erstellen, ist mit einigen Schwierigkeit verbunden: die Unregelmäßigkeit des Kirchenjahres zum einen, die Menge der Veranstaltungen zum anderen. Allein der Festkalender der Provinz Cadiz zeigte im Jahre 1987 nicht mehr und nicht weniger als 161 (einhunderteinundsechzig!) Termine für Fiestas, Ferias und Romerias.

Wer also 'festliche Ferien' erleben möchte, sollte sich rechtzeitig vorher bei den regionalen Touristenbüros (in den acht Hauptstädten, Adressen siehe Informationsteil am Ende des Buches) den 'calendario de fiestas' besorgen.

Die folgende Aufstellung ist nur ein kleiner Überblick über bekannte Feste:

FEBRUAR:
In der Faschingswoche finden Fiestas de Carnaval in Cadiz, Vejer, Jerez und anderen Orten statt.

APRIL:
1) Prozessionen der 'semana santa' (Karwoche) in Sevilla, Granada, Jerez,

Malaga und vielerorts.
2) Feria de Sevilla: eine Woche nach Ostern.
3) Feria del Caballo: Pferdemarkt in Jerez de la Frontéra, in der vierten Woche nach Ostern.
4) Romeria zur Virgen de la Cabeza in Andújar (Prov. Cordoba): letzter Sonntag im April.
MAI:
1) Erste Maihälfte Fiesta del Patio in Cordoba, mit Corridas und Flamenco.
2) Je nach Ablauf des Kirchenjahres: Feria del Caballo in Jerez.
JUNI:
1) Fronleichnamsfeste in vielen Städten ('dia del corpus').
2) Vier Tage vor Pfingsten bis Pfingstmontag: El Rocio, Andalusiens berühmteste Wallfahrt.
3) Ende Juni bis Anfang Juli: Internationale Musik- und Tanzfestspiele im Freilichttheater des Generalife in Granada.
JULI:
1) Fiestas del Carmén in vielen Städten.
2) am 25. Juli: Santiago Apostol, Fest des spanischen Nationalheiligen St. Jakobus, gleichzeitig Nationalfeiertag.
3) Überall Stierkämpfe.
AUGUST:
1) Feria in Malaga
2) Überall Stierkämpfe
SEPTEMBER:
1) erste Monatshälfte: Vendimia (Weinlesefest) in Jerez de la Fra. mit Reiterspielen und Flamenco.
2) Zweite Hälfte: Goyaesker Stierkampf in Ronda.
3) Zweite Hälfte: Zweite Feria in Sevilla

Die Fiestas der Alpujarra sind im entsprechenden Kapitel der Provinz Granada aufgeführt, die Fiestas mit Flamenco: siehe Kapitel 'Flamenco'.

*　　*　　*

EL PUEBLO DE DIOS

'Pueblo de Diós' heißt Dorf Gottes und bedeutet in unserer Sprache "gottverlassenes Nest".
Dies ist die Geschichte eines Dorfes, die symptomatisch die Entstehung und Fragwürdigkeit des Fortschritts aufzeigt und beispielhaft für die zentrale Problematik auch unserer eigenen Gegenwart und Zukunft steht.

Das Dorf lag gegen Ende der sechziger Jahre still und abgeschieden, von der Hauptstraße nur über einen Feldweg erreichbar, der sich acht Kilometer über eine Paßstraße wand, in einer weiten Bucht vor dem Horizont des Atlantik. Die Menschen lebten in einfachen weißen Häuschen mit Schilfdächern.
Zur Wasserversorgung diente ein Brunnen in der Mitte des Dorfes, und die Errungenschaften der Technik wie WC, Tiefkühltruhen, Fernsehen,

Geschirrspül- und Waschmaschinen, Autos und Telefon fehlten ganz.

Bemerkenswert aber war, daß sie so arm, wie sie waren, nicht hätten sein müssen. Im Meer vor ihrer Haustüre gab es genügend Fische. Ein geregelter 8-Stunden-Arbeitstag in ihren Booten hätte ihnen durchaus

einen gewissen Wohlstand beschert. Auf die gelegentliche Frage, warum sie nicht zum Fischfang hinausgefahren seien, kamen Antworten wie "Hoy no, hay levante" (heute nicht, es ist zu windig), eine Redewendung, die auch dann verwendet wurde, wenn kein merklicher Wind blies, oder einfach ein vieldeutiges "Mañana" (morgen).

Sie hatten Zeit.

Zeit zu reden, zu dösen, Siesta zu halten, ein Glas zu trinken, und zu feiern.

Kleine, bescheidene, abendliche Fiestas, spontan, herzlich und fröhlich. Der alte Gurro sang a cappella die Coplas des Flamenco puro, die anderen klatschten den Rhythmus, über dem Dorfplatz lag das milde Licht des Mondes, vom Strand herauf rauschte die Brandung des Meeres und der Rest der Welt war weit weg.

El Pueblo de Diós.

Dann kam die Wende.

Eines Tages gruben die Archäologen eine römische Stadt neben und unter dem Dorf aus, welches teilweise abgerissen und einen Kilometer daneben neu errichtet wurde. Der Staat baute eine breite Teerstraße in die Bucht. Licht- und Telefonleitungen wurden gelegt, Parkplätze geschaffen. Bars und Restaurants wurden eröffnet und Zimmer vermietet. Die Besucher strömten herein, die zivilisierte Welt hielt Einzug und mit ihr der Wohlstand und die Errungenschaften moderner Technik.

Aber nach dem Rausch des Wohlstandes kam ziemlich schnell die Ernüchterung: Müll- und Wasserprobleme, Lärm aus Lautsprechern und Motoren, Diebstahl und Drogenkonsum und, vor allem in der Hauptsaison, Hektik und Streß. Mit einem Wort: eine Wohlstandsgesellschaft.

Der Unterschied zwischen der Geschichte dieses Dorfes und unseres hochzivilisierten Landes liegt genaugenommen nur in der Tatsache, daß es bei uns einige Generationen dauerte, dort nur 25 Jahre. Aber gerade deswegen liegt der Gang der Entwicklung deutlicher vor Augen. Die Erinnerung an Gestern in ein und derselben Generation ist noch zu frisch, der plötzlich hereingeströmte Wohlstand konnte sie nur für kurze Zeit blenden, und der Preis, der dafür bezahlt wurde, ist umso deutlicher zutage getreten: die Erkenntnis nämlich, daß Lebensqualität und Mitmenschlichkeit die Opfer auf dem Altar des Wohlstandes sind. Es mag ein Zufall sein, daß das Zitat, das ich an das Ende dieser Geschichte stelle, und das so trefflich hierher paßt, von einem Philosophen römischer Staatsangehörigkeit, aber andalusischer Geburt stammt; von keinem geringeren als Seneca aus Cordoba:

"Es ist gewiß, daß man die Besitzlosen öfter lächeln sieht, als jene, die täglich um ihre Besitztümer bangen müssen." Fotos S. 59

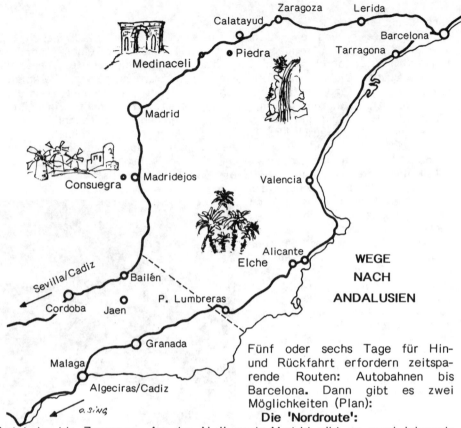

Zaragoza
Lerida
Calatayud
Barcelona
Medinaceli
Piedra
Tarragona

Madrid

Consuegra
Madridejos
Valencia

Sevilla/Cadiz
Bailén
Alicante
Elche

Cordoba
Jaen
P. Lumbreras

Granada

Malaga
Algeciras/Cadiz

WEGE
NACH
ANDALUSIEN

Fünf oder sechs Tage für Hin-
und Rückfahrt erfordern zeitspa-
rende Routen: Autobahnen bis
Barcelona. Dann gibt es zwei
Möglichkeiten (Plan):
Die 'Nordroute':

Autobahn bis Zaragoza. An der N II nach Madrid gibt es zwei lohnende
Ziele für Pause oder Übernachtung; LA PIEDRA: nach einer kargen Landschaft steht man überrascht unter dem Schatten hoher Bäume und vor
einem Hotel in einem ehemaligen Kloster, dessen Mönchszellen heute
die Gäste beherbergen. Vom nahegelegenen Tal mit seinen parkartig
angelegten Wäldern herauf hört man das Rauschen unzähliger Wasserfälle.
Eine Oase der Ruhe und Erholung nach langer Fahrt. MEDINACELI: vom
Horizont des Berges rechts der Straße hebt sich die Silhouette des römischen Triumphbogens ab, der den Eingang zur 'medina coeli' (Stadt des
Himmels) bildet, einer 'ciudad medieval' (mittelalterlichen Stadt).
In der 'La Mancha' südlich von Madrid wäre CONSUEGRO mit seinen
Windmühlen ein lohnender Abstecher von nur wenigen Kilometern.
Es sind die Mühlen und die Gegend von Don Quijote de la Mancha. Zu
den Wasserfällen und dem Waldpark von 'La Piedra' gibt es übrigens Zu-
tritt. Der Rundgang ist ein einmaliges Erlebnis!!

Die 'Südroute':

Nach der langen Autobahnfahrt über Valencia bis Alicante bilden die
ausgedehnten Palmenwälder und der blumengeschmückte Palmenpark der
Stadt ELCHE eine willkommene Abwechslung.(Größter Palmenpark Europas).
Meine Erfahrung: die Südroute ist etwas kürzer, die Nordroute schöner.
weil sie durch ruhigere Gegenden führt.

58

Andalusien in
seinen acht Provinzén

ein erster Überblick

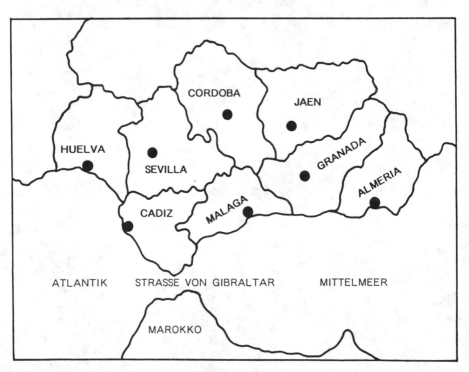

So homogen die Region Andalusien in ihrer langen Geschichte, in der Entwicklung ihrer Kultur, im Charakter ihrer Menschen und in ihrem Klima ist, so heterogen zeigt sie sich andererseits aber auch in ihren Landschaften, dem Kunst- und Kulturgehalt ihrer Städte und in ihren Möglichkeiten der Urlaubsgestaltung.

Auf die Homogenität Andalusiens bin ich in den vorangegangenen Kapiteln bereits eingegangen. Erst in der Beschreibung der acht Provinzen erscheinen deren individuelle Eigenschaften und Unterschiede. Im Bild der Landschaften ist Andalusien überaus vielgestaltig.

Die Grenze im Norden bildet die Sierra Morena, die mit lichten Kork- und Steineichenwäldern bedeckt ist und allmählich in die endlosen, silberglänzenden Olivenhügel von JAEN ausläuft.

Im Nordwesten, im Hinterland von HUELVA bergen die Ausläufer der Sierra Morena Bodenschätze wie Kupfer, Eisenerz, Magnesium, Silber und andere. Urzeitliche Tropfsteinhöhlen und Felsenwildnis gehen über in eine heiße, fruchtbare Tiefebene, und in das Sumpfland der 'Marismas' im Mündungsgebiet des Guadalquivir. Seit Hunderttausenden von Jahren ist hier die Zwischenstation der Zugvögel von und nach Afrika (heute: Naturschutzpark Coto Doñana).

Der Guadalquivir, der an der äußersten Nordostgrenze Andalusiens, in den Nadelwäldern der Sierras Cazorla y Segura (Provinz Jaen) entspringt, durchquert als Lebensader ganz Andalusien in Richtung Atlantik - die Spiegelbilder zweier herrlicher Städte mit sich in den Ozean tragend: CORDOBA und SEVILLA.

Wieder ganz anders präsentiert sich der südliche Teil, die Mittelmeerküste bei MALAGA - die in subtropischer Blütenpracht schwelgt.

Dahinter türmt sich der mächtigste Teil der Betischen Kordilleren auf: die Sierra Nevada, die Höhen bis zu dreieinhalb Tausend Metern erreicht.

Vor diesem majestätischen Hintergrund überdauert ein Juwel nun schon Jahrhunderte: die einstige Maurenfestung GRANADA.

Ein krasser Gegensatz zu den hochalpinen Gipfeln, den höchsten Spaniens, die auch im Sommer Schnee tragen, sind die bizarren, in der unermüdlichen Sonne brütenden Karstlandschaften der Provinz ALMERIA im Osten. Kakteen und Agaven sind hier die exotische Vegetation.

Bleibt noch der Westen, das Ende des Festlandblockes Europa/Asien - wo die uralte Phönizierstadt CADIZ wie ein weißer Schiffsbug in die blaue Weite des Atlantik ragt, in dessen Wind sich hohe Palmen wiegen. Wo in der Weinstadt Jerez de la Frontéra Tausende von Orangenbäumchen ganzjährig Früchte tragen, und die "Küste des Lichts", von der aus Kolumbus die Neue Welt entdeckte, wie ein breites Sandband von der portugiesischen Grenze bis vor die Gestade Afrikas verläuft und Marokko in Sichtweite bringt.

Welche Gegend der Welt könnte abwechslungsreicher sein !

Ich versuche im folgenden, die acht Provinzen getrennt nach ihrer jeweiligen Hauptstadt und ihrem "Hinterland" hinsichtlich ihres 'interes turistico' in ein Schema zu ordnen, wohl wissend und meine Leser ausdrücklich darauf aufmerksam machend, daß solche Klassifizierungen zum einen manch wichtiges Detail übergehen, auf die im folgenden Teil des Buches jedoch ausführlich eingegangen wird, und zum anderen der Gefahr einer subjektiven Betrachtung ausgesetzt sind.
1. Die Attraktivität der Hauptstädte habe ich nur im Hinblick auf die Zahl und Qualität der kulturellen Sehenswürdigkeiten unterschieden.
2. Die Skala der Attraktivitäten der Provinzen ordnet diese nach Gesichtspunkten der landschaftlichen Schönheit, interessanter Orte und regionaler Besonderheiten.

* * * * * Granada	Cadiz	* * * * *
* * * * Sevilla, Cordoba	Granada	* * * *
* * *	Malaga, Jaen, Huelva	* * *
* * Malaga, Jaen, Cadiz	Almeria, Cordoba	* *
* Almeria, Huelva	Sevilla	*
Hauptstadt	Hinterland	

Zur Begründung dieser Darstellung folgt zur ersten Orientierung eine Kurzbeschreibung der acht Provinzen, sozusagen ein Steckbrief:

GRANADA
Die Stadt ist die touristische Nummer Eins, weil die Alhambra das meistbesuchte Monument Spaniens ist. Die schneebedeckte Sierra Nevada ist im Winter ein Skizentrum, und die Landschaft der Alpujarra an den Südhängen der Sierra ist traumhaft schön.

SEVILLA und CORDOBA
Die Kathedrale und der Alcázar von Sevilla und Cordobas Mezquita stehen in der Zahl der jährlichen Besucher an zweiter Stelle, während ihre Provinzen das touristische Interesse kaum erregen.

CADIZ
Die Stadt hat, außer ihrer schönen Lage und der Atmosphäre ihrer Alt-stadt, keine Sterne kultureller Höhepunkte zu bieten, da die Zeugen ihrer reichen Vergangenheit im Lauf der Geschichte zerstört wurden. Die Provinz aber ist die interessanteste und vielseitigste Andalusiens.

HUELVA
Von der Industrieperipherie der Hauptstadt abgesehen, entlockt auch ihr Inneres keine Begeisterungsstürme, weil sie beim Erdbeben von Lissa-bon stark in Mitleidenschaft gezogen wurde. In ihren umliegenden Klö-stern und Hafenorten findet man aber in der Provinz interessante Spuren des Christoph Kolumbus und der Geschichte der Entdeckung Amerikas. Die Strände sind nicht wärmstens zu empfehlen, wenngleich die Küste mit herrlichen Pinienwäldern bewachsen ist. Das Hinterland ist still und schön, mit der 'Wunderhöhle' von Aracena und dem Coto Doñana.

MALAGA und ALMERIA
Die Städte haben außer bunter Hafenatmosphäre und maurischen Burg-ruinen kunsthistorisch nicht viel aufzuweisen. Die Provinzen sind Fund-stätten der prähistorischen Geschichte. Das bergige Hinterland Almerias ist von bezwingender Einsamkeit, und die Provinz Malaga besitzt als besondere Attraktionen Ronda und die Fortsetzung der "Straßen der wei-ßen Dörfer" aus der Provinz Cadiz, El Torcal und die Chorro-Schlucht.

JAEN

Die Anziehungspunkte der Stadt bilden ihre großartige Renaissance-Kathedrale und die Karthagerfestung Catalina, die Provinz aber lockt mit den Renaissanceperlen UBEDA und BAEZA, landschaftlicher Schönheit und Ruhe und herrlichen Gebirgsgegenden im Naturschutzpark CAZORLA, einem Reservat der Fauna und Flora Iberica.

Hinsichtlich der Küsten Andalusiens habe ich die 'COSTA DEL SOL' in die Beschreibung der Provinz Malaga eingefügt, zum einen, weil sie dorthin überwiegend gehört, zum anderen, weil sie zwar ihren Küstenverlauf, ihr Hinterland und ihre Vegetation betreffend sehr schön ist, innerhalb der gesamten Strandlänge von Motril bis Estepona aber in einer Weise asphaltiert, betoniert und zersiedelt ist, daß ich sie den individuellen Touristen nicht unbedingt empfehlen kann.

Der 'COSTA DE LA LUZ' habe ich ein eigenes Kapitel eingeräumt, einmal, weil ihre obere Hälfte zur Provinz Huelva, die untere zu Cadiz gehört, zum zweiten, weil einige Küstenabschnitte die Beachtung meiner Leser durchaus verdienen.

Eine gewisse Bestätigung meiner "Katalogisierung" der Städte und Provinzen findet sich in der Antwort eines Andalusiers auf die Frage nach seiner Herkunft.

Fragt man einen aus der Provinz Sevilla, sagt er spontan: "Soy Sevillano", auch wenn er sein Domizil 50 oder mehr Kilometer von der Hauptstadt entfernt hat. Das gleiche gilt für sechs andere Provinzen: "Soy Malageño" (Ausnahme: "Rondeño), Cordobero, Granadino, Almeriense, Jeniense (Jaen), Onubense (Huelva). Die Ausnahme bildet die Provinz Cadiz. "Soy Gaditano" sagt nur, wer direkt aus Cadiz stammt. Ansonsten aber hört man selbstbewußt: "Soy Jerezano/ de Arcos/ de Medina-Sidonia/ de Vejer . . ".

Daraus kann man zwei Schlüsse ziehen. Einmal haben die Bewohner der Städte der Provinz Cadiz mehr Regionalbewußtsein, sodann senkt sich die Waage des allgemeinen Interesses in den übrigen Provinzen stark auf die Seite der jeweiligen Metropole.

Zum Schluß noch zwei Empfehlungen zum Besuch der größeren Städte:
1. Lassen Sie Ihr Auto, vor allem in Sevilla und den Hafenstädten Almeria, Malaga und Algeciras nicht irgendwo, sondern nur in Parkgaragen oder auf bewachten Parkplätzen stehen.
2. Taxifahren ist in Spanien billig, doch man erwarte nicht immer den Mercedes neuester Bauart.
   Quälen Sie sich nicht mit dem eigenen Auto durch enge Gassen und durch ein Gewirr von Einbahnstraßen, wenn Sie eine Stadt nicht sehr gut kennen!

*   *   *

Die Provinz # Granada

Die Provinz mit 'Sol y Nieve', Sonne und Schnee. In einundeinhalb Autostunden kann man von 0 auf 3.482 Metern gelangen, denn die gut ausgebaute Straße von Granada in die Sierra Nevada führt bis kurz unterhalb des breiten Gipfels des höchsten Berges Spaniens, dem Mulhacen, wo auch im heißen andalusischen Sommer noch meterhohe Schneefelder liegen.

Millionen strömen jährlich auf den Burgberg Granadas, die Alhambra, Zigtausende bügeln im Winter die Pisten der Sierra Nevada, und an der Mittelmeerküste zwischen Castell de Ferro und Almuñecar herrscht im Juli und August der "ganz normale Wahnsinn" mediterranen Strandlebens.

Nur in den 'campo', ins Landesinnere, verirrt sich höchst selten einer. Ist das nun gut so oder schade? Da ich mein Buch sowohl für Kunstinteressierte, als auch für Liebhaber stiller Winkel der Landschaft schreibe, gebührt auch der schönsten Straße Spaniens, der Alpujarra, genügend Raum.

GRANADA

Die Stadt mit dem klangvollen Namen, beginnend an den Ausläufern der Sierra Nevada und sanft auslaufend in einer weiten Hochebene, bildete die grandiose Kulisse zu jenem Akt der spanischen Geschichte, worin die Mauren endgültig von der Bühne verschwanden, und die neuen Akteure die Szene betraten: Los Reyes Catolicos, das Königsehepaar Ferdinand II. von Aragón und Isabella I. von Kastilien, und mit ihnen das vereinte christliche Königreich Spanien.

Unsere Sympathie gehört ohne Zweifel dem letzten Maurenkönig Abu Abdullah, bekannt unter dem Namen Boabdil, der seine Residenz, die Alhambra, weder selbst zerstörte, als er sie verlassen mußte, noch sie durch unnötige Kämpfe der Zerstörung durch die Heere der Katholischen Könige preisgab. Er hätte ja auch handeln können wie etwa jene Doña Jimena, Gattin des legendären 'El Cid', die Valencia in Schutt und Asche legen ließ, als sie merkte, daß die Mauren nicht mehr aufzuhalten waren.

Die Übergabe Granadas

Boabdil hingegen übergab die Schlüssel seines Palastes mit den Worten: "Es wäre ein unersetzlicher Verlust, soviel Anmut und Schönheit für immer zu vernichten".

Was ist übrig von den Hauptdarstellern jenes Aktes? Von dem Maurenfürst ein Märchenpalast, von den Katholischen Königen zwei Sarkophage.

Der folgende Plan soll eine rasche Orientierung über die markanten Punkte der Stadt geben, unter Weglassung aller unwichtigen Details:

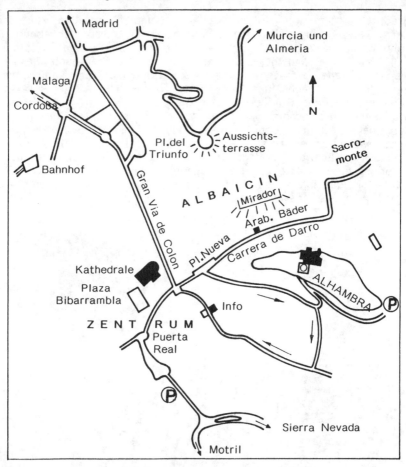

Im Südosten:
Die Alhambra und der Generalife (siehe detaillierter Plan).
Im Osten und Norden:
Der Sacromonte und der Albaicin (Beschreibungen folgen).
Im Zentrum:
Das Viertel um die Kathedrale mit der Capilla Real, der Alcaiceria, der Plaza Bibarrambla und der Casa del Carbón.

DAS VIERTEL UM DIE KATHEDRALE

Die Kathedrale Santa Maria de la Encarnación

Die fünfschiffige Kirche, zur Zeit der spanischen Renaissance erbaut, ist in ihren Dimensionen und Proportionen gewaltig. Fast zu gewaltig. Der Umfang der Säulen beträgt rund 14 Meter. Sie sind fast weiß und geben der Kirche ihre blendende Helligkeit.

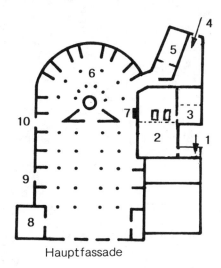

Hauptfassade

KATHEDRALE UND CAPILLA REAL

1 Eingang zur Capilla Real durch die Lonja (ehemalige Börse)
2 Capilla Real mit Königsgräbern und Gruft
3 Museum der Capilla Real
4 Eingang zur Kathedrale von der Gran Via de Colon aus
5 Sakristei
6 Capilla Mayor (47 m hoch)
7 Altar mit Santiago Matamoros (Maurentöter)
8 Schatzkammer der Kathedrale
9 Puerta de San Jeronimo
10 Puerta del Perdón

Woher nur stammt diese Hybris, diese Gigantomanie steinerner Eleganz, diese kühle, sich ihrer Schönheit so bewußte Strenge, die den Betrachter bestenfalls zu Staunen, nicht aber zu Gebet und Kontemplation veranlaßt und ihn nach dem Besuch der Kirche die Wärme der Sonne und der menschlichen Nähe auf der Plaza Bibarrambla suchen läßt, und käme diese selbst vom Kunden heischenden Lächeln eines 'limpiabotas' (Schuhputzers)?

Die hochragenden und mächtigen Bauwerke der Renaissance, allen voran die Kathedralen von Granada und Jaen, sind als unübersehbare Zeichen des Sieges der Reconquista geschaffen worden, und als triumphale Zeugnisse des 'Siglo de Oro', des Goldenen Jahrhunderts, als Spanien unter den Reyes Catolicos und deren Nachfolger zu ungeheurem Reichtum und zur Weltmacht gelangte. Es scheint, als seien sie geplant und gebaut worden nach dem Grundsatz: 'Geld spielt keine Rolle', da doch dieses aus den von Kolumbus entdeckten, und von den Conquistadores besetzten Ländern der Neuen Welt reichlich hereinströmte.

Die romanische Kathedrale von Santiago de Compostela ist auch groß, aber sie entstand aus einem anderen Zeitgeist. Dort wurde aus Frömmigkeit heraus Großes geschaffen. Größe kann den Menschen erheben oder erdrücken.

Im Inneren der Kathedrale möchte ich meine Leser zum Altar des Santiago, des hl. Jakobus führen, dies aus vier Gründen. Zum einen, weil der hl. Jakobus, der der Legende nach bei einem der ersten Siege der Reconquista, der Schlacht von Clavijo, den Christen zum Erfolg verhalf, indem er auf einem weißen Pferd vorausritt, und somit zum Sinnbild des 'matamoros' (Maurentöters) wurde. Es ist verständlich, daß der Heilige, der in ganz Europa als gütiger Vater aller Pilger dargestellt und verehrt wurde - und noch immer wird - in Spanien fast ausschließlich als säbelschwingender Kämpfer der christlichen Sache abgebildet wird (Abbild Seite 21).

Zum anderen, weil er nun einmal hierher besonders gut paßt. In Granada war die Reconquista abgeschlossen, die immerhin von 722 bis 1492 andauerte. Zum dritten, weil Santiago der Nationalheilige Spaniens ist und sein Fest am 25. Juli in ganz Spanien glanzvoll gefeiert wird.

Zuletzt auch deshalb, weil die Legenden um Jakobus, der Jakobskult, die Pilgerwege durch Europa nach Santiago de Compostela, sowohl im Mittelalter, als auch in der Neuzeit, und die Reconquista mich 12 Jahre lang beschäftigten, und zum Gegenstand meines Buches "Der Jakobsweg" wurden. Und weil es mir damit vielleicht gelingt, das Interesse für diesen Teil Spaniens und spanischer Kultur und Geschichte zu wecken.

Die Capilla Real

Zur Königskapelle gelangt man, obwohl sie an die Kathedrale angebaut ist, nur durch ein kleines Portal der Lonja, der ehemaligen Börse. Gleich nach dem Eingang in die gotische Kapelle, die zu den schönsten ihrer Art in Spanien zählt, erblickt man das berühmte Gemälde von Moreno Carbonero mit der Übergabe der Stadtschlüssel durch Boabdil an die Katholischen Könige. In der Mitte der Kapelle erstreckt sich von Wand zu Wand eine 'reja', ein Meisterwerk spanischer Schmiedeeisenkunst. Dahinter liegen die Schaugräber der Katholischen Könige aus Carrara-Marmor. Rechts die liegenden Statuen von Ferdinand und Isabella, mit ihrem Hündchen zu Füßen als Zeichen von Treue und Ergebenheit. Links, etwas höher, ebenfalls aus Marmor, liegt deren Tochter Juana la Loca (Johanna die Wahnsinnige) mit ihrem Habsburger Gemahl Philipp dem Schönen. Ist der Hund zu ihren Füßen deshalb so groß, weil ihre Liebe (und Eifersucht) zu Philipp sie 'wahnsinnig' machte? Das spanische 'loca' steht übrigens nicht nur für 'wahnsinnig', sondern auch für weniger psychopathologische Erscheinungen wie: närrisch, toll, exaltiert. Gebt volles Maß! Der Sohn der beiden war, nebenbei gesagt, jener berühmte Karl V., dessen Palast oben in der Alhambra steht.

Die vier Leichname befinden sich in Bleisärgen in der Krypta, deren Zugang unmittelbar hinter den Schaugräbern liegt. Im Museum der Capilla Real, rechts neben den Schaugräbern, liegen auf einem Tisch das Schwert Ferdinands II., sowie Krone und Zepter Isabellas. Zwei Statuen stehen hinter einer Reja, und an den Wänden hängen einige beachtliche flämische Meister, unter anderem Rogier van der Weydens 'Kreuzabnahme'.

Die Casa de los Tiros

An der Fassade dieses Hauses aus dem 16. Jahrhundert an der Plaza gleichen Namens fallen fünf Skulpturen auf: Hektor, Merkur, Jason, Theseus und Herkules.

Im Inneren sind das örtliche Touristenbüro und ein Museum regionalen Brauchtums untergebracht: Küchen, Wohn- und Speiseräume und granadinische Handwerkskunst.

Ein Raum ist Washington Irving gewidmet, der den Roman "Die Alhambra" geschrieben hat, und damit angeblich den Anstoß zur Erhaltung und Restaurierung der Alhambra gab.

GRANADA - ZENTRUM

1 Kathedrale
2 Capilla Real
3 Plaza Isabella mit Denkmal
 Isabella und Kolumbus
4 Plaza de los Tiros mit
 Casa de los Tiros (das
 Touristenbüro ist wegen
 Restaurierung vorüber-
 gehend in der Alcaiceria
 (Nähe Kathedrale)
5 Alcaicería
6 Plaza Bibarrambla
7 Casa del Carbon
 für längere Zeit in
 Restaurierung
8 Plaza Puerta Real

zur Sierra Nevada
und nach Motril

Casa del Carbón

Auch: Coral del Carbón.

Die ehemalige Karawanserei aus dem 14. Jahrhundert (1330) ist die einzige, erhaltene Spaniens. Ursprünglich als Warenlager und Unterkunft für reisende Kaufleute und Lasttiere gebaut, diente sie ab dem 16. Jahrh. als Zentrum der Holzkohlenhändler, woher der heutige Name 'casa del carbón' (Holzkohle) stammt. Zwischendurch war ein Theater darin untergebracht, und 1933 wurde sie erstmalig restauriert; ab 1987 finden erneute Restaurierungsarbeiten statt. Nach einem Hufeisen-Torbogen betritt man den Innenhof, der von dreigeschossigen Galerien umgeben ist, und dessen Brunnen in der Mitte als Tiertränke diente.

Abbildung links:
Eingangstor zum Casa del Carbon

69

Die Alcaicería

Der ehemalige arabische Seidenmarkt zwischen der Plaza Bibarrambla und der Kathedrale mit seinen engen Gäßchen, Hufeisenbögen und maurischen Fassaden ist duchaus hübsch anzusehen, und in den vielen Geschäften findet man außer Kitsch und Rüschenkleidern auch Kunsthandwerkliches. Wer jedoch der Ansicht ist, das Ganze sei etwas zu adrett, hat mit Instinkt ins Schwarze getroffen: der alte Bazar ist total abgebrannt und in der Mitte des letzten Jahrhunderts im alten Stil neu aufgebaut worden.

Die Plaza Bibarrambla - Plaza Nueva - Carrera del Darro

Früher endete hier die Stadt am Ufer des Darro. Die Bürger der Stadt kamen - und kommen auch heute - hierher zur abendlichen Promenade. 'Rambla' war der arabische Name für 'Ablauf des Baches', und bezeichnet heute noch in Städten wie Granada, Barcelona und anderen die Straße, die seinem Verlauf folgt, und wo man sich heute zum 'Paseo' trifft.

Man sollte Granada nicht verlassen, ohne auf dieser schönen Plaza mit ihrem urbanen Treiben, ihren Tauben und Bäumen und ihrem Neptunsbrunnen in der Mitte, einen Café oder eine Copa getrunken zu haben. Am lebhaftesten zeigt sich der Platz nach Einbruch der Dunkelheit, da wird er zur großen Wohnstube der Innenstadt, wo mindestens drei Generationen lautstark durcheinanderwuseln. Und während Ihnen ein 'limpiabota' den Staub von den Schuhen putzt, schlürfen Sie Ihren 'fino' und blicken hinauf in den sternenfunkelnden, samtblauen Nachthimmel von Granada. Sagt man nicht, das Trinken sei die frömmste Tätigkeit des Menschen, da er dabei zum Himmel sieht?

Das Aufflammen eines Streichholzes und das Glimmen der Zigarette erinnert vielleicht auch an jenen Kardinal und Inquisitor Jimenez de Cisneros, der auf diesem Platz Berge von arabischen Büchern verbrennen ließ. Nur die medizinische Fachliteratur hat er vor den Flammen bewahrt.

Die belebteste Straße der Innenstadt, die lange, schmale Calle Reyes Catolicos, endet im Osten an der Plaza Nueva (angelegt 1506), von der aus rechts, durch ein Tor, der Weg hinauf zur Alhambra - vorbei an rieselnden Wassern und schattigem Grün - beginnt.

Der Platz, heute durch Überbauung des Flusses Darro bis zur Kirche Santa Ana erweitert (Siloe-Bau, 16. Jh.) war schon immer der Schauplatz wechselvoller Geschehnisse: Stierkämpfe, Scheiterhaufen, Turniere, Hinrichtungen, Volksfeste und der Ausgangspunkt in das sagenumwobene, enge Darro-Tal, das zur Sierra Nevada führte. Über das gleichnamige Flüßchen, in dem man früher Goldstaub fand, spannten sich viele Brücken. Aber auch heute noch ist es in der Carrera del Darro schön zu gehen, vorbei an alten Kirchen (sehr schön gelegen: Sankt Peter und Paul), die steilen dunkelgrünen Hänge des Alhambrahügels und hübsche weiße Stadthäuser mit Blumenbalkonen zur Seite. Die Straße führt zum Albaizinviertel und zum Zigeunerhügel Sacromonte,der von der Benediktinerabtei Sacromonte (17. Jh.) gekrönt wird. Noch einen Café auf der Plaza Nueva und man kann zur schönsten Hinterlassenschaft des alten Andalusiens emporsteigen - zur:

Alhambra

So, wie in der islamischen Welt die Mezquita von Cordoba als eines der schönsten Beispiele der religiösen Baukunst gilt, wird die Alhambra von Granada als ein Höhepunkt profaner Architektur gerühmt.

Durch alle Jahrhunderte hindurch erzählten Legenden und Gesänge von ihrer unvergleichlichen Schönheit. Boabdils Traum erfüllte sich: ihr makelloser Zauber erhielt sich bis in die heutige Zeit.

Als 'steinernes Märchen' erhebt sie sich hoch über der Stadt im rötlichen Schein ihrer schimmernden Mauern.

Wer das Glück hat, außerhalb der Saison, morgens nach der Eröffnung, allein im Myrtenhof, einen Gedichtband mit Versen des Ibn Zamruk unter dem Arm, zu stehen, hat die einmalige Chance, ein orientalisches Märchen zu erleben. Mehr noch als die damaligen Bewohner dieser Akropolis, denn ein Märchen ist umso schöner, je weiter es von der Realität entfernt ist.

Man muß sich den Umtrieb vorstellen, der vor rund 600 Jahren hier herrschte, als etwa 400 Menschen hier lebten - die Herren des Diwán und die Damen des Harîm, Kammerdiener und Zofen, Knechte, Mägde, Stallburschen, Köche, Oberaufseher der Wirtschaftsräume, und die Eunuchen des Harem, Musiker und Gaukler, Hofschranzen, Parvenus und Intriganten, mit und ohne Dolch im Gewande, wie an jedem anderen Königshof. Alle machten zu irgendeiner Tageszeit irgend etwas, kurzum: verbreiteten Wirklichkeit.

Man müßte den Myrtenhof unter so günstigen Umständen betreten können, wie Victor Auburtin vor 60 Jahren: "Ein alter Mann sitzt unter den Säulen, raucht seine Pfeife und liest ein arabisches Gedichtbuch. Er liest immer eine Weile, dann blickt er auf und betrachtet sinnend die Säulen; und vergleicht die Melodie des Dichters mit dem marmornen Rhythmus. Jetzt erscheint auf der Szene eine weiße Katze. Sie schreitet mit hoch erhobenem Schwanze über das Parkett der Kalifen, als verstünde sich das von selbst. Dann hockt sie sich neben das Wasserbecken

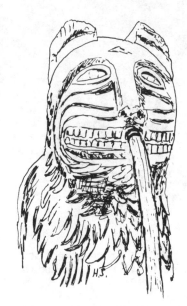

Löwenkopf vom Brunnen
des Löwenhofes

und beginnt zu trinken. Durch das Wackeln der Zunge bilden sich in dem glatten Wasser konzentrische Kreise, die sich immer weiter hinausziehen. . . Heute, an diesem seligen Wintertage, steht das Säulengebäude still und klar da, wie ein Spiegelraum über der Wüste. Das kommt daher, daß heute eben nur zwei Menschen hier sind. Von denen der eine die Verse des Dichters Jussuf Ibn Hassam liest; und der andere sich an einer trinkenden Katze aufregt.

Kurt Tucholsky, ein Zeitgenosse Auburtins, beschreibt die 'Fünfte Jahreszeit': ". . wenn der Sommer vorbei ist, und die Ernte in die Scheuern gebracht ist. . .Spätsommer - Frühherbst und das, was zwischen ihnen beiden liegt . . . Optimistische Todesahnung, die fröhliche Erkenntnis des Todes."

Ist nicht auch die Alhambra in einer Art fünfter Jahreszeit der Geschichte der Mauren in Spanien entstanden?

Das Land wurde von den Mauren erobert und fruchtbar gemacht. Handel und Gewerbe wuchsen und brachten reiche Ernte. Die Künste und Wissenschaften erklommen, in Zusammenarbeit mit Gelehrten aus ganz Europa, nie dagewesene Höhen. Öffentliche Bäder, Schulen, Krankenhäuser und Bibliotheken sorgten dafür, daß Wissen nicht nur an Universitäten und Kultur nicht nur an den königlichen Höfen konzentriert waren. Rund fünf Jahrhunderte lang.

Und dann, als die maurischen Königreiche von Cordoba, Cadiz, Jaen und Valencia von der Reconquista besiegt waren, erbauten die Nasriden ihre Alhambra.

Ein letztes Aufblühen nach einem langen Sommer mit Ernte und Gewittern. Späte Früchte, am Ende des Sommers noch gezeugt, legen in die kurze Zeit ihrer Reifung ein Übermaß an Duft, Wohlgeschmack und Farbe, da sie den Herbst eher ahnen, als jene vom stürmischen Frühling.

Die hohe Zeit Cordobas war der Sommer des Islam in Spanien. Die Nasridenburg von Granada war ihr verklärter Herbst.

Stahlend schön zwar, aber die Zeichen des Niedergangs unter der leuchtenden Fassade bergend. Todesahnung unterm glitzernden Gewand.

Die Kultur des Islam kam aus dem Orient in das Abendland und strahlte von Andalusien aus nach Europa. Granada war ihr Abendrot, bevor sich die Nacht der Inquisition herabsenkte.

Unser Dank gilt denen, die die Alhambra erbauten, mehr noch aber dem, der sie unversehrt, weil kampflos, am 2. Januar 1492 übergab. Als König Boabdil weinend abzog, sagte seine Mutter zu ihm: "Du tust gut daran, zu weinen wie eine Frau, da Du nicht kämpfen wolltest wie ein Mann".

Den Grund, warum das Königreich Granada fast zwei Jahrhunderte alle anderen maurischen Königreiche Spaniens überlebte, müssen wir im Jahre 1238 suchen, als Muhamad Ibn Ahmar, ein Fürst aus dem Geschlecht der Nasriden Granada in Besitz nahm und es zum Königreich erklärte. Zu jener Zeit stand auf dem Hügel, oberhalb Granadas nur eine maurische Festung, die Alcazaba.

Während der Belagerung von Jaen durch Ferdinand III. von Kastilien suchte Ibn Ahmar den 'Heiligen König' auf und unterstellte sich seinem Schutz.

Ferdinand III. machte ihn zu seinem Vasallen, wohl nicht ohne Berechnung, denn zwei Verpflichtungen waren damit verbunden: Tribut zu zahlen und Waffenbeistand zu leisten, auch beim Kampf gegen die

Mirador de Lindaraja

maurischen Taifas. Bei der Rückkehr von diesen Feldzügen, nachdem die letzten 'Teilfürstentümer' - geschwächt durch eigene Stammesfehden besiegt waren, wurde er an der Seite Ferdinands III. vom Volk Granadas als Sieger begrüßt. Wohl nicht ohne Spott - hatte er doch gegen Mauren gekämpft - und eben das hatte ihn zu dem berühmten Ausspruch bewegt:

Wa la ghaliba illa - Llah = Es gibt keinen Sieger außer Gott.

73

Torre de las Damas

in den Partal-Gärten

Dieser Spruch wurde von da an zum Motto der Nasriden und findet sich in tausendfacher Wiederholung in den Spruchbändern der Alhambra, zum Beispiel mehrfach über einer Pforte im Myrtenhof oder im Wandschmuck des 'Saales der zwei Schwestern; der Text unterhalb dieses Spruches lautet: 'Die Sterne selbst sehnen sich danach, in ihm (- dem Löwenhof) zu verweilen, anstatt am Himmel endlos zu kreisen'.

In all den Jahren, als die maurischen Königreiche von Cordoba, Sevilla, Jaen, Cadiz und andere der Reconquista anheimfielen (Mitte 13. Jh.) strömtem viele maurische Flüchtlinge nach Granada und trugen ihren Teil zur letzten Hochburg der islamischen Kultur auf spanischem Boden bei, wenngleich mit einem wesentlichen Unterschied: das Cordoba der Omaijaden war die 'Zierde des Abendlandes' in den strengen Wissenschaften Mathematik, Astronomie und Medizin, seine Schulen und Universitäten waren Bestandteil urbanen Lebens, das Granada der Nasriden, genauer gesagt die Königsresidenz Alhambra, wurde als Rahmen des höfischen Lebens zum Zentrum der schönen Künste: der Musik - der Minnesang der Toubadoure in Südfrankreich und die Minnelieder im deutschsprachigen Raum sind ohne sie nicht denkbar - der Literatur - lyrische Arabesken, deren sich später auch christliche Dichter wie Alfons X. der Weise in seinen 'Cantigas de Santa Maria' bedienten - und der Architektur.

74

Die Abbildung links zeigt einen christlichen und einen maurischen Ritter beim Schachspiel - ein Zeitvertreib, der von den Arabern im 11. Jahrhundert in Spanien einge- führt wurde.
Die untere Zeichnung stellt eine ebenso gemischte Gesell- schaft beim gleichfalls von Arabern erfundenen Würfel- spiel dar.
Nach Illustrationen aus den Büchern Alfons X., des Weisen.

Hohe Kulturen haben stets dem Bedürfnis des Menschen, sich dem Spiel zu widmen, Raum und Möglichkeiten gegeben. So war es nur selbstver- ständlich, daß auch die Mauren, sei es in den Gemächern und Gärten der königlichen Paläste, oder in den Kommunikationszentren der Städte, den Plätzen, Bazars und Bädern, den Erholungswert des 'Homo Ludens', des spielenden Menschen, erkannten, und Zeit hatten für Karten- und Würfel- spiel, für Musik oder das 'Spiel der Könige' das Schachspiel.

DIE ARCHITEKTUR

Die Besonderheit und Ein- maligkeit der Architektur der Alhambra wird durch einen Vergleich mit euro- päischen Königsresidenzen deutlich, deren äußere Erscheinung durch eine ins Auge springende Fassade geprägt ist, und deren Inneres von zentralen Prunk- räumen mit anschließenden Zimmerfluchten beherrscht wird.
Wie ganz anders ist die Konzeption der Alhambra!

Von außen sieht man nur mächtige Festungsmauern und klotzige Türme. Im Inneren verbirgt sich ein zerbrechlich wirkender Traum aus 1001 Nacht.

Ein scheinbar planloses Ineinander und Nebeneinander von kleinen Räumen, engen Verbindungsgängen, Patios (Innenhöfe), die zum Himmel hin offen sind, ein Labyrinth fast, aber unter ständiger Einbeziehung der Natur: Wasserläufe und Brunnen, Hecken, Blumen und Bäume, Raum für Vögel und Schmetterlinge, Gärten und Miradores (Aussichtsbalkone).

Und die Räume selbst: Mukarnas, stalaktitenähnliche Gebilde, zunächst als harmonischer Übergang eines viereckigen Raumes zur runden Kuppel gedacht, wurden nach und nach in die ganze Kuppel eingehängt, um dieser die Schwere des Steines zu nehmen und um sie, gleichsam durch spielerische Leichtigkeit und Reflexionen des einfallenden Lichtes transparent zu machen.

Wo hört der Raum auf, und wo fängt der Himmel an?

Auch das Netz- und Gitterwerk der Mauern setzt diese Transparenz in wohltuender Weise fort.

Der Koran verbietet figürliche Darstellungen. Dekor und Ornament, Schriftzüge aus Koran und höfischer Lyrik treten an seine Stelle. Mathematische Gesetzmäßigkeit und Lust an der Form bilden den würdigen Rahmen für den, der sich darin bewegt: den Menschen.

Raum und Garten

Als ganz besonders typisch und gleichermaßen gelungen kann der Übergang vom Raum ins Freie bezeichnet werden - ein Übergang, der sich in der europäischen Architektur kurz und bündig vollzieht: man geht durch eine Tür und ist draußen.

Hier verläßt man den Raum, befindet sich sodann in Vorräumen mit Säulen und durchbrochenen Mauern, man ahnt schon den Patio, doch zuvor kann das Auge im Halbschatten von glatten Säulen und verzierten Bögen adaptieren (siehe Foto auf Seite 15).

Man kann die Architektur der Alhambra geradezu als die Aufhebung des Raumes definieren, als die einmalige Vollendung der Kunst, Wände und Decken nicht als Begrenzung spürbar werden zu lassen. Alles ist durchscheinig und von sanftem Übergang.

DIE RÄUME, PATIOS UND GÄRTEN DER ALHAMBRA

Der gesamte Burgberg der Alhambra, der 'Medina-al-hamra' (der roten Stadt - wegen der rötlichen Farbe ihrer Mauern) ist in fünf Abschnitte gegliedert:

- Die Alcazaba im Westen, die maurische Burganlage aus dem 9. Jahrhundert mit ihren Wehrtürmen und Mauern.
- Der Palacio Real, der Königspalast der Nasriden mit seinen Gemächern und Innenhöfen.
- Der Renaissance-Palast Karls V.
- Das Kloster San Francisco (Parador) und die zu ihm führende Straße mit Geschäften und Restaurant.
- Der Generalife, die Sommerresidenz der Mauren in seinen Gärten.

ALHAMBRA UND GENERALIFE

P Parkmöglichkeiten
1 Puerta de las Granadas
2 Puerta de la Justicia (Tor der Gerechtigkeit)
3 Puerta del Vino (Tor des Weines)
4 Alcazaba (maurische Burg)
5 Torre de la Vela (Wachtturm)
6 Plaza de los Aljibes (Platz der Zisternen)
7 Palacio Real (Nasriden-Palast)
8 Palacio Carlos V (Karl V)
9 Palacio de las Damas (Turm der Frauen)
10 Kirche Santa Maria de la Alhambra
11 Restaurant und Andenkenläden
12 Zugänge zum Generalife

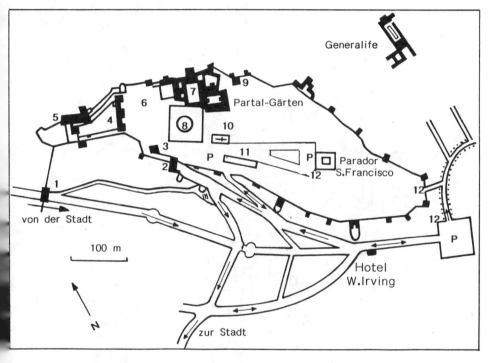

DIE ALCAZABA

Die wehrhafte Festung ist das älteste Baudenkmal auf dem Alhambra-Hügel.

Eine Besteigung des Torre de la Vela (Wachtturm) empfiehlt sich wegen des herrlichen Panoramablickes auf die Stadt hinunter, über die Paläste und Gärten der Alhambra hinweg zu den schneebedeckten Höhen der Sierra Nevada.

Am Tor des Turmes besagt ein Gedicht von F. de Icaza:

Gib ihm ein Almosen, Weib.
Es gibt nichts Schlimmeres im Leben,
als die Strafe, in Granada blind zu sein.

PALACIO REAL (REALES ALCAZARES = NASRIDENPALAST)

1 Eingang
2 Mexuar (Audienz- und Gerichtsraum)
3 Patio de Mexuar
4 Cuarto Dorado (Goldener Saal)
5 Patio de los Arrayanes (Myrtenhof)
6 Sala de la Barca (Saal d. Barke)
7 Sala de Embajadores (Gesandtensaal)
8 Patio de los Leones (Löwenhof)
9 Sala de los Abencerrajes (Saal
  der Abencerragen)
10 Sala de los Reyes (Saal der
  Könige)

11 Sala de las dos Hermanas (Saal
  der zwei Schwestern)
12 Mirador de Daraxa (der Lindaraja)
13 Patio de Daraxa
14 Baños Reales (Königliche Bäder
  im Untergeschoß)
15 Patio de la Reja
16 Galerie
17 Peinador de la Reina (Ankleideraum der Königin)
18 Räume Karls V. (und Washington
  Irvings)
19 Torre de las Damas und Gärten
20 Palacio Carlos Quinto (Karl V)

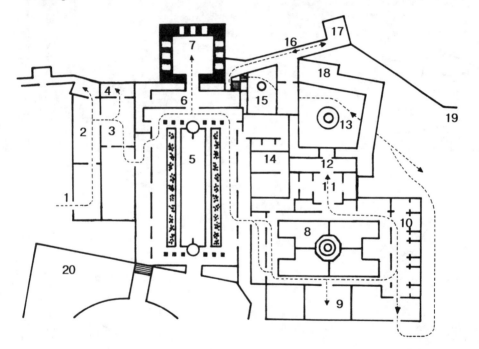

In fast allen Räumen sind die Fußböden und Säulen aus Marmor, die
Sockel mit Azulejos (bunte Keramikfliesen) verkleidet, und die Dekorationen an den Wänden und in den Kuppeln aus Stuck.
    Man betritt den Palast der Könige durch den
    MEXUAR
der zu Zeiten der maurischen Könige als Audienz- und Gerichtsraum
diente.

78

ORATORIUM und GOLDENER SAAL (4)

sind die anschließenden Räume, von deren Fenstern aus man einen schönen Blick auf das jenseits des Darro-Tales gelegene, arabische Viertel Albaicin hat. Man durchquert den

PATIO DEL MEXUAR (3)

einen kleinen Innenhof mit schöner Portalfront, und gelangt in einen der Höhepunkte der Palastanlage, in den

MYRTENHOF - Patio de los Arrayanes (5)

An den Schmalseiten von Arkadenreihen begrenzt, bietet dieser Patio mit seinen Myrtenhecken, dem Wasserbecken, den Säulen und filigranen Bogenfeldern ein Bild vollendeter Harmonie.

Über dem Rechteck des stillen Gemäuers wölbt sich violett der Himmel Andalusiens und spiegelt sich im dunklen Wasser, aus dessen grüner Tiefe die roten Rücken der Goldfische auftauchen und gemächlich wieder verschwinden. Weiße Tauben gurren in der Wärme des Mittags, und ihr Echo verliert sich im Schweigen von Wasser und Stein. Die Stürme der Geschichte, die über diese Mauern gefegt sind, haben sich gelegt.

In dem, was geblieben ist, ist der Patio zurückgekehrt zum Wesentlichen: zur Idee seiner Erbauer - ihrem Bedürfnis nach Ästhetik der Form und Rhythmus der Linie.

79

Blick vom Saal der Gesandten auf
den alten Stadtteil Albaicin

Durch die
SALA DE LA BARCA (6)
die ihren Namen von 'barakha'
(Segen) hat, betritt man
den prunkvollen
SAAL DER GESANDTEN (7)
- Sala de los Embajadores,
der einen würdigen Rahmen
für Empfänge und Feste
bildete. Seine Wände sind
mit geometrischen Ornamenten und arabischen Spruchbändern verziert. Darüber
wölbt sich eine Kuppel mit
Zedernholzschnitzereien. Von
seinen Fenstern aus bietet
sich ebenfalls ein herrlicher
Blick über den weißen Albaicin, über Stadt und Land-
schaft dar.
Mexuar und Gesandtensaal
bildeten den Teil des Palastes,
welcher der Öffentlichkeitsarbeit und der Repräsentation
vorbehalten war.

In dem nun folgenden,
berühmten
LÖWENHOF (8)
- Patio de los Leones, beginnt
der intime Teil, der Wohnraum der maurischen Könige.
In diesem Bereich wird das,
was ich in der Einführung zur Alhambra als Aufhebung des Raumes bezeichnete, deutlich. Ein paar dunkle, ernste Zypressen außerhalb des Patio
erwecken den Eindruck von Wächtern einer verzauberten Welt.
Über dem Rücken von zwölf marmornen Löwen liegt eine flache Brun-
nenschale, in deren Mitte eine kleine Fontäne plätschert. Der Hof ist
umgeben von reichverzierten Bogengängen, die auf 124 grazilen Säulen
ruhen. Zwischen den Säulen blickt man in das Dunkel der dahinter liegenden Räume:
DIE SALA DE LOS ABENCERRAJES (9)
benannt nach einem maurischen Adelsgeschlecht, mit einer traumhaft
schönen Stalaktitenkuppel.
SAAL DER KÖNIGE (10) - Sala de los Reyes
In dieser Flucht von Räumen und Alkoven sind figürliche Darstellungen
höfischen Lebens anzutreffen, die erst später entstanden sind. In der
Kuppel des mittleren Raumes befindet sich ein farbenfrohes Gemälde
mit zehn mohamedanischen Herrschern, die in der Runde sitzen.

80

DER LÖWENHOF - PATIO DE LOS LEONES

SAAL DER ZWEI SCHWESTERN (11) - Sala de las dos Hermanas
Er hat seinen Namen von zwei großen Marmorplatten in der Mitte des
Fußbodens, die sich ähnlich sind. Von hier aus blickt man durch den
SAAL DER ZWILLINGSBOGENFENSTER - Sala de los Ajimeces
auf den
MIRADOR DE DARAXA (12) - Balkon der Lindaraja
Foto Seite 73. Daraxa bedeutet: 'Dar Aischa' = Haus der Aischa. Aischa
wurde nach der Frau des Propheten immer die Lieblingsfrau eines Sultans
genannt; und 'Lindaraja' stammt von einer Inschrift an der Wand des
Miradors: 'Ain dar Aischa' = Das Auge im Hause der Aischa. Von diesem
Mirador aus sieht man hinunter in den
PATIO DE DARAXA (13)
der auch ohne die Zuhilfenahme allzu großer Phantasie die Atmosphäre
eines Harems erahnen läßt. Im Untergeschoß, auf der Ebene des Patio
de Daraxa, liegen die
BAÑOS REALES (14) - die königlichen Bäder
mit dem Schmuck ihrer Azulejos, ihren Ruhebänken und den sternförmigen
Öffnungen in den Decken, durch die mit der Sonne wandernde Lichtbündel
auf den Fußboden projiziert werden.
Durch den PATIO DE LA REJA (15) erreicht man über eine Treppe
die GALERIE (16) mit Blick ins Darro-Tal und auf den Sacromonte-Hügel,
und den PEINADOR DE LA REINA (17), dem Ankleideraum der Königin.

Neben ihm liegen die RÄUME KARLS V. (18), die verschlossen sind, und in denen eine Zeit lang Washington Irving lebte und schrieb.
Über den Patio de Daraxa zurück, verläßt man die Alcazares Reales und betritt die
PARTAL - GÄRTEN - Jardines de Partal
wo man sich auf den Bänken der zierlichen, fünfbogigen Loggia des TORRE DE LAS DAMAS (19) erst einmal von der Wanderung durch die Königlichen Paläste ausruhen und die Farben und Düfte der Gärten genießen kann.
Jenseits des von zwei steinernen Löwen bewachten Wasserbeckens steigen terrassenförmig die Gartenanlagen empor, vorbei an Wasserrinnen und kleinen Teichen mit Seerosen, zwischen duftenden Jasminsträuchern und blühenden Rosen, Lorbeer, Orangenbäumen und Zypressen hindurch. Oben, in der Nähe der Kirche, erwartet den Durstigen ein Kiosk, und frisch gestärkt kann er so seine Promenade durch die Gärten fortsetzen, um an ihrem östlichen Ende die Umfassungsmauern zu durchschreiten, und über eine Zypressenallee in die Gärten des GENERALIFE zu gelangen.

DER GENERALIFE
Die Gebäude und Gärten im Nordosten oberhalb der Alhambra waren Sommer-Residenz und Lustgärten der Maurenkönige. Hier ist die Architektur in den Dienst der Natur gestellt worden, und die Natur dient der Architektur. Ein Meisterwerk in der Symphonie aus geplanter Natur und menschlicher Behausung, eines in das andere übergehend, sich ergänzend, eins werdend im Plätschern und Rieseln der vielen Wasser, dem Duft der Blumen, im Spiel der Farben und Formen, im Licht der glitzernden Fontänen, das sich im Ornament der Arkaden wiederspiegelt, und im Schatten der Bogengänge, der sich fortsetzt in dem der Bäume.
'Generalife' bedeutet ja: 'gennat-alarif' der Garten des Alarif, des Architekten.
Wieder drängt sich der Vergleich mit europäischen Fürsten- und Königshäusern und deren Gartenanlagen auf, wie zum Beipiel Versailles, Schönbrunn oder Ludwigsburg. Bei aller sorgfältigen Planung und stilvollen Ausführung strahlen sie etwas Ungemütliches aus, und seitdem ich die Gärten der Alhambra und des Generalife gesehen habe, weiß ich, was es ist: in der europäischen Grundkonzeption ist hier der Garten, dort das Haus, und beide sind durch Türen voneinander getrennt. Es fehlt ihnen die Heiterkeit und Unbekümmertheit des Übergangs zwischen beiden.
Es wäre zu einfach, dies lediglich auf das Klima zurückzuführen; auch in Granada gibt es Winter mit Schnee.
Es ist eine andere Weltanschauung. Achten Sie darauf, wenn Sie im 'Patio de la Acequia' (nebenstehendes Foto) stehen. Die Gärten des Paradieses stelle ich mir so vor, wo immer sie auch sein mögen.
Ich möchte noch einmal an die Bedeutung des Patio erinnern, der in Andalusien nicht nur Königshäuser ziert, sondern auch zum Bestandteil des Bürger- und Bauernhauses wurde (Kapitel: Das maurische Spanien). Unsere Gärten sind immer außerhalb des Hauses, der Patio ist ein Bestandteil der Wohnung. Nicht von ungefähr feiert man in der zweiten Maihälfte in Cordoba das Fest der Patios.

82

GENERALIFE: Patio de la Acequia

Der junge Karl V.

DER PALAST KARLS V.

Vom Eingang in die Alhambra, der Puerta del Vino (Eintrittskarten und Palastmodell) sieht man links die Mauern der alten Alcazaba (Foto gegenüber), rechts die Renaissance-Fassaden des Palastes Karls V.

Ein Schüler Michelangelos, der Toledaner Pedro Machuca, begann diesen imposanten Bau, seinen einzigen großen Auftrag, im Jahre 1526 - zu einer Zeit, als man in Spanien noch im Mudejarstil baute.

Gewiß - in die Alhambra paßt er so gut oder so schlecht wie ein Barockaltar in eine romanische Kirche. Hier stehen nun einmal nicht nur völlig konträre Stilrichtungen nebeneinander, sondern zwei Anschauungen stoßen Wand an Wand, zwischen denen Welten liegen.

Für sich selbst gesehen bietet der Palast in seiner einfachen Grundkonzeption - Kreis im Quadrat - und in seiner klaren Gliederung der Fassaden und des Innenhofes ein harmonisches Bild.

Zweimal Renaissance in Granada: spanische Schule in der Kathedrale und italienische hier.

Der kreisförmige Patio im Inneren ist in zwei schöne, übereinander stehende Säulengalerien gegliedert. Im Erdgeschoß befindet sich das Museum für spanisch-maurische Kunst (Museo Hispano-Musulman), wo maurische Keramik, Holz- und Glaskunst und allerlei Gebrauchsgegenstände ausgestellt sind.

Im Kunstmuseum (Museo de Bellas Artes), im ersten Stock, werden Gemälde kirchlicher und profaner Kunst aus verschiedenen Stilepochen, Emaillearbeiten, geschnitzte Chorgestühle und Skulpturen gezeigt.

Der mit der Erhaltung seines Reiches, 'in dem die Sonne nicht unterging', beschäftigte König Karl V. hat seinen Palast niemals bewohnt.

In der Wärme, die seine Quadermauern abstrahlen, sonnen sich heute die Katzen der Alhambra. Auch im Gemäuer der Alcazaba, die schon im 9. Jh. von den maurischen Vögten aus Cordoba bewohnt war, fühlen sie sich wohl.

Innenhof im Palast Karls V.

Die Alcazaba: alte Maurenburg aus dem 9. Jahrhundert

Kleine Tiere und große Mauern: Kätzchen beim Palast Karls V.

Das Kartäuserkloster - La Cartuja

Es liegt in der Nähe der Abzweigung nach Murcia. Hinter dem schlichten Äußeren verbirgt sich üppiges Barock; vor allem die überreichen Stuck-dekorationen in der Sakristei führten zur Bezeichnung 'Christliche Al-hambra'. Gegründet 1506, Fassade und Stukkaturen 18. Jahrhundert.

Der Stadtteil Albaicin

Der Alhambra gegenüber, am rechten Ufer des Darro beginnend, zieht sich das ausladende Viertel den Hügel hinauf, wohin sich zur Zeit der Reconquista die Mauren aus Baeza (= 'Al bayizin') flüchteten und sich ansiedelten.

Dringend abraten möchte ich von einer Tour durch diesen Stadtteil per Auto. Die Straßen werden urplötzlich zu Gäßchen, die sich wiederum da und dort in Treppen fortsetzen. Man beginnt in der malerischen Carrera de Darro. Auf der Höhe der Kirche San Pedro y San Pablo liegt linkerhand das ARCHÄOLOGISCHE MUSEUM in der CASA DEL CASTRIL

Am Ende der Carrera de Darro biegt über eine Brücke rechts ein Fußweg zum Generalife ab, links steigt die Cuesta del Chapiz den Hang hinan. Vor der ersten Abzweigung nach rechts, die zu den Höhlen des Sacromonte führt, liegt in einem Garten die CASA DEL CHAPIZ, ein ehemaliger maurischer Herrschaftssitz, heute ein spanisch-muselmanisches Institut. Von der Cuesta del Chapiz weiter bergauf gehend, gelangt man sodann durch meist enge Straßen in den Albaicin, einer Siedlung, die noch viel von einer maurischen Stadt bewahrt hat: enge, verwinkelte Gassen, weißgetünchte Häuser mit Blumen-Patios, kleine Plätze, von denen aus sich da und dort Aussichten auf die Mauern der Alhambra eröffnen, vor allem von der Terrasse bei der Kirche San Nicolás.

Hier oben empfiehlt sich, wie auch auf dem Sacromonte; eine gewisse Vorsicht beim Umgang mit Kameras und wohlgefüllten Brieftaschen!

Selbst für Eilige empfiehlt sich eine Taxifahrt zum berühmtesten und sicher auch schönsten Aussichts- und Fotografierpunkt Granadas, zum MIRADOR SAN NICOLAS

Der Sacromonte

Der 'Heilige Berg', das 'Barrio Gitano' (Zigeunerviertel) liegt auf einem Hang gegenüber des Generalife. Es beginnt bei der Casa Chapiz.

Teils in Häusern, teils in 'Cuevas' (Höhlen) wohnen hier die Zigeuner Granadas, deren Haupteinnahmequelle die 'Tablaos de Flamenco' sind: in den Cuevas wird den Touristen ein Flamenco vorgeführt, der zwar immer noch besser ist, als das, was an der Costa del Sol geboten wird, aber dem Kenner und Liebhaber des 'Flamenco puro gitano andaluz' nur ein müdes Lächeln abringt. Der neueste Schrei sind Discos mit Flamenco-Rock. Man muß mit der Zeit gehen, oder nicht?

Im Albaicin: Casa Chapiz

Die Cueva der bekannten Flamenco-Interpretin Maria la Canastera
am Sacromonte

DIE SIERRA NEVADA

Von Granada (650 m) aus nach Südosten führt die Straße, ausreichend beschildert, zunächst durch das Tal des Rio Genil. Nach etwa neun Kilometern beginnt sie in vielen Kurven auzusteigen und erreicht nach 22 Kilometern und in 2100 Metern Höhe das Skizentrum
PRADO LLANO mit dem Viersternehotel Melia Sierra Nevada, dem Dreisternehotel Solynieve und einigen kleineren Hotels.

Die Berge hier oben haben keine senkrecht abfallenden Felswände und hochaufragenden Gipfel wie die Alpen. Auf einer gut ausgebauten Straße fährt man, ohne die Höhenunterschiede richtig wahrzunehmen, von Kuppe zu Kuppe hinauf und befindet sich nach weiteren 19 Kilometern überraschenderweise auf der Höhe von 3470 Metern kurz vor dem Pico Veleta, dem zweithöchsten Berg der Sierra Nevada, und in unmittelbarer Nachbarschaft des Mulhacen, des höchsten Berges mit 3481 Metern.

Hier oben kann man auch im August, wo man in Granada unten von Schatten zu Schatten eilt, noch Schneeballschlachten veranstalten. Bei klarem Wetter hat man von hier aus natürlich herrliche Rundblicke.

Zwischen Prado Llano und Pico Veleta liegt der moderne Parador Nacional Sierra Nevada und der Albergue Universitario.
Die Strecke von Granada bis zum Pico Veleta beträgt 50 Kilometer.

DIE ALPUJARRA

Eine der schönsten Landschaften Europas.
Zwischen Meer und Sierra Nevada, unterhalb der ganzjährig mit Schnee bedeckten Gipfel, schlängelt sich eine schmale, aber asphaltierte Straße, gleichzeitig die am höchsten gelegene Europas, in unzähligen Kurven, in Höhen zwischen 1000 und 1500 Metern und in einer Länge von 76 Kilometern, zwischen Ugijar und Orgiva. Die gesamte Strecke von Adra bis Granada beträgt 177 Kilometer.

Trotz dieser Höhen ist die Strecke, auf der Südseite der Sierra Nevada, nicht schwindelerregend, da die Straße weder an steilen Felswänden entlang führt, noch über tiefen Schluchten hängt.

Man fährt über weit ausladende Kuppen und Hänge und hat das Gefühl, irgendwo zwischen Himmel und Erde zu sein. Himmlisch sind die Horizonte, die sich im unendlichen Blauen verlieren. Man wird emporgehoben ins Licht, und der Blick gleitet wie aus einem Flugzeug hinunter in breite Täler und über ferne Höhenzüge.

Die Dörfer an den Hängen gleichen den Herden weißer Ziegen und Schafe, die des Morgens aus ihnen hervorquellen.

Die Alpujarra war nach der Übergabe von Granada an die Katholischen Könige das letzte Refugium der Mauren und Morisken (getaufte Moslems), bevor sie im Jahre 1609 endgültig aus Spanien vertrieben wurden, weshalb die Anlage der Dörfer und die Architektur der Häuser viel maurische Atmosphäre ausstrahlen, obwohl da und dort neue Häuser und Schulen gebaut wurden.

Außer der ungewöhnlichen Schönheit der Landschaft und dem charakteristischen Bild ihrer Dörfer bietet die

Alpujarra noch ein überaus angenehmes Klima: im Sommer nicht so heiß wie im übrigen Andalusien, aber auch im Winter angenehm warm. Ich fuhr diese Strecke kurz vor Weihnachten, bei strahlender Sonne und Temperaturen um 20 Grad. Die Ziegen und Schafe weideten saftiges Grün, und in den Gärten blühten noch Rosen. Im Januar und Februar fällt gelegentlich etwas Schnee, aber nicht soviel, daß man Schneeketten aufziehen müßte.

Ich empfehle, die Alpujarra von Osten nach Westen zu bereisen; zum einen kommt der Tourist aus dem Nordosten sowieso aus dieser Richtung, zum anderen fahren so die überängstlichen Gemüter immer auf der Bergseite der Straße.

Kurz vor ADRA zweigt eine Straße rechts ab in Richtung BERJA. Die Peripherie des Städtchens ist neu und nichtssagend, das Innere birgt eine reizvolle Altstadt mit Markthalle und Arkadengängen. Nach Berja senkt sich die Straße wieder ab in ein Hochtal mit Olivenplantagen, Wein und Orangen.

15 Kilometer nach Berja - man sieht jetzt schon die Schneegipfel der Sierra Nevada und einige Dörfer in den fernen Abhängen vor sich-biegt man links ab nach UGIJAR mit seinem Santuario de la Virgen del martirio, der Patronin der Alpujarra. Auch hier: Orangen, Kakteen, Agaven, Rosen und viele andere Blumen; wer die Strecke im Winter fährt, erlebt das leuchtende Gold der Orangen vor dem Weiß der schneebedeckten Berge und dem Tiefblau des Himmels. In den Hochtälern stehen die von den Mauren hier eingeführten Ulmen.

Das Ortsschild von VALOR (901 m) kündigt an: Gastronomia Morisca (Küche der M.), Espejos de Moros y Cristianos (Spiegel der M. und Chr.), Mensa Alpujarrena (Tisch der Alp.). Typische Gerichte der Gegend sind: 'patatas a lo pobre' - Kartoffeln nach Art des armen Mannes, 'migas' - ein Brotresteverwertungsessen (siehe Kapitel 'Essen und Trinken'), eine Wurstart 'longaniza' und Eintopfgerichte 'cocidos'.

Hinter Valor liegt unterhalb der Straße der malerische Ort YEGEN, bereits in 1036 Metern Höhe. MECINA BOMBARON klingt nicht nur arabisch, sondern hat auch noch ein paar Winkel mit Häusern aus der Zeit der Mauren und Moriscos; ansonsten aber schon viel Neues aus Beton.

Die Straße steigt unmerklich an, die Ausblicke werden immer phantastischer, und in 1255 Metern erreicht man JUVILES. Steineichengruppen stehen vereinzelt in den Hängen, zwischen ihnen weiden Ziegen und Schafe. Kurz nach Juviles beschreibt die Straße einen großen Bogen nach rechts und führt in ein langes Tal hinein, in dessen Grund der Rio Trevélez rauscht und an dessen Ende sich TREVELEZ, das höchste Dorf Spaniens (1560 m), einen Hang hinaufzieht. Oberhalb des Dorfes wölben sich die abgeflachten, schneebedeckten Kuppen und Vorberge des Mulhacen, des höchsten Berges von Spanien (3481 m).

Der Ort ist außerdem bekannt wegen seines ausgezeichneten, luftgetrockneten Schinkens und verfügt über eine Reihe von kleineren Hotels und Restaurants. Am Ortsende von Trevélez, Richtung Orgiva, entstand im Sommer 1987 ein terrassenförmig angelegter Campingplatz, der auch für Caravans geeignet ist (Stromanschlüsse etc.).

Auf der westlichen Talseite verläßt man Trevélez, und die Höhenstraße erreicht PORTUGOS (1300 m). Ab hier eröffnet sich ein atemberaubender Blick hinunter in das breite Tal des Guadalfeo, das fast 1000 Meter tiefer liegt.

Bevor man aber das Ende der Alpujarra in Orgiva erreicht hat, tauchen drei weitere Perlen in der Reihe der Alpujarra-Dörfer auf:

PAMPANEIRA (1050 m), BUBION (1290 m), CAPILEIRA (1436 m)

Dem Reisenden sind bis hierher sicher schon zwei weitere Eigenheiten der Alpujarra aufgefallen. Dies sind zum einen die Ortsnamen, die einerseits aus dem Arabischen stammen, wie Mecina Bombarón, andererseits galicischen Ursprungs sind, was auf die wechselvolle Geschichte dieser Gegend zurückzuführen ist. Besiedelt und vor allem kultiviert wurde sie von den aus Granada und anderen Teilen Andalusiens vertriebenen Mauren, deren spätere Vertreibung jedoch nicht schlagartig und restlos erfolgte - behielt man doch, als man Galicier aus dem Norden Spaniens hier ansiedelte, noch einige hier, da sie nun einmal die Meister der Bewässerungskunst und Kenner des Ackerbaus waren. Pampaneira und Capileira sind galicische Ortsnamen.

Das zweite Charakteristikum der Alpujarra sind die in der Sonne silbrig glänzenden Flachdächer, deren Konstruktion auf eine jahrhunderte alte Tradition zurückgeht. Es sind Holzbalkendecken, über die zunächst grob behauene Dielen gelegt werden; dann folgt eine Lage Schieferplatten, auf welche dann eine Schicht glimmerhaltiger Erde gestampft wird, die mit der Zeit fast zementartig fest wird und wasserdicht ist.

PAMPANEIRA wurde als eines der schönsten Dörfer Spaniens mit einem Preis ausgezeichnet. Der kleine, malerische Dorfplatz ist umgeben von hübschen Häusern, einer Kirche und dem originellen Restaurant 'Casa Diego', wo man an Wintertagen die typischen Alpujarra-Gerichte beim behaglich flackernden Kaminfeuer genießen kann.

In der Mitte der mehr oder weniger steilen Gäßchen fließt das Wasser in schmalen, offenen Rinnen. Neben der Kirche plätschert das Wasser der 'Fuente de San Antonio' in ein Brunnenbecken, über dem eine Tafel verkündet:

"Sag' niemals, du würdest von diesem Wasser nicht trinken,
denn die Quelle hier hat Kraft und solche Macht,
daß sie verspricht, für den Gläubigen der Kirche,
der sie als Lediger mit dem Wunsch zu heiraten trinkt,
augenblicklich eine Braut bereit zu haben.
Du wirst sehen!"

Fast 500 Meter oberhalb von Pampaneira liegt wie eine Fata Morgana zwischen Erde und Himmel, aber immer noch überragt von weißen Gipfeln, die zwischen dramatischen Wolkengebilden sichtbar werden, das zweithöchste Dorf der Alpujarra: CAPILEIRA; auch dies ist ein malerisches Nest und einen Besuch wert.

Nachdem die Straße hinter Pampaneira wieder einen großen Bogen nach rechts macht, senkt sie sich dann allmählich talwärts; Palmen, Agaven, Oliven- und Orangenhaine tauchen rechts und links auf, und man erreicht in der Talsohle ORGIVA (420 m) mit seiner schönen, doppeltürmigen Barockkirche. Nach wenigen Kilometern ist man dann im berühmten Heilbad LANJARON, dessen Kurpark im tiefen Schatten von Zypressen und Eukalyptusbäumen liegt. Kurz nach Lanjarón trifft die Straße der Alpujarra auf die Hauptstraße Motril - Granada.

An dieser Stelle möchte ich denen, die leider nicht die Zeit haben, die ganze Alpujarra zu bereisen, aber trotzdem einen bleibenden Eindruck davon haben wollen, einen nützlichen Hinweis geben:
Von der Straße Motril - Granada abbiegen nach Lanjarón (6 km), Orgiva (9 km), Pampaneira (16 km) und Capileira (4 km). Das ist ein Abstecher von (hin und zurück) 70 Kilometern.

FIESTAS ALPUJARRENAS - Fiestas in der Alpujarra

UGIJAR 10. bis 14. Oktober: Virgen del Martirio
VALOR 14. und 15. Sept.: S. Cristo de la Yedra; Fiesta de Moros y Cristianos.
MECINA BOMBARON 15. Mai: San Isidoro; 29. und 30 Sept.: San Miguel.
BERCHULES 25. und 26 April: San Marcos
27. Juni: Romería (Wallfahrt) San Pantaleón
TREVELEZ 13. Juni: San Antonio, Fest der Mauren und Christen.
5. August: Wallfahrt der Virgen de las Nieves zum Mulhacén.
CAPILEIRA Letzter Sonntag im April: Wallfahrt Virgen de la Cabeza.
BUBION 23. Januar: Fest der Mauren und Christen.
PAMPANEIRA 3. bis 5. Mai: Fiesta de la Santa Cruz.
ORGIVA 29. Sept. bis 2. Okt.: Ferias und Fiestas.
LANJARON 7. Okt.: Virgen del Rosario.
24. Juni: Fiestas del Agua y del Jamón (Fest des Wassers und des Schinkens.

GUADIX

Guadix: Plaza Mayor

Von Osten, aus der Provinz Almeria kommend, führt der Weg nach Granada an Guadix vorbei. Ist schon die bizarre Umgebung mit den berühmten Höhlenwohnungen bemerkenswert, so hat auch die Geschichte dieser Stadt Beachtung verdient.

Wie man sich in dieser, mit den unzähligen, spitzen Erdhügeln durchsetzten Gegend vor den östlichen Ausläufern der Sierra Nevada, leicht vorstellen kann, war sie schon seit prähistorischer Zeit bewohnt. Heerlager der Römer, frühe Bischofsstadt der Westgoten und Sitz der Mauren, deren Festung ebenso wenig fehlt wie die christliche Kathedrale, die ein Stilgemisch aus Gotik, Renaissance und Barock ist. Einheitlicher ist die Santiagokirche aus dem Jahre 1540.

Am liebenswertesten ist die Plaza Mayor, eine schöne, stilreine Platzanlage, die spanische Architektur ohne alle Fremdeinflüsse zeigt. Nicht jede spanische Stadt verfügt über Plätze dieser Art. Sie haben ein- oder zweistöckige Arkaden, schlichte und strenge Fassaden, schmiedeeiserne Fenstergitter und spitze Mansardentürmchen. In größeren Dimensionen findet man ähnliche Plätze in Madrid (Plaza Mayor), Barcelona (Plaza Real), Salamanca, León und Cordoba (Plaza Corredera).

Einige Einkäufe in der bunten, lebhaften Markthalle, ein Café in der Nachbarschaft, nahe der Plaza Mayor, und man ist gestärkt für die Weiterreise zur Paßhöhe des Vorgebirges der Sierra Nevada, die noch als landschaftlich grandiose Barriere zwischen hier und Granada liegt.

Vorher aber lohnt sich ein kurzer Abstecher von Guadix zum 'Barrio Santiago', auch Barrio Troglodita genannt (Richtung: Convento de Santiago), wo immer noch Hunderte von Familien in Höhlen wohnen, die in den Fels geschnitten sind; am Eingang sind weiße Mauern mit Türen und Fenstern und aus den Hügeln über ihnen ragen, wie aus dem Erdreich gewachsen, Kamine, Lüftungsschächte und Fernsehantennen.

Höhlenwohnungen bei Guadix

Einst wohnten hier nur die armen Leute und die Zigeuner, inzwischen haben sich schon viele Begüterte aus Handel und Industrie eingemietet oder eingekauft. Wie ja auch so manche Sennhütte in unseren Alpen dem Immobilienmakler aus Köln oder dem Antiquitätenhändler aus München gehören.

Sechs Kilometer westlich von Guadix durchfährt man auf der Hauptstraße nach Granada den Ort PURULLENA, wo rechts und links unzählige Keramikgeschäfte auf Kundschaft warten, und in dessen Weichbild und weiterer Umgebung ebenfalls Höhlenwohnungen zu finden sind, vor denen da und dort ein Esel reglos seine Siesta hält.

LACALAHORRA

Fährt man von Guadix nach Süden in Richtung Almeria, so trifft man an der äußersten Grenze der Provinz Granada in tiefster Abgelegenheit auf einen landschaftlichen und kunsthistorischen Leckerbissen besonderer Art: Lacalahorra taucht auf (1250 m).

Außerhalb des Ortes steht auf einem runden Buckel vor dem Hintergrund der Sierra Nevada ein festungsartiges Schloß, das 1509 vom Grafen Mendoza erbaut wurde. Alles an ihm ist besonders; vier mächtige Ecktürme tragen runde Hauben, die kahlen Mauern wirken abweisend. Überraschender Szenenwechsel im Innenhof: die Eleganz italienischer Renaissance bildet einen wirkungsvollen Kontrast zum wehrhaften Äußeren des Bauwerkes und seiner kargen Umgebung.

Vom Innenhof mit seinen zweistöckigen Arkaden führt eine Treppe zu den Stockwerken empor. Mendoza ließ Künstler und Carrara-Marmor aus Italien kommen, und unter der Leitung des Genuesers Carlone arbeiteten italienische und spanische Handwerker am Schmuck der prunkvollen Räume, deren Decken schöne Beispiele der Artesonado-Kunst darstellen, und für deren Herstellung kostbare spanische und ausländische Hölzer verwendet wurden.

Lacalahorra liegt nur 14 Kilometer von Guadix entfernt, und könnte für Touristen mit etwas mehr Zeit eine interessante Unterbrechung auf dem Weg nach Granada sein.

Schloß Lacalahorra

SANTA FÉ

In der Ebene, 11 Kilometer westlich von Granada, liest man auf dem Ortsschild: 'La Cuna de la Hispanidad' - Die Wiege Spaniens.

Von hier aus belagerten die Reyes Catolicos Granadas maurische Festung. Aus einem Feldlager wurde bis zur Eroberung eine rechteckig angelegte Stadt. Hierher kam denn auch Boabdil, jener letzte Maurenkönig (siehe Kapitel 'Geschichte' und Foto Seite 65), um die Schlüssel der Stadt an die Sieger der Reconquista zu übergeben, und hier erhielt er auch den Vertrag zwischen Christen und Mauren, der jenen freien Abzug und Religionsfreiheit gewähren sollte, in der weiteren Geschichte aber, vor allem mit Beginn der Inquisition, jedoch immer mehr mißachtet wurde.

Vom zentralen Platz der Stadt aus sieht man die vier Stadttore in den vier Himmelsrichtungen.

In der freudigen Gewißheit, die Reconquista siegreich beendet und Spanien geeinigt zu haben, erteilten Ferdinand II. und Isabella I. endlich dem schon jahrelang mit seinen Plänen antichambrierenden Christoph Kolumbus den Auftrag zur Entdeckungsfahrt nach 'Indien'.

Daß sie damit die Entdeckung Amerikas ermöglichten, gehört zu den unberechenbaren Ereignissen der Weltgeschichte, und hob sie beide aus der Reihe der vielen Regenten, die da kamen und gingen, heraus. Noch im selben Jahr verlieh ihnen der Vatikan den Titel 'Katholische Könige'.

In Santa Fé wurde im Jahre 1492 der Vertrag mit Kolumbus unterzeichnet. Einst lag der Ort - wenn auch in einiger Entfernung - vor den Toren der belagerten Alhambra, heute ist von hier aus nicht weit zu den Toren des Flughafens von Granada.

LOJA

Will man von Granada aus an die Küste nach Malaga, ist die neue, landschaftlich schöne Straße zu empfehlen, die über Loja führt.

Über eine andalusisch - malerische Altstadt ragen die Reste, Mauern und Turm, der Alcazaba, wo einst 'El Gran Capitan' Gonzalo, Feldherr der Katholischen Könige, hauste. Die Kirche Santa Maria ziert eine prachtvolle Barockfassade, und die Kirche San Gabriel verdankt ihre Renaissancefassade dem großen Meister Diego de Siloe. In weitem Bogen, auf halber Höhe eines Berghanges, umrundet die Straße den Talkessel, in dem die Stadt vor einer Kulisse kahler Bergrücken liegt, und ermöglicht einen umfassenden Blick.

ALHAMA DE GRANADA

Südlich von Loja (26 km) liegt das einstige 'Al Hamam', das römische und später arabische Thermal- und Schwefelbad auf einem fast 1000 Meter hohen Felsvorsprung, von wo aus man weit in die wilde Landschaft der Sierra Alhama blicken kann. Der Ort ist mit der Geschichte Granadas eng verbunden, denn sein König ergab sich erst zehn Jahre vor seinem Amtskollegen Boabdil. In der Kirche mit ihrem Turm von Siloe werden Stickereien aufbewahrt, die von der königlichen Hand Isabellas angefertigt sein sollen. Bei der Kirche Aussichts-Mirador.

Von Alhama aus ahnt man schon hinter den Bergen und Schluchten den südlichsten Teil der Provinz,

DIE KÜSTE - kleine Badebuchten, großer Betrieb

Durch die Sierra Nevada von rauhen Nordwinden geschützt, hat sie in diesem Abschnitt ein besonders mildes und warmes Klima, weswegen hier sogar Früchte wie Bananen und Avocados gedeihen.

Das genossen wohl auch die Mauren, denn über den vielen Bergstädten, die auf das Meer hinausblicken, erheben sich Reste von Alcazabas: über Almunecar das Castillo de San Miguel, über Salobrena, Motril oder Castell de Ferro. Viele dieser Orte konnten ihre weiße Altstadt mit den steilen Gäßchen erhalten. Aus der Piratenzeit sind noch da und dort am Strand alte Wachttürme übrig geblieben. Früher bildeten sie eine romantische Unterbrechung der Küstenlinie, heute wurden die meisten längst von der gierigen Bauhybris verschluckt, wenngleich man zugeben muß, daß hier die Landschaft mehr verschont blieb, als woanders, und zwar aus folgendem Grund: an der gesamten Länge des spanischen Mittelmeeres treten die Bergformationen nirgends so nahe an das Gestade heran, wie der Hochgebirgsstock der Betischen Kordilleren. Es gibt zwischen Barcelona und Gibraltar keine Stelle, wo die Straße so wie hier aus senkrecht aufsteigenden Felswänden herausgesprengt werden mußte. Vor allem von La Rabita bis La Mamola und von Castell de Ferro nach Calahonda.

Die hinreißenden Aussichten aus den zahlreichen Kurven über das tief unten glitzernde Meer sollte wegen des starken Lastwagenverkehrs allerdings nur der Beifahrer genießen!

Bei Motril mündet die Bergstraße von Granada ein. Begleitet von schöner, mediterraner Landschaft kommt man über SALOBREÑA und ALMUÑECAR zur Landspitze Punta de la Mona, einem bekannten Aussichtspunkt, und erreicht hinter HERRADURA die Provinz Malaga.

Damit schließe ich mein Kapitel über Granada und sein herrliches Land.

*   *   *

Cordoba

Den Norden bilden die wilden und einsamen, nur mit wenigen Ortschaften besiedelten Berge der Sierra Morena, so recht geeignet für den, der mönchische Abgeschiedenheit und Stille der Landschaft sucht.

In ihrer Mitte wird die Provinz von Ost nach West vom Tal des Guadalquivir durchzogen, an dessen Ufer die Kapitale liegt.

Nach Süden zu erstrecken sich die weiten Ebenen der 'Campiña' mit ihren riesigen Feldern, dann steigt es wieder an zu den Hügeln und kleineren Bergen der Serrania von Lucena und Priego de Cordoba.

Ähnlich wie in den Provinzen Granada und Sevilla, wo es jährlich Millionen zu den touristischen Magneten der Alhambra, Kathedrale und des Alcázar zieht, lockt Cordoba mit seiner unvergleichlichen Mezquita, während der Rest der Provinz auch hier weniger Beachtung findet.

CORDOBA

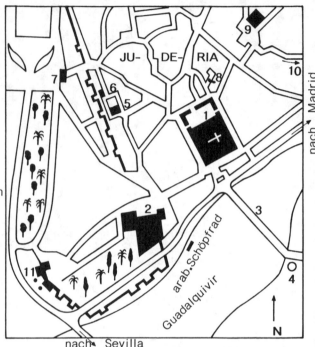

Die große Zeit Cordobas als Stadt des Geistes und 'leuchtende Zierde der Welt', wie sie die Nonne Roswitha von Gandersheim nannte, war vom 8. bis zum 11. Jahrhundert, als unter den maurischen Omaijaden-Königen Abd-ar-Rahman I., auch Abderramán genannt, und Abd-ar-Rahman II. und dem großen Al-Mansur hier das zweite muselmanische Kalifat neben Damaskus ansässig war, was man in etwa vergleichen könnte mit dem Papsttum von Avignon neben dem von Rom.

Die Bedeutung der Stadt mit ihrer Universität, ihren Philosophen römischer, christlicher, jüdischer und arabischer Herkunft, ihren Schulen und Bibliotheken habe ich im Kapitel "Geschichte Spaniens - Das maurische Spanien" hinreichend gewürdigt.

Es sei nochmals besonders hervorgehoben, daß um diese Zeit in Cordoba nicht nur die Künste und Wissenschaften des Islam, der Christen und Juden zu hoher Blüte gediehen, sondern auch das Vermächtnis der klassisch-griechischen Kultur in den Übersetzungen und Interpretationen Aristotelischer Philosophie des großen Cordobesers Averroes nach Europa transferiert wurde.

Das Ergebnis war in der Folge die Scholastik der europäischen Philosophie. Vergleichbare Verdienste erwarb sich in Europa nur noch die Platonische Akademie der Mediceer Cosimo II Vecchio und Lorenzo II Magnifico, wo sich während der italienischen Renaissance in Florenz die Wiedergeburt (Rinascimento) der Antike vollzog (Hansjörg Sing: "Toskana").

Aus der zunächst phönizischen, dann karthagischen Kolonie Turdula wurde 169 vor Chr. die römische Colonia Patricia. Im ersten Jahrhundert nach Chr. wurde daraus die Provincia Baetica mit ihrer Hauptstadt Corduba.
Berühmtester Sohn der Stadt jener Zeit war der Stoiker Seneca, Erzieher Neros, und von diesem später zum Freitod gezwungen.

Schon im dritten Jahrhundert war Cordoba ein christlicher Bischofssitz mit dem ersten westgotischen Bischof Hosius. Im sechsten Jahrhundert erhob ein Westgotenkönig Cordoba zur Hauptstadt seines Reiches.

Im Jahre 711 nahmen die Araber die Stadt ein. Ab 719 war sie Sitz eines Emirats unter dem Omaijaden Abd-ar-Rahman I. Einer seiner Nachfolger Abd-ar-Rahman III. ernannte 929 das Emirat zum unabhängigen Kalifat und nabelte sich damit sozusagen von Damaskus ab.
Unter ihm gelangte die Stadt Cordoba zu ihrer höchsten Blüte. Sie wurde die wichtigste Stadt der damaligen Welt, zählte mit den Studenten eine halbe Million Einwohner, hatte 3000 Moscheen und die berühmteste Bibliothek, deren 400.000 Bände der Kalif Hakam II. (10. Jh.) auch alle gelesen haben soll.
Die in ihren Mauern lehrenden und forschenden Philosophen und Wissenschaftler haben das übrige Europa entscheidend beeinflußt.

Während Cordoba in dieser Zeit der Hort strenger Wissenschaft war, wohin es auch deutsche Gelehrte gezogen hatte, erwuchs Granada rund 200 Jahre später zum Zentrum der schönen Künste, Sevilla hingegen kann als Ort des deutlichsten Überganges von der maurischen zur christlichen Kultur bezeichnet werden.

Zur Zeit des siegreichen Al Mansur hatte der maurische Herrschaftsbereich seine größte Ausdehnung in Spanien. Nur jener kleine Teil nördlich der Kantabrischen Berge in der Provinz Asturien war noch unter der Herrschaft eines Westgotenreiches, welches allerdings zur Keimzelle der Reconquista werden sollte. Nach Al Mansur zerfiel das maurische Reich in kleine Königreiche (Kapitel: Geschichte).
Wer in Cordoba Zeit zum Schlendern hat, entdeckt die Denkmäler der großen Namen aus allen Epochen: Seneca, Bischof Hosius, der berühmte jüdische Philosoph Maimonides, sein arabischer 'Kollege' Averroes, der Dichter Ibn Hazm, König Alfons X., der Weise, und der Stierkämpfer Manolete.

DIE MEZQUITA (ein Stich aus dem 19. Jh.)

DIE MEZQUITA (MOSCHEE UND KATHEDRALE)

Durch den Säulenwald der Mezquita zu gehen, wo sich im Halbdunkel fast endlos rot-weiß gestreifte Doppelbögen über 856 schlanken Säulen aus Marmor, Jaspis und Porphyr wölben, bildet neben den Märchenpalästen und -gärten der Alhambra den Höhepunkt maurischen Kultur-Erlebens in Andalusien.

Dort weltlich, heiter, mit flirrendem Licht und rieselndem Wasser, im Schmuck von Ornament und Blume,eines dem anderen ähnlich, Vogelzwitschern und Taubengirren und Freude der Sinne; hier das gedämpfte Licht der Mystik und die Stille der Kontemplation. Schmuck und Ornament verehren den Gott, und von Säule zu Säule, von Bogen zu Bogen ließ der Eintretende die Welt des Notwendig-Banalen hinter sich, um

am Ende vor dem 'Mihrab', der Gebetsnische - dem Heiligtum jeder Moschee - , zu stehen und zu beten.

Im Jahre 785 begann Abd-ar-Rahman I. den Bau der Moschee, die neben Mekka die zweitgrößte des Islam wurde, wobei er auch Säulen aus römischen Ruinen mit einbauen ließ, weshalb unterschiedliche Höhen durch darunter gesetzte Konsolen ausgeglichen wurden. Die folgenden Herrscher, Abd-ar-Rahman II. und III. erweiterten sie, und unter Al Mansur erreichte sie ihre heutigen Dimensionen.

Hufeisenbogen

Zackenbogen

Nach der Eroberung Cordobas im Zuge der Reconquista wurde ein erstes, bescheidenes Gotteshaus der Christen in die Moschee gebaut, welches den Gesamteindruck nicht störte. Im 14. Jh. wurde die Capilla Real von Mudejar-Baumeistern im Stil der Moschee hinzugefügt. Erst im 16. Jh. setzte man die große Kathedrale in die Mitte der Mezquita.

Karl V., der dazu den Auftrag gegeben hatte, soll nach der Besichtigung gesagt haben: "Ihr habt etwas Einmaliges zerstört für etwas, das man überall findet"- Für sich selbst betrachtet, ist die Kathedrale ein schönes Beispiel der Hochgotik im Chor und Querschiff, der Renaissance im Hauptschiff und des Barock im prächtigen Chorgestühl.

Daß für sie ein beträchtlicher Teil der Moschee mitsamt ihren Säulen (63) verschwinden mußte, war und ist Gegenstand des Ärgers.

Doch sollte man gleichzeitig bedenken, daß gerade die Existenz der Kathedrale den Verfall und die Zerstörung der Moschee verhindert hat, wie es anderswo oft geschehen ist, wo für die Kirchen die Moscheen Platz machen mußten, wie etwa in Sevilla.

Mihrab

DIE MEZQUITA

Die Portale:

1 Puerta de Palacio
2 Puerta de San Miguel
3 Puerta de San Estéban
4 Puerta de los Deánes
5 P. de la Leche (Milchtor)
6 Puerta del Perdón
   mit Glockenturm
7 Puerta de Santa Catalina
8 Puerta de las Palmas

Das Innere:

Bauabschnitte
I   Abd ar Rahman I (785)
II   Abd ar Rahman II (9. Jh.)
III Al Hakam (9. Jh.)
IV   Al Mansur (10. Jh.)

9 Kathedrale
10 Capilla Real
11 Capilla Villaviciosa
12 Mihrab (Gebetsnische)
13 Capilla Santa Teresa

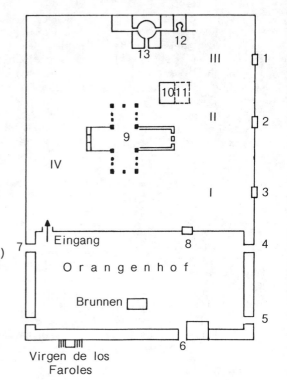

Virgen de los
Faroles

Es empfiehlt sich, die Mezquita vom Eingang aus im entgegengesetzten Uhrzeigersinn zu besuchen, weil man so vom ältesten (I - siehe Plan) zum letzten Bauabschnitt (IV) gelangt. Die Portale 1, 2 und 3 führten in den jeweiligen Bauabschnitt.

In der KATHEDRALE sind außer den schönen Mahagoniholzschnitzereien des Chorgestühls die beiden Kanzeln aus demselben Holz beachtenswert, unter welchen die vier Evangelistensymbole dargestellt sind: der Stier und der Adler auf der einen, Engel und Löwe auf der anderen Seite.
Die Kapellen CAPILLA REAL (Königliche K.) und CAPILLA VILLA-VICIOSA dienen zwar der christlichen Liturgie, sind aber Prunkstücke arabischer Bau- und Dekorationskunst: feinziselierte Stuckarbeiten, meisterhaft aufeinander abgestimmte Farben und Formen, die Zackenbögen erinnern an Palmen, und die Assoziation 'arabisches Rokoko' drängt sich dem europäischen Betrachter auf.
DER MIHRAB
Was in christlichen Kirchen der Altar, das Allerheiligste, der Ort der Anbetung ist, ist in den Moscheen des Islam der Mihrab; mit dem wesentlichen Unterschied allerdings, daß der Mihrab keinerlei gegenständliche Darstellungen enthält, keine Bilder und keine Statuen.
Allah ist unsichtbar, und Spruchbänder preisen ihn.

Der prachtvolle Mihrab der Moschee von Cordoba ist ein Meisterwerk der Mosaikkunst.

Die Portale in der Calle de Torrijos:

PUERTA DE PALACIO:
Sie bildete den direkten Zugang vom Palast des Kalifen zum Mihrab. Im Alfiz über dem Türbogen greifen vier Hufeisenbögen ineinander.

PUERTA SAN MIGUEL:
Eine Mischung aus gotischen und arabischen Stilelementen.

PUERTA SAN ESTEBAN:
Das am klarsten gegliederte und wohl auch schönste Portal der Moschee.

DER GLOCKENTURM

Teile des ehemaligen Minaretts wurden in den im barocken Stil umgearbeiteten Turm einbezogen. Man kann ihn besteigen und hat von oben einen Rundblick über Moschee, Altstadt und Rio Guadalquivir.

Im
Säulenwald
der
Mezquita

Cordoba: Calléja de las Flores

Die Juderia

Das ehemalige Judenviertel durchziehen schmale und verwinkelte Gassen die gesäumt sind von weißen Häusern mit dem gewohnten, andalusischen Erscheinungsbild: vergitterte, reich mit Blumen verzierte Fenster und besonders schöne Patios.

Die Anhäufung von Andenken- und Lederwarengeschäften (Cordoba ist allerdings für seine Lederverarbeitung berühmt) läßt einen Vergleich mit dem Barrio Santa Cruz in Sevilla zugunsten des letzteren ausfallen. Wenn man schon durch das Viertel wandert, sollte man natürlich einen Gang durch das Blumengäßchen 'Calleja de las Flores' mit dem berühmten Fotoblick auf den Glockenturm der Mezquita nicht versäumen.

Man wundere sich freilich nicht, wenn auf dem kleinen Plätzchen an seinem Ende schon ein Dutzend Japaner die Schlitzverschlüsse ihrer Kameras vor den Schlitzaugen haben. Mit denen ist es nämlich in Sevilla, Cordoba und Granada wie im Märchen vom Igel und vom Hasen: wohin man auch kommt - sie sind schon da!

Sozusagen in den Randgebieten der Juderia, von der Mezquita nur 200 bis 300 Meter entfernt, liegen die beiden interessanten Museen Cordobas:

Das städtische Museum (Museo Municipal Taurino)

Das Gebäude aus dem 16. Jh. umschließt einen schönen Patio mit Arkaden und zeigt in seinem Inneren Erinnerungsstücke großer Cordobeser Stierkämpfer, vor allem Manolete, unter anderem das Fell des Stieres, der ihn in der Arena von Linares tötete. Zwei Denkmäler von Manolete sind im Teil "Spaziergänge durch Cordoba" beschrieben.

In unmittelbarer Nähe des Museums steht

Die Synagoge (Sinagoga)

Neben dem von Toledo ist sie das einzige aus dem Mittelalter erhaltene jüdische Gotteshaus, dessen Fassade und Inneres reich mit Stuckornamenten der Mudejarkunst versehen sind.

An dem nahe gelegenen Platz Maimonides erstellte die Stadt das Denkmal des großen jüdischen Philosophen und Arztes Moses Maimonides.

Das Archäologische Museum (Museo Arqueológico)

Es zeigt einen repräsentativen Querschnitt durch fünf Epochen: prähistorisch, iberisch, römisch, westgotisch und maurisch. Abgesehen von den archäologischen Sammlungen ist das Gebäude selbst schon einen Besuch wert: ein Renaissancepalast mit zwei schönen Innengärten mit Exponaten, Brunnen, Rosen und Orangenbäumen.

Das Museum der Schönen Künste (Museo de Bellas Artes)

Am malerischen Fohlenplatz 'plaza del potro', benannt nach einem Fohlen auf dem Brunnen, steht auch das alte Gasthaus 'Mesón del Potro', das Cervantes in seinem "Don Quijote" erwähnt und in dem er selbst angeblich gewohnt hat.

Das Museum zeigt Bilder der Cordobeser und Sevillaner Schule, zwei Goyas und, in einem gesonderten Gebäude, vor allem die Gemälde des

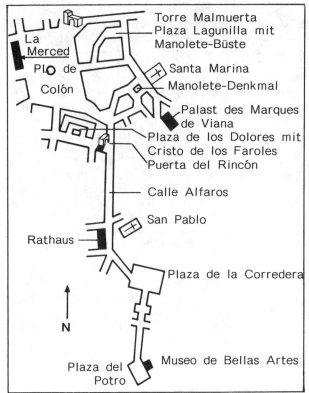

Torre Malmuerta
Plaza Lagunilla mit Manolete-Büste

Santa Marina
Manolete-Denkmal

Palast des Marques de Viana
Plaza de los Dolores mit Cristo de los Faroles
Puerta del Rincón

Calle Alfaros

San Pablo

Plaza de la Corredera

Museo de Bellas Artes

La Merced
Pl.O de Colón

Rathaus

N

Plaza del Potro

berühmten Malers vom Cordoba der Neuzeit (gest.1930), Julio Romero de Torres. Man muß wohl ein Cordobeño sein, um von seinen alegorischen und in seltsamem Naturalismus gemalten nackten und bekleideten Frauen mit den dunklen Augen hingerissen zu werden.

Der Alcázar

Er wird auch Alcázar Nuevo oder Alcázar de los Reyes Cristianos genannt, weil Alfons XI. an der Stelle, wo früher der maurische Stadtpalast stand, ein mit Mauern und Türmen befestigtes Schloß bauen ließ.

Das Schönste darin sind die Gärten mit ihren Palmen, Zypressen, Blumen und Brunnen.

In den Räumen des Alcázar befindet sich

heute eine archäologische Sammlung mit Funden aus Cordoba und Umgebung.

Die römische Brücke und das Castell Calahorra

Mit 16 Bogen überquert die unter Augustus erbaute, später häufig restaurierte Brücke den Guadalquivir und wird am südlichen Ufer vom Castell Calahorra beherrscht, eines aus drei wuchtigen Türmen bestehenden Wehrbaues aus dem 14. Jahrhundert.

Paseos - Spaziergänge durch Cordoba

Für sehr viele Touristen bedeutet Cordoba: Mezquita, Juderia, Foto, Souvenir und weiter nach Sevilla oder Granada.

Bei den Kulturtouristen kommen noch zwei bis drei Museen dazu.

Für Menschen mit Zeit und Muße schlage ich ein paar 'paseos' durch Cordoba vor.

DIE STADTMAUERN

Da man meist doch mit der Mezquita beginnt und dann in die Juderia eintaucht, empfiehlt sich als Fortsetzung die Plazuela de Maimonides beim Stierkampfmuseum; von dort zur PUERTA DE ALMODOVAR mit dem Standbild des Philosophen Seneca, dann die Stadtmauer entlang nach Süden zur PUERTA DE SEVILLA, wo die Denkmäler des Poeten Ibn Hazm und des Philosophen Averroes stehen.

Durch die herrlichen Gärten des Alcázar kehrt man wieder zum Ausgangspunkt zurück.

VON CERVANTES ZU MANOLETE
Von der Plaza del Potro zur Santa Marina

Plan siehe gegenüberliegende Seite. Von der Mezquita nach Osten zu erreicht man zunächst die PLAZA DEL POTRO mit dem Fohlenbrunnen, dem Kunstmuseum und dem alten Gasthof (siehe Museum der Schönen Künste). Verläßt man die Plaza del Potro in Richtung Norden durch die Calle de las Armas und Calle Sanchez Peña, betritt man einen der schönsten Räume Cordobas:

PLAZA DE LA CORREDERA ein großes Rechteck, auf allen vier Seiten umschlossen von einem vierstöckigen Gebäudekomlex mit Arkadengängen zu ebener Erde. In seiner Ge-

Averroes-Denkmal

schlossenheit und einheitlichen Architektur erinnert der Platz an ähnliche in anderen spanischen Großstädten (siehe Guadix, Granada). Auch hier brannten einst die Scheiterhaufen der Inquisition und floß das Blut der ersten Stierkämpfe. Heute wird der Platz nur noch zu friedlichem Markttreiben benützt, weshalb er auch Plaza del Mercado (gelegentlich Plaza Mayor) genannt wird.

Dem Plan folgend verläßt man die Plaza de la Corredera in nordwestlicher Richtung, erblickt rechts die schönste mittelalterliche Kirche der Stadt: SAN PABLO (Romanik - Gotik), links beim Rathaus die schlanken, korinthischen Säulen eines römischen Tempels, durchquert in nördlicher Richtung die Calle Alfaros, um dann links auf die PUERTA DEL RINCON, eines der alten Stadttore zu stoßen. Über eine Treppe erreicht man die PLAZUELA DE LOS DOLORES, wo vor der Fassade des Kapuzinerklosters der berühmte 'Cristo de los Faroles' (auch: Cristo de la Agonia) steht, ein Kruzifix, das umgeben ist von krummstieligen

Mezquita: Puerta del Perdón

Laternen (Faroles), die ihn abends von unten her mystisch erhellen, während die Kreuzesbalken in den dunklen Himmel weisen.

Ein paar Schritte von der ruhigen Plazuela de los Dolores entfernt, steht man an der riesigen PLAZA DE COLON, an deren westlicher Seite sich die schöne Renaissance-Fassade des ehemaligen Klosters LA MERCED erhebt, in dem heute die Provinzverwaltung ist. Am achteckigen Torturm TORRE DE MALMUERTA vorbei, ein kurzes Stück auf der Avenida del Obispo entlang, dann erreicht man rechts die kleine PLAZA LAGUNILLA, wo zwischen Palmen und Rosen eine Bronzebüste des in Cordoba wie ein Gott verehrten Stierkämpfers Manolete in einem flachen Brunnenbassin steht.

Wer den Spuren des großen Matadors folgen will, steht kurz danach der Fassade der Kirche Santa Marina gegenüber, vor einem etwas zu dick aufgetragenen Monument: Manolete, stehend mit Capa, vor ihm zwei große Rossebändiger, hinter ihm betrachten zwei Puttos einen Stierkopf.

Unweit von diesem Platz befindet sich einer der schönsten Adelspaläste Andalusiens: der Palacio de Marqueses de Viana, dessen Patios von paradiesischer Schönheit sind. Zu unregelmäßigen Zeiten, abhängig von der Anwesenheit der Familienmitglieder, sind Teile des Palastes und der Gärten zu besichtigen.

Wer in Cordoba essen geht, sollte auf den Karten nach dem 'estofado de rabos de toro' suchen, gedünsteten Stierschwanz mit Gemüseeintopf. Lammgerichte, 'cordéro a la caldereta' gehören ebenfalls zu den Spezialitäten Cordobas.

Wer in der ersten Maihälfte in Cordoba weilt, erlebt ein besonders originelles Fest: die Fiesta del Patio, das Fest der Innenhöfe, mit Stierkämpfen und Flamenco.

Noch eine Geschichte aus der Vergangenheit: Der Berber Mohamed Ibn Abi Amir 'Almansur' (der Siegreiche, 10. Jh.) ließ die Glocken des eroberten Santiago de Compostela im fernen 'aufsässigen' Galicien von gefangenen Christen nach Cordoba tragen, wo sie als Ölbehälter dienten. Der Rückeroberer Ferdinand III. ließ sie nach kurzer Zeit von gefangenen Mauren zurück nach Santiago schleppen - über die 16-bögige Römerbrücke.

IM TAL DES GUADALQUIVIR

MEDINA AZAHARA

Der Kalif Abd-ar-Rahman III. ließ für sich und seine Lieblingsfrau Azahara (= Blume) acht Kilometer außerhalb der Stadt eine Sommer-Residenz bauen. Man nennt es auch das Versailles Cordobas.

Im Jahre 936 begonnen, arbeiteten Tausende von Handwerkern 25 Jahre daran, unter Verwendung edler Baumaterialien wie Marmor und kostbarer Hölzer.

Im Jahre 1013 schon legten die Almoraviden, glaubensfanatische Berber-stämme aus Nordafrika, den 'Sündenpfuhl' in Schutt und Asche.

Seit 1853 gräbt man Reste der Palastanlage wieder aus. Den Ausmaßen nach und den zutage geförderten Bruchstücken zufolge, muß dieser Palast alles andere in den Schatten gestellt haben, einschließlich der rund 200 Jahre später erbauten Alhambra von Granada.

Fundstücke sind heute an Ort und Stelle, oder im Archäologischen Museum von Cordoba zu sehen. Zwei Säle des Palastes wurden inzwischen aus Bruchstücken rekonstruiert, und lassen eine winzige Vorstellung von der einstigen Pracht entstehen.

Man erreicht Medina Azahara von Cordoba aus auf der Provinzstraße in westlicher Richtung im Tal des Guadalquivir, und biegt nach acht Kilometern rechts ab zur Sierra de Cordoba.

Folgt man der Straße entlang des Guadalquivir weiter, kommt nach rund 20 km das Städtchen

ALMODÓVAR DEL RIO

am Ufer des großen Flusses. Über den weißen Häusern der Stadt erhebt sich eine der besterhaltenen und schönsten, maurischen Burgen Spaniens.

Die zinnenbewehrten Mauern und Türme, deren höchster 40 Meter hoch ist, das Märchenbuchbild einer mittelalterlichen Burg, wurde zunächst von den Mauren erbaut, später vom König Peter dem Grausamen (siehe Sevilla) erweitert und zeitweise bewohnt. Zwischendurch war sie auch ein Sitz des Santiago-Ritterordens. Eine Straße führt nach oben und ermöglicht die Aussicht über die Gegend des Guadalquivir.

EINE RUNDFAHRT DURCH DEN SÜDEN DER PROVINZ

Nach den weiten und fruchtbaren Ebenen der Campiña südlich der Hauptstadt erreicht man zunächst

CASTRO DEL RIO
Über der Stadt sind die Ruinen einer ursprünglich römischen, später arabischen Burg weithin sichtbar. Cervantes wurde hier im Rathaus gefangen gehalten, da er in seiner Eigenschaft als Steuereintreiber der Stadt Sevilla den Clerus zur Kasse bitten wollte. Angeblich hat er hier Teile seines "Don Quijote" geschrieben. Seine Kerkerzelle im Rathaus ist zu besichtigen.

BAENA
Spätestens hier muß gesagt werden, daß die Rundfahrt durch den Süden der Provinz Cordoba ein landschaftliches Erlebnis ist. Baena ist eine schöne, weiße Stadt, auf einem Hügel gelegen, den einst eine arabische Burg krönte, die heute Ruine ist. Von der alten Stadtmauer sind einige Tore erhalten, zum Beispiel die Puerta Oscura und die Puerta del Sol (dunkles Tor und Sonnentor).

PRIEGO DE COROBA
In der Umgebung der hübschen, sympathischen Stadt fand man in Höhlen Keramiken aus der Jungsteinzeit und Malereien aus der Bronzezeit.
Auch Priego hat sein arabisches Castillo, sowie ein Schloß des Herzogs von Medinaceli, Adelspaläste (18. Jh.) und Mittelalter im Viertel La Villa. Am bemerkenswertesten sind die Brunnen der Stadt! Der Renaissance-Brunnen Fuente de la Virgen de la Salud und die über mehrere Ebenen gebaute Brunnenanlage Fuente del Rey (19. Jh.), in welche 140 Wasserspeier das kühle Naß ergießen.
In der Kirche La Asunción wartet eine Überraschung: ein unübertreffliches Juwel des Rokoko in der Capilla del Sagrario.
Auf den ruhigen Straßen dieser idyllischen Gegend reiten noch immer die Bauern auf dem Rücken ihrer Esel gemächlich am Straßenrand - ein schönes Bild, das man in Andalusien da und dort noch sieht.

CABRA
Eine verträumte Provinzstadt auf der Kuppe eines steilen Hügels, auf dem einst griechische Tempel standen; auf den Grundmauern eines solchen wurde Andalusiens ältestes Gotteshaus, die Kirche San Juan de Batista erbaut.

LUCENA
In die hübsche Altstadt mit dem Auto zu fahren ist ein Wagnis, von dem ich abrate: schmale Gassen, enge Kurven, Einbahnstraßen. Im Castillo del Moral wurde der Nasridenkönig Boabdil von Granada im Jahr nach seiner Abdankung (1493) kurz gefangen gehalten und kam nur gegen hohes Lösegeld frei. Im Mai feiert Lucena das Fest der Balkone.

MONTILLA
Im Schatten der maurischen Burg wurde 'El Gran Capitan (s. Loja) im J. 1443 geboren. Aber was ist ein berühmter toter Feldherr gegen den berühmten Wein der Gegend, den Vino Montilla - ein Glas auf die Provinz Cordoba!

*   *   *

Die Provinz

Sevilla

Extremadura

Cordoba

Ecija

Italica
Santiponce

Alcalá del Rio

Carmona

Huelva

SEVILLA

Alcala de G.

Marchena

Estepa

Osuna

Utrera

Morón de la Fra.

Cadiz

Unabhängig von der Tatsache, daß Sevilla nicht nur Provinzmetropole, sondern auch die Hauptstadt Andalusiens ist, existiert für Provinz und Stadt so etwas wie ein touristischer Zentralismus.

Nicht, weil die Provinz, das Hinterland also, etwa unansehnlich oder armselig wäre - das Gegenteil ist der Fall - sondern weil jeder, der hierher kommt ". . erst einmal die Stadt" anschaut, sodann während seines Besuches meistens feststellt, daß er mehr Zeit als "geplant" dazu braucht und für das Land ganz einfach keine Zeit mehr hat.

Dieses Schicksal teilt die Provinz mit denen von Granada und Cordoba.

SEVILLA

Die Stadt des sanften Überganges von der maurischen zur christlichen Kultur.

Als, vergleichbar dazu, Granada im Jahre 1492 aufhörte, ein maurisches Königreich zu sein und von den Katholischen Königen übernommen wurde, stand dort auf einer Anhöhe über der Stadt der maurische Palast der Alhambra, von den Nasriden erbaut und kampflos an die Nachfolger übergeben. Die Christen erbauten daraufhin im Zentrum der Stadt ihre riesige Renaissance-Kathedrale.

Eine klare und sichtbare Trennung: hier maurisch - dort christlich, jeweils in 'Reinkultur'.

Ganz anders verlief der Übergang in Sevilla; unmerklich fast, weil die christlichen Nachfolger, vor allem der kastilische König Peter der Grausame, von Mudejaren (unter Christen lebende Mauren) aus Cordoba und Granada den Alcázar

Blick vom Patio de las Banderas
auf die Giralda

bauen ließen, eines der schönsten Beispiele der von Mauren im maurischen Stil für Christen geschaffene Kunstwerk, womit Sevilla mit Recht als Stadt des Mudejar-Stiles bezeichnet werden kann.

Stadt des Überganges.

Einige Stadtpaläste wie die Casa de Pilatos oder der Palacio de las Duenas sind ebenfalls schöne Beispiele für das harmonische In- und Nebeneinander verschiedener Epochen.

113

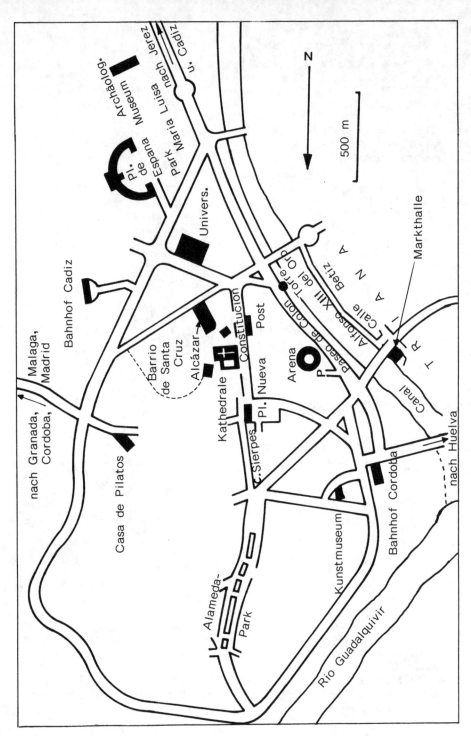

Auch die schöne Puerta del Perdon (Tor der Vergebung) in der Umfriedung des Patio de los Naranjos (Orangenhof) neben der Kathedrale, wurden von Mudejaren gebaut. Die beiden rein maurischen Bauwerke sind die Giralda, die zum Turm der Kathedrale wurde, und der Torre del Oro (Goldener Turm), ein Rest der maurischen Befestigungsanlage.

Hört man Sevilla, so denkt man zunächst an all das, was man mit Spanien verbindet: Sonne und Fiesta, Carmen und andere 'heißblütige' Schöne hinter vergitterten Balkonfenstern, Castagnettenschlag und Caballerostolz, Flamenco, Stierkampf und südliche Fröhlichkeit. Und hat damit so unrecht nicht. Was man dabei aber leicht übersieht: Sevilla hat zwar seine Fiestas, aber auch seinen Alltag.
Trotzdem kann der Besucher dieser Stadt etwas mehr erwarten als in vielen anderen Städten; Sevilla hat viele und lange Fiestas, Ferias und Festivales, und der Alltag ist weniger grau als anderswo, auch für die Sevillanos.
Der Grund dafür liegt in der Mentalität der Andalusier im allgemeinen und der Sevillaner im besonderen. Die Arbeit ist für ihn nur erträglich, wenn er ab und zu um die Ecke entwischen kann, an die Bar für die Länge einer Copa und einer Zigarette und ein kurzes Geplauder mit 'vecinos' (Nachbarn) oder 'amigos' (Feunde und Bekannte). Die 'bares' haben nicht nur in den Mittagspausen und abends nach Feierabend Hochbetrieb.
Der Sevillaner ist ein geselliger Mensch, temperamentvoll, laut, herzlich und aufgeschlossen. Ein Sanguiniker ohne Sitzfleisch, aber mit Lebensart. In seine Geselligkeit schließt er aber nicht nur Freunde ein, sondern auch den Gast seiner Stadt; und das 'tapear', das abendliche Schlendern von Bar zu Bar ist gerade deshalb hier besonders zuhause (Kapitel: Andalusien - Essen und Trinken).

Leider aber muß ich meinen Leser auch auf die zwei Schattenseiten der Stadt aufmerksam machen: Parkplatznot und Langfinger. Das erstere betreffend verrate ich einen einfachen Trick: man nutze die Angewohnheit der Andalusier aus, spät aufzustehen. Zwischen 8 und 9 Uhr morgens haben sie die beste Chance, in der Parkgarage hinter der Stierkampfarena einen Platz zu bekommen. Die Münzparkplätze bei der Lonja (alte Börse) neben der Kathedrale sind auch verhältnismäßig sicher, da ständig Polizisten in der Nähe sind. Lassen Sie trotzdem - ob Garage oder Straßenrand - nichts Wertvolles im Auto liegen! Was die 'ladrónes', die Diebe betrifft: man trage Kameras und vielversprechende Handtaschen nicht allzu unbekümmert zur Schau. Sevilla ist die 'numero uno' des Diebstahls. Keine Angst: eine gewisse Vorsicht, und man kann die Stadt in vollen Zügen genießen!

Ich wurde oft gefragt: "Wie lange braucht man für Sevilla?" Da diese Frage meist im Sommer, zur Hauptreisezeit also, auftaucht, muß man ihren Hintergrund sehen: es ist nicht jedermanns Sache, bei Temperaturen zwischen 40 und 50 Grad tagelang in einer Stadt herumzulaufen.

Im Hinblick auf diese verständliche Befürchtung haben ich - ungern zwar, da ich die Stadt liebe - ein optimales Eintagesprogramm zusammengestellt.
Welches sind nun die für den Besucher der Stadt lohnenden Ziele?

Kulturell:
- die gotische Kathedrale mit Giralda und Orangenhof
- der Alcázar, Mudejarpalast aus dem 14. Jahrhundert
- Der Torre del Oro, arabischer Befestigungsturm am Fluß
- die Casa de Pilatos, Stadtpalast; klassisch, maurisch, Renaissance
- das Archäologische Museum mit Funden aus Italica
- das Museum der schönen Künste, das zweitgrößte Spaniens

Atmosphärisch:
- das Barrio de Santa Cruz, malerisches Judenviertel
- das Barrio Triana, Markt- und Kneipenviertel
- der Park Maria Luisa und Gärten des Alcázar, einmalig schöne Gartenanlagen mit mediterraner Flora.
- und 'viel Stadt'

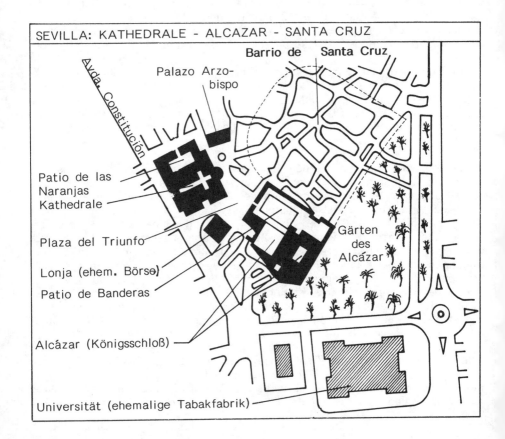

SEVILLA: KATHEDRALE - ALCAZAR - SANTA CRUZ

Barrio de Santa Cruz

Avda. Constitución

Palazo Arzo-bispo

Patio de las Naranjas Kathedrale

Plaza del Triunfo

Lonja (ehem. Börse)

Patio de Banderas

Gärten des Alcázar

Alcázar (Königsschloß)

Universität (ehemalige Tabakfabrik)

Das unter besonderer Berücksichtigung der verschiedenen Öffnungszeiten zusammengestellte Idealprogramm für den Eintagesbesucher:

1. 9.00 Uhr: Alcázar und Gärten
2. 11.30 Uhr: Kathedrale, Giralda und Orangenhof (bestes Licht!). Um 13.00 Uhr wird geschlossen.
3. 13.00 Uhr: Barrio de Santa Cruz, Essen (zum Beispiel im 'Alfaro').
4. Mit Taxi zum Casa de Pilatos
5. Nach Belieben: in die Calle Sierpes zum Einkaufen, ins Kunstmuseum, zum Palmenpark Maria Luisa oder, später allerdings, ins Trianaviertel.

Die Giralda

Man sollte eigentlich seinen Besuch Sevillas mit einer Besteigung der Giralda beginnen.

Eine sanft ansteigende Rampe, breit genug, daß zwei Berittene aneinander vorbeikommen, führt spiralenförmig zur Aussichtsterrasse in 70 Metern Höhe. Von oben hat man einen schönen Blick über die Stadt und den nahen Fluß.

Im Osten erstreckt sich in der Nähe des Turmes das Gewirr von Gassen und weißen Häusern des Barrio de Santa Cruz, im Süden liegen die Parkanlagen der 'jardines del Alcázar' und des 'Parque Maria Luisa', im Westen glitzert das breite Band des Guadalquivir, und unter einem, gleich einem Gebirge aus grauem Stein, breitet sich die Kathedrale aus mit ihren unzähligen Strebepfeilern und -bögen, daneben das dunkle Grün des Orangenhofes.

Die Giralda ist neben dem Torre del Oro eines der wenigen, original erhaltenen Bauwerke Sevillas aus maurischer Zeit. 1189 vom Almohaden Jakub-al-Mansur als Minarett der damaligen Moschee erbaut, war sie ursprünglich von vier aufeinander gestellten Kugeln gekrönt. Das Bild rechts zeigt seine ursprüngliche Gestalt. Da die Kugeln bei einem Erdbeben herunterfielen, bauten die Christen einen gut dazu passenden Glockenturm auf die obere Plattform (im Bild: vom Pfeil aufwärts). Ganz oben steht die vier Meter hohe und 1300 kg schwere Bronzefigur als Sinnbild des Glaubens, die sich mit ihrer metallenen Fahne in den Wind dreht. Von dieser Figur - Giraldillo - erhielt der Turm seinen heutigen Namen. Der Turm, Wahrzeichen Sevillas, ist heute 98 Meter hoch.

Die Kathedrale

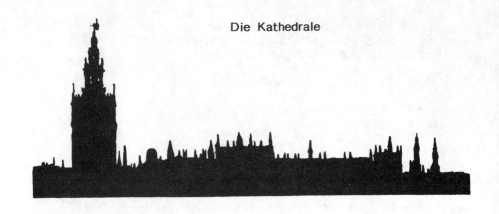

Santa Maria de la Sede (Sede = Bischofssitz)

Als die Domherren des Kapitels von Sevilla den Bau der drittgrößten Kirche der Christenheit - nach St. Peter in Rom und St. Paul in London- im Jahre 1402 begannen, faßten sie zwei nicht ganz alltägliche Entschlüsse:
"Eine Kirche zu bauen, die so groß und herrlich ist, daß man uns für Wahnsinnige hält", und
"Wir wollen von unserem Einkommen nur das für das Leben Notwendigste, alles andere soll für den Bau der Kirche zur Verfügung stehen."
Das nenne ich einen adäquaten Kirchensteuer-Abzug!
Das überdimensionale Gotteshaus wurde im gotischen Stil begonnen, weswegen ihr Äußeres von diesem Stil geprägt ist. Aufgrund der langen Bauzeit zeigen sich aber auch, vor allem im Inneren, viele Stilelemente der Renaissance.

DAS INNERE DER KATHEDRALE

Der Eingang für Besichtigungen ist die
1 PUERTA DE LA LONJA
auf der Seite der LONJA, der ehemaligen Börse); ein im 19. Jh. im neogotischen Stil gestaltetes Portal, dessen Ausschmückung mit Skulpturen wohl aus finanziellen Gründen in den Anfängen stecken blieb, wie die vielen leeren Nischen zeigen. Die nachfolgenden Domkapitel hatten eben eine andere Vorstellung über die Verwendung ihres Einkommens. Unmittelbar nach dem Betreten der Kathedrale steht man vor dem
2 GRABMAL DES CHRISTOPH KOLUMBUS
- Cristóbal Colón, wie er auf spanisch heißt. Vier Herolde, Symbolfiguren der Königreiche Kastilien, León, Navarra und Aragon, tragen einen Sarkophag auf den Schultern. Den sterblichen Resten des großen Entdeckers widerfuhr eine ruhelose Odyssee: von Sevilla nach Santo Domingo (Haiti), dann nach Havanna, von wo aus seine Asche in drei Portionen nach Europa zurückgebracht wurde, deren eine in Sevilla,   eine zweite in

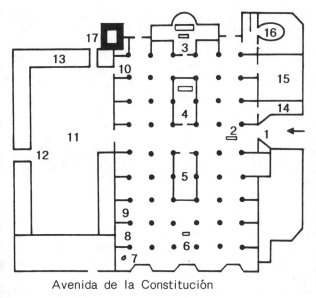

DIE KATHEDRALE

1 Eingang
2 Kolumbus-Grabmal
3 Capilla Real
4 Capilla Mayor
5 Coro (Chor)
6 Grabplatte F. Colón
7 Kopie des Giraldillo
8 Cap. de las Escalas
9 Cap. de Santiago
10 Puerta del Lagarto
11 Patio de los Naranjos
12 Puerta del Perdón
13 Bibliothek
14 Sacristia de los
   Calices
15 Sacristia Mayor
16 Sala Capitular
17 Giralda

Avenida de la Constitución

Genua, seiner Geburtsstadt, und ein weiterer Teil in der Bibliothek der
Universität von Padua ruht. Genaues weiß man nicht. Friede seiner
Asche!
3 CAPILLA REAL
Die königliche Kapelle in der Apsis der Kathedrale. In einem Silber-
schrein in der Mitte der Kapelle ruht der angeblich unverweste Leichnam
König Ferdinands III. von Kastilien, des Heiligen. Jener, dem sich während
der Reconquista der letzte Maurenkönig Boabdil unterwarf und als Vasall
des Heiligen Königs bei der Eroberung Sevillas mithelfen mußte. Sie
erinnern sich an den Wandspruch der Alhambra? "Es gibt keinen Sieger
außer Gott".
Das schmiedeeiserne Gitter ('reja') von 1771 vor der Kapelle zeigt
Ferdinand III. beim Empfang der Stadtschlüssel von Sevilla. Im Altar-
Retabel: die 'Virgen de los Reyes', eine romanische Holzstatue des 13.
Jahrhunderts, mit prachtvollen Gewändern umhüllt und mit einer goldenen
Krone verziert. In der rechten Seitenwand der Kapelle kniet an ihrem
Grabmal die Witwe des Ferdinand III., Beatrix von Schwaben; ihr gegen-
über in der linken Seitenwand: das Grabmal mit der ebenfalls knienden
Statue des Sohnes von Beatrix und Ferdinad: König Alfons X., der Weise.
Außerdem sind in der Kapelle ausgestellt: Fahne, Schwert und Sporen
Ferdinands, sowie sein Portrait, gemalt von Murillo.
In der unter dem Altarraum liegenden Krypta ist unter anderen Peter
der Grausame (Pedro el Gruel) beigesetzt.
4 CAPILLA MAYOR
Die Rejas sind Meisterwerke der Kunst, Eisen zu gestalten. Das gotische
Retabel ist einer der Superlative der Kathedrale. Vor dieser gigantischen

Übereinanderfolge holzgeschnitzter Skulpturen - mehr als 1000 ! - und Ornamenten kann man sich nur noch an die Worte der Erbauer der Kathedrale klammern: "wahnsinnig". Als ich das erste Mal davor stand, hatte ich den spontanen Wunsch nach einem Cognac, um wieder auf die Erde zurückzufinden. Was sich hier auf einer Fläche von etwa 20 mal 25 Meter vor dem Betrachter himmelwärts türmt, sprengt jede Vorstellungskraft, ist aber trotz alledem schön. Wahnsinnig schön.

Über dem Altar thront die 'Virgen de la Sede', ebenfalls eine Holzarbeit des 13. Jahrhunderts.

5 CORO - DER CHOR

Auch er enthält zwei sehenswerte Dinge: seine Reja und die Silleria, das Chorgestühl mit seinen 117 Sitzen, verschwenderisch in seiner Vielfalt holzgeschnitzter Figuren und Intarsien.

6 DAS GRAB DES FERDINAND KOLUMBUS

- Fernán Colón - ist nur eine schlichte Marmorplatte im Boden der Kathedrale.

Der illegitime Sohn Cristophs, vom Vater sehr geschätzt und in stets guter Beziehung mit ihm lebend, war als Geistlicher Mitglied des Domkapitels von Sevilla und vermachte der Bibliothek der Kathedrale alle von ihm gesammelten Bücher und Schriften aus seinem und seines Vaters Besitz. Die in den Marmor geritzten Umrisse einer Karavelle sind noch schwach erkennbar, ebenso wie sein Name.

7 GIRALDILLO

In Originalgröße, allerdings aus Aluminium, steht hier eine Nachbildung der Figur des Giraldillo an der Spitze des Turmes, die aus Bronze und 1500 kg schwer ist.

8 und 9 CAPILLA DE LAS ESCALAS und CAPILLA DE SANTIAGO

in beiden entdeckt der Toskana-Kenner Keramikreliefs der Familie Della Robbia.

10 PUERTA DEL LAGARTO

- Portal der Eidechse. Ein Hufeisenbogen überwölbt als einer der wenigen Reste der ehemaligen Moschee diesen Eingang (vor der Moschee stand ein Westgoten-Dom an der Stelle der heutigen Kathedrale). Im Gewölbe auf der dem Orangenhof zugekehrten Seite des Portals hängt ein hölzernes Krokodil (Lagarto). Der Sage nach soll ein Sultan, der sich um die Hand der Tochter Alfons' des Weisen bemühte, ein Krokodil als Werbegeschenk übersandt haben. Die Tochter bekam er nicht; das Krokodil wurde ausgestopft und vor diesem Portal aufgehängt. Später hat man es durch eine hölzerne Nachbildung ersetzt. Mit einem Krokodil kauft man eben keine Königstochter. Bei uns nicht!

Die eiserne Kandare über dem Portal soll angeblich vom Ross des El Cid stammen.

11 PATIO DE LOS NARANJOS

Ganz nebenbei: verlangen Sie beim Früchtehändler keine 'naranjos' - es könnte sein, daß er lächelnd versichert, keine Orangenbäume zu führen, sondern nur 'naranjas', Orangen eben.

Im Orangenhof liegen drei Epochen sichtbar beieinander: in der Mitte ein Marmorbrunnen der Westgoten, die gotische Kathedrale und -

12 DIE PUERTA DEL PERDON
Das Tor der Vergebung ist ein noch erhaltenes Zeugnis aus der maurischen Zeit der Almohaden; die äußere Verkleidung jedoch wurde später im Mudejar-Stil angefügt.

13 DIE BIBLIOTHEK
Unter vielen anderen bibliophilen Kostbarkeiten enthält sie die Bibel Alfons des Weisen.

14 DIE SACRISTIA DE LOS CALICES
Gemälde von Murillo: "Heilige Familie", sowie Werke von Zurbarán, Tizian und Goya.

15 DIE SACRISTIA MAYOR
enthält wertvolle Stücke aus dem Kirchenschatz, unter anderem eine silberne Monstranz von Arfe, Gemälde von Murillo und Zurbarán.

16 DIE SALA CAPITULAR
Im eliptischen Kapitelsaal stehen überdimensionale Meßbücher in Glasvitrinen und hängt Murillos "Inmaculada" (Unbefleckte).

Der Alcázar

Eigentlich heißt der Gebäudekomplex "Reales Alcazares", weil verschiedene Könige, sei es als Bauherren oder als Bewohner, daran beteiligt waren.

Ein Teil der Anlage stammt aus der Zeit der Almohaden (12. Jh.): die Befestigungsmauern und Türme, das Eingangsportal 'Puerta del León' und Räume links des Tores, um den Patio del Yeso, die aber nicht zu besichtigen sind.

Den größten Teil des Alcázars bildet der im Mudejar-Stil gebaute Palast Peters des Grausamen.

Ein dritter Teil geht auf die Katholischen Könige und deren Enkel Karl V. zurück.

Kathedrale und Alcázar liegen in unmittelbarer Nähe, nur durch die Plaza del Triunfo getrennt.

Man betritt die Reales Alcazares durch die, von einem aus Azulejos zusammengesetzten Löwen geschmückte Puerta del León.

Der linkerhand liegende Teil um den Patio del Yeso (Gipshof) ist für längere Zeit wegen Restaurierung geschlossen. Mit seinen Arkaden und seinem von beschittenem Buschwerk gesäumten Wasserbecken erinnert er ein wenig an den Myrtenhof der Alhambra.

DER PALAST PETERS DES GRAUSAMEN
'Pedro el Gruel' soll zwar etwas streng regiert haben, über seinen Beinamen 'der Grausame' gibt es ansonsten aber nur Vermutungen, deren eine in der Tatsache liegt, daß er seine legitime Ehefrau im fernen Medina Sidonia (Prov. Cadiz) schmachten und einsam sterben ließ, während er im Palast mit seiner Geliebten Maria Padilla lebte.

Pedro unterhielt aber gute Beziehungen zum maurischen Königshaus in Granada und ließ von dort viele Handwerker zum Bau seines Palastes kommen.

Patio de las Doncellas

So gesehen ist also der Alcázar von Sevilla kein maurisches Bauwerk wie die Alhambra, entbehrt jedoch nicht des authentischen Geistes maurischer Kunst, da er in derselben Epoche, zwar unter einem christlichen Bauherren, aber von Mudejaren, von Mauren unter christlicher Regie, gebaut wurde.

Die herrlichen Azulejos und die wunderbaren Stuckarbeiten, das Ineinander-Übergehen der Flure, Räume, Galerien und Patios steht der Alhambra nicht viel nach. Was letztere eben doch einmalig macht, ist die weitläufigere Anlage, der intimere Charakter und - nun ja, der Geist, der sie umweht: die Alhambra war mehr als nur der Palast eines Königs, sie war ein Zentrum schöner Künste und eine Weltanschauung. Dies hier war eben nur ein Königspalast, wenngleich ein traumhaft schöner.

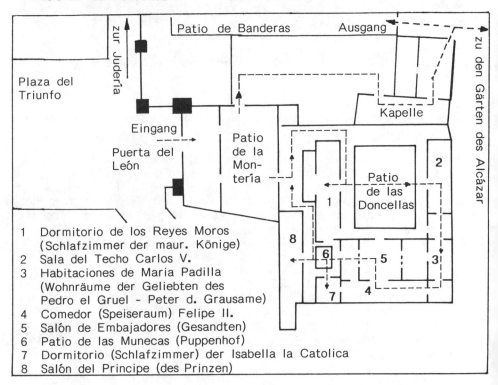

1 Dormitorio de los Reyes Moros
   (Schlafzimmer der maur. Könige)
2 Sala del Techo Carlos V.
3 Habitaciones de Maria Padilla
   (Wohnräume der Geliebten des
   Pedro el Gruel - Peter d. Grausame)
4 Comedor (Speiseraum) Felipe II.
5 Salón de Embajadores (Gesandten)
6 Patio de las Munecas (Puppenhof)
7 Dormitorio (Schlafzimmer) der Isabella la Catolica
8 Salón del Principe (des Prinzen)

In den Räumen des Alcázar von Sevilla

In den Gärten des Alcázar von Sevilla

Dazu kommt noch, daß der Alcázar mitten in der Stadt liegt, während die Alhambra über der Stadt schwebt wie ein Sternbild über einem nebligen Feld.

Der kritische Beobachter stellt außerdem fest, daß die Räume etwas zu hoch und die Farben ein wenig zu kräftig sind. Man muß beide, Alcázar und Alhambra, erlebt haben, um zu spüren, nicht nur zu sehen: dort war der Bauherr aus dem Morgenland, hier aus dem Abendland.

Vom Patio de la Montería aus blickt man auf das Marchena-Tor, dem Haupteingang zum Palast. Eine Besonderheit stellt das Fries aus weißen und blauen Kacheln oberhalb der Fenster dar: was wie ein Ornament aussieht, ist in Wirklichkeit das Motto der Nasriden, wie es in der Alhambra überall zu sehen ist "Es gibt keinen Sieger außer Gott (Allah!)". Hier jedoch in kaum entzifferbaren, eckigen kufischen Schriftzeichen und in achtmaliger Wiederholung. Hiermit haben vermutlich die Mudejaren (vielleicht sogar im geheimen Auftrag der Nasriden?) dem christlichen König ein Schnippchen geschlagen, denn der konnte diesen Geheimcode sicher nicht knacken.

Ähnlich der Alhambra besitzt auch dieser Palast einen Repräsentationsteil für Öffentlichkeitsarbeit und einen intimeren Wohnteil. In der Alhambra ist dem Saal der Gesandten der Myrtenhof vorgelagert; hier bildet der Patio de las Doncellas (Hof der Damen) den Vorraum zur SALA DE EMBAJADORES (Gesandtensaal). Über zierlichen Doppelsäulen wölben sich die Zackenbögen mit Sebka-Rautenornamenten. Leider hat man zur Zeit der Renaissance ein Stockwerk über diese Galerien gebaut, das trotz aller Stilreinheit hier störend wirkt. In der Gesamtkonzeption hat der Patio etwas von einem Kreuzgang.

DER SAAL DER GESANDTEN

Wieder drängt sich der Vergleich mit der Alhambra auf, deren gleichnamiger Saal kostbar und erlesen ist, und den Eintretenden in festliche Stimmung versetzt. In diesem hier ist eine Spur zu viel Gold. Er erweckt Staunen und Bewunderung - so manchem bleibt der Mund offen - aber nicht restlose Begeisterung. Vor allem dann nicht, wenn man die Alhambra zuerst gesehen hat.

Besondere Beachtung verdienen die Kuppeln und Artesonado-Decken. Die herrliche Kuppel des Gesandtensaales mit ihren bemalten Holzschnitzereien und Stuckarbeiten, und die prachtvollen Kassettendecken im SALON DEL TECHO DE CARLOS V., neben dem Patio de las Doncellas.

Hinter dem Gesandtensaal liegt der COMEDOR (Salon del Techo de Felipe II.), von diesem gelangt man über den DORMITORIO (Salon del Techo de los Reyes Catolicos) in den kleinen PATIO DE LAS MUÑECAS (Puppenhof).

Nach dem Besuch der Gärten verläßt man den Alcázar und gelangt durch eine Pforte in den PATIO DE BANDERAS, einem schönen, rechteckigen Platz: Orangenbäume entlang der Häuserreihen, ein Brunnen in der Mitte, und über den Zinnen der Mauern ragt die Giralda hoch in den Himmel (Bild Seite 113).

Das Barrio de Santa Cruz

Im Barrio de Santa Cruz

Die ehemalige Juderia (Judenviertel) ist das malerische Geviert zwischen Alcázar im Westen und der Calle Santa Maria la Blanca im Osten, dem Murillo-Park im Süden und der Calle de Mateos Gago im Norden.

Von der Plaza del Triunfo aus geht man an der Mauer des Alcázar entlang nach Osten und gelangt zur Plaza Alianza. Durch das nun folgende Gewirr von schmalen, kleinen Gäßchen und Plätzchen kann man entweder ziellos herumwandern, oder, falls man soviel Zeit nicht hat, meinem nebenstehenden Plan folgen, der zu den schönsten Plätzen und vorbei oder durch viele typische Straßen und Gassen führt.

Es ist dies eine unvergeßliche Wanderung durch unzählige, verwinkelte Gassen, vorbei an weißgetünchten Häusern mit schwarzen Balkongittern und schönen Innenhöfen.

Und überall Blumen, Blumen, Blumen: an den Wänden, in den Patios, hinter den Gittern, in den Fenstern. Die Calle Pimienta ist eine der typischen Gassen des Viertels. Die Calle Susona ist benannt nach einer schönen Jüdin, die, weil in einen christlichen Jüngling verliebt, zur Zeit der Inquisition ihren Vater verriet und, nachdem der Señorito sie deswegen verließ, testamentarisch bestimmte, daß ihr Kopf nach ihrem Selbstmord über ihrer Haustüre angebracht werden solle, wo er angeblich bis zum 18. Jahrhundert hing.

Die PLAZA DE DOÑA ELVIRA ist zweifellos die schönste des Barrio, mit ihren schönen Häusern ringsum und den Ruhebänken im Schatten der Orangenbäume. Als den stimmungsvollsten Platz empfinde ich die PLAZA DE LOS VENERABLES SACERDOTES. Nicht zuletzt deshalb, weil an ihm die schönste Kneipe der Welt liegt. Sage ich. Die CASA ROMAN. Vor der Türe stehen Hocker und kleine Tische auf der Plaza. Im Inneren hängen über der langen Theke unzählige Serrano-Schinken der besten Qualität. An dieser Theke zu stehen, eine 'ración de jamón' oder eine gemischte Platte mit Jamón (Schinken), Queso (Käse) und Chorizo (Wurst) mit einem 'cerveza de baril' (Bier vom Faß), oder einer 'copa de vino' (Glas Wein) zu genießen, ist ein Erlebnis, das ich jedem meiner Leser empfehlen möchte. (Bild S.33)

In der Siesta-Zeit (ca. 14 - 18 Uhr) ist die Bar zu. Bei einem abendlichen Besuch wird man mit Erstaunen und Vergnügen feststellen, daß diese Bar, wie auch das übrige Barrio vorwiegend von Sevillanern frequentiert wird. Tagsüber begegnet man natürlich einer Menge von Touristen, vor allem Japanern mit klickenden Kameras.

An der PLAZA ALFARO steht Murillos Geburtshaus. Das Restaurant 'Bar Alfaro' ist mit seinen andalusischen Gerichten durchaus zu empfehlen. Man kann auf bequemen, gepolsterten Stühlen auf dem Platz sitzen und in die Murillo-Gärten hinunter blicken.

In der kleinen Parkanlage der PLAZA SANTA CRUZ steht das berühmte und handwerklich hochwertige Cruz de la Cerrajeria, eine Schmiedeeisenarbeit aus dem 17.Jh., von dem das Viertel seinen Namen hat. An irgendeiner Stelle des Platzes soll Murillo begraben worden sein.

In einer Ecke des Platzes lockt das Nobelrestaurant 'La Albahaca' mit guter Küche zu einem gemütlichen Abendessen. Gleich daneben ist eines der bekanntesten und besten Flamenco-Lokale von Sevilla: LOS GALLOS, für dessen Besuch eine rechtzeitige Reservierung empfehlenswert ist. Zweimal an jedem Abend, um 21 und 23 Uhr, findet im Raum, der nur etwa 50 Personen faßt,

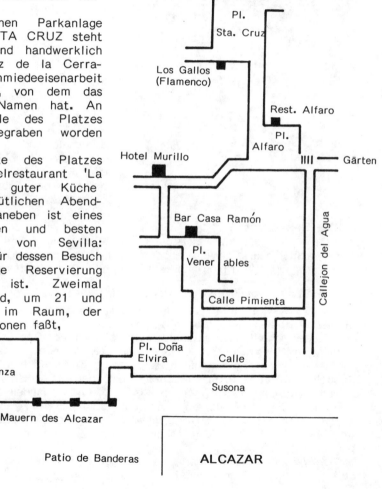

127

Im Park Maria Luisa

ein Schauflamenco statt, über den die Liebhaber des Flamenco Puro die Nase rümpfen würden, der aber, wie mir auch von Sevillanern bestätigt wurde, unter allen professionellen Darbietungen der Stadt der beste ist. Im Eintrittspreis von 1500 Pesetas ist ein Getränk nach freier Wahl inbegriffen. Das Dargebotene beschränkt sich hauptsächlich auf 'palmas' (Klatschen), Guitarre und Tanz. Der 'cante' (Gesang) kommt leider zu kurz. Einige Tänzerinnen (bailaoras) und Tänzer sind recht gut.

Wer sonst keine Gelegenheit hat, Flamenco zu erleben, kann sich 'Los Gallos' durchaus ansehen.

Die Casa Lonja

Die ehemalige Börse zwischen Kathedrale und Alcázar beherbergt heute das 'Archivo General de Indias'. Briefe von Kolumbus, Cortez, sowie Schriftstücke und Dokumente aus der Zeit der Conquistadores werden hier aufbewahrt.

Die Universität

In dem riesigen, klassizistischen Gebäudekomplex, dem größten Spaniens nach dem Escorial, war ehedem die Tabakmanufaktur untergebracht, der Bizets Oper "Carmen" dauerhaften Ruhm verschaffte.

Die Plaza España und der Park Maria Luisa

Der Park wurde im 19. Jahrhundert angelegt und zählt mit seinen Blumen, Brunnen und Palmen zu einem der schönsten Spaniens. Die arabisierenden Pavillons und das halbkreisförmige Gebäude an der Plaza España, mit seinem Stilgemisch aus Renaissance, Klassizismus, Barock und Mudejar und mit seinen spanischen Bildergeschichten aus Azulejo-Kacheln, wurde 1929, anläßlich der ibero-amerikanischen Ausstellung gebaut. Gerade das Stilgemisch ist in seinem länder- und epocheübergreifenden Symbolgehalt sehr spanisch - andalusisch.

Eine Parallele zum Eiffelturm von Paris ist nicht abzuleugnen: ebenfalls für eine Ausstellung erbaut, wurde er zum nicht wegzudenkenden Bestandteil der Stadt.

Die Wasserwege mit den geschwungenen Brücken darüber werden oft als 'Klein-Venedig' bezeichnet.

Der Torre del Oro

Er ist das zweite Wahrzeichen der Stadt und, neben der Giralda, ein vollständig erhaltenes Bauwerk aus der maurischen Epoche.

Als die Almohaden ihn im Jahre 1220 erbauten, wurde er mit goldenen Kacheln verziert, und diente mit einer langen Kette, die zu einem heute nicht mehr vorhandenen Turm auf der anderen Seite des Kanals gespannt wurde, zur Absperrung des Hafens.

Im Turm ist heute ein kleines Marinemuseum untergebracht.

Geht man ein Stück den Paseo de Cristóbal Colón entlang, erblickt man auf der rechten Straßenseite die Fassade der

Maestranza

Die berühmte Stierkampf-arena war die Geburts-stätte der 'Escuela Sevil-lana', der Sevillaner Schule des klassischen Stier-kampfes (siehe Kapitel: "Stierkampf").

Von hier aus ist es nicht mehr weit zur Puen-te de Triana (auch: Puente de Isabel II.) und zum

Triana-Viertel

Unmittelbar nach der Brücke führen ein paar Stufen rechts hinunter in das Markttreiben des 'Mercado de Abades', ein geschäftiger Gemüse- Fleisch- und Fischmarkt. In der originellen Markt-kneipe treffen sich gele-gentlich die verspäteten Nachtschwärmer auf ein Gläschen und zu einem "Abgesang" der langen Nacht.

Dem morgendlichen Treiben beim Markt folgt abends das Kneipenbum-meln durch die Straßen des Viertels, unter anderen in der Calle Betis, die sich am Flußufer bis zur Puente San Telmo hinzieht.

Torre del Oro

Die Casa de Pilatos

Großer Innenhof der Casa de Pilatos

Der Palast des Fadrique, Marquis von Tarifa, im Jahre 1520 gebaut, ist ein weiteres Beispiel für Sevilla als Stadt des sanften Überganges.

Eine bemerkenswert schöne und harmonische Mischung aus Renaissance und Mudejar-Stil. Die zweigeschossigen Arkadenbögen im großen Mittelhof des Palastes (Bild oben) offenbaren das zwanglose Ineinanderfließen der christlichen und maurischen Stilelemente in so wohltuenden Proportionen, daß ich den Besuch dieses Palastes in der Prioritätenliste des kunstinteressierten Touristen neben den Alcázar stellen möchte.

Besondere Beachtung verdienen die überall - im Hof, in den Räumen und Treppenhäusern - anzutreffenden Azulejos, die bemalten Kacheln, die in Farbenpracht und Phantasiereichtum an orientalische Teppiche erinnern.

In den vier Ecken des großen Patios steht je eine römisch-griechische Statue, unter anderem eine Nachbildung der Pallas Athene. Der Erbauer dieses schönen Hauses war zu seiner Zeit schon so etwas wie Kulturtourist, ließ sich von der griechischen und römischen Klassik inspirieren und benannte seinen Palast nach dem des Pontius Pilatus in Jerusalem. Im Römischen Saal sind Sammlerstücke des Don Fadrique zu sehen, die er von seinen Reisen mitbrachte.

In der Kapelle steht eine Kopie der Geißelungssäule, deren Original in der Kirche San Prassede in Rom zu finden ist. In einem Arbeitszimmer wird auf den 'mesa de los treinte dineros', einen Tisch mit Marmorintarsien, hingewiesen, auf dem der Sage nach dem Judas die 30 Silberlinge hingezählt wurden.
Im ersten Stock des Gebäudes sind Gemäldesammlungen untergebracht, sowie Archive mehrerer andalusischer Städte.

Das Kunstmuseum (Bellas Artes)

Es soll nach dem Prado-Museum in Madrid die größte Gemäldesammlung Spaniens sein und befindet sich im ehemaligen Kloster 'Convento de la Merced Calzada'. In den Räumen hinter der schönen Renaissancefassade werden überwiegend Sevillaner Künstler ausgestellt, vor allem Murillo, ein gebürtiger Sevillaner, aber auch andere Spanier wie Velazquez, Zurbaran, El Greco, sowie

Im Barrio de Santa Cruz

Malereien und Skulpturen aus verschiedenen Epochen und europäischen Ländern.

Das Archäologische Museum (Museo Arqueologico)

Am südlichen Ende des Parks Maria Luisa gelegen, beinhaltet es eine reiche Kunstsammlung aus der römischen Epoche, vor allem die Funde aus Italica: Mosaiken und Skulpturen, unter anderem von den Kaisern Trajan (das Viertel 'Triana' ist nach ihm benannt) und Hadrian. Wer die sechs Kilometer nach Italica hinausfährt, sollte vorher oder nachher diese Sammlung sehen.

Andere Abteilungen des Museums zeigen prähistorische, iberische, westgotische und ibero-maurische Sammlungen.

Die wertvollsten Exponate bildet der EL CARAMBOLO Schatz - 21 Schmuckstücke aus Gold, 1958 in der Nähe von Sevilla gefunden, die mit ziemlicher Sicherheit einem tartessischen König gehörten (etwa 9. Jahrhundert vor Christus). Näheres zu Tartessos ist bei Sanlúcar de Barrameda, Provinz Cadiz, zu lesen.

Capilla San José

In einem Seitengäßchen der beliebten Calle Sierpes (C. Jovellanos) steht Die 'Kirche der Schreinerzunft' als kleines Juwel der Barockkunst.

Fiestas und Ferias in Sevilla

Die Semana Santa

Es gibt Feste, die weltbekannt sind: der Karneval von Rio, das Münchener Oktoberfest und die Semana Santa von Sevilla.
Vorweg drei wohlgemeinte Ratschläge für deren Besuch:
1. Wer für diese Woche ein Zimmer braucht, sollte dieses mindestens ein halbes Jahr vorher reservieren lassen, am besten mit einem Euroscheck für eine Übernachtung. Nur telefonisch ist zwecklos.
2. Mit dem Auto gar nicht erst versuchen, ins Zentrum zu fahren - es ist aussichtslos; in einer Garage in der Peripherie abstellen und mit dem Taxi in die Stadt fahren.
3. Wertvollen Schmuck und teure Kameras am besten im Hotel lassen. Sie könnten verloren gehen, oder der Kunst jener Artisten zum Opfer fallen, die es fertig bringen, Sachen zu finden, die andere noch gar nicht verloren haben.

In der Karwoche, genau vom Palmsonntag an ziehen sechs Tage lang die 'Cofradias' (Laienbruderschaften) mit ihren 'Pasos' - barocke, überreich verzierte und blumengeschmückte Figurengruppen (Heilige, Szenen aus der Leidensgeschichte, Marienstatuen) auf großen Tragebühnen, die so schwer sind, daß sie zwischen 25 und 60 Träger erfordern - durch die Straßen, begleitet von den 'Nazarenos' mit langem Büßergewand, hoher, spitzer Kapuze mit Sehschlitzen, und großen Kerzen in der Hand, oder Holzkreuzen auf der Schulter - ganz kleine, oft nur einen knappen Meter lang, für die läßlichen Sünden, aber auch sehr lange und schwere für die Schwerenöter.
Und: gegessen wird, getrunken, gelacht, getanzt und gefeiert!
Ein sehr spanisches Fest: mit großem Pomp, geistigen Aspekten und menschlichen Zügen; mit ernster Feierlichkeit und lachenden Mienen. Gebet und Begegnung, Frömmigkeit und Fröhlichkeit.

Die Feria de Abril

Etwa eine Woche nach der Semana Santa feiert Sevilla schon wieder eine Woche lang. Ähnlich dem Münchener Oktoberfest steht im Hintergrund eine landwirtschaftliche Ausstellung mit Viehhandel.

Auf einem großen Gelände im Barrio de Remedios (neben Triana) stehen Hunderte von 'casetas'- Zelte und Holzhäuser, in denen man wohnt und

festet. Die stolzen Caballeros zu Pferd, auf der Kruppe hinter sich die Schönen mit volantbesetzten Kleidern, gehören zum Bild der Fiesta. Stierkämpfe werden abgehalten, Sevillanas und Flamenco werden getanzt, Tapas gibt es die Menge, und der Wein fließt in Strömen. Die Grenzen zwischen Tag und Nacht verschwimmen

Wer das Trajansforum von Rom und die herrlichen Anlagen der Villa Hadriana bei Tivoli kennt, wird sicher nicht versäumen wollen, die nur 13 km von Sevilla entfernte Geburtsstätte der beiden großen römischen Kaiser Trajan und Hadrian zu besuchen.

Man verläßt Sevilla zunächst in westlicher Richtung (Huelva) und biegt nach drei km auf die Schnellstraße N 630 (Extremadura) ab. Nach etwa sieben km liegt auf einem Hügel links der Straße, schon von weitem sichtbar und vor dem Ort SANTIPONCE der große Gebäudekomplex des Klosters San Isidoro del Campo.

Die gotische Kirche wurde 1290 von Guzman el Bueno (siehe Tarifa, Provinz Cadiz) gegründet, und ist die Grabstätte dieser berühmten Familie. Leider ist die Kirche für viele Jahre wegen umfangreicher Restaurierungsarbeiten geschlossen. Auf der Höhe des kleinen Ortes Santiponce zweigt eine Zufahrt (Ortsschild) links ab. Gleich nach etwa 300 Metern kann man über einen holperigen Weg zum römischen Amphitheater gelangen, das mit seinem Halbrund direkt in die Häuser des Ortes hineinreicht und nur von außen zu betrachten ist.

An der Stelle des heutigen Ortes gründete Scipio Africanus nach dem

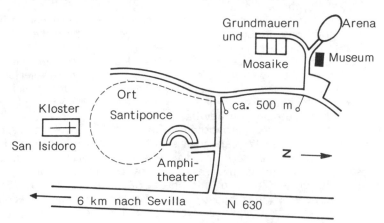

Die Arena von Italica

Sieg über die Karthager (206 v. Cr., 2. Punischer Krieg) bei Alcala del Rio hier eine Veteranenkolonie und nannte sie in Erinnerung an Italien Italica. Mit der Zeit wurden auch aristokratische, römische Familien ansässig, und im zweiten Jahrhundert n. Chr. die schon erwähnten Romano-Hispanier Trajan und Hadrian geboren, welche der Stadt den Namen Nova Urbs (Neue Stadt) gaben und eine rege Bautätigkeit entfalteten.

So enstanden unter anderm das Amphitheater und die große Arena, die circa 30.000 Zuschauer faßte.

Beim Eingang zum antiken Gelände bekommt der Besucher mit der Eintrittskarte eine Beschreibung der Anlage, auch in deutscher Sprache, weshalb ich mir die Anfertigung eines Planes ersparen kann.

Kurz hinter dem Eingang zeigt ein kleines Museum einige Fundstücke aus der römischen Stadt. Ein Stück Bleirohr aus dem Wasserleitungssystem läßt wieder einmal die Frage nach dem Untergang Roms durch Bleivergiftung aufleben. Die meisten Fundstücke Italicas sind jedoch im Archäologischen Museum von Sevilla zu sehen.

Vorbei an einer schönen, marmornen Figur neben dunklen Zypressen (Bild Seite 133) führt der Weg geradeaus zum mächtigen Oval der Arena, oder ein Pfad bergauf zu den Grundmauern der Stadt, wo noch einige schöne Mosaikfußböden zu bewundern sind: eine Darstellung von Delphinen mit skurrilen Reitern, Krokodile mit ihren Bändigern, farbige Vögel in der 'casa de los pajaros', und andere mehr. Das schönste und bekannteste Mosaik, ein Portrait des Dionysos, wurde vor einigen Jahren gestohlen.

Vom höchsten Punkt der Siedlung hat man einen Panoramablick über Santiponce, das Kloster San Isidoro, die Ebene des Guadalquivir und die Silhouette der Kathedrale und Giralda von Sevilla in blau-dunstiger Ferne.

CARMONA

Nochmals die alten Römer. Diesmal nicht als Stadt der Prachtentfaltung für Lebende wie in Italica, sondern als NECROPOLIS ROMANA, als Totenstadt.

Von Sevilla kommend, sieht man links der Straße N IV ein Areal mit geschätzten 1000 Grabstätten, von denen bisher 250 ausgegraben wurden. Bemerkenswert sind die 'Tumba del Elefante', benannt nach einem steinernen Wendelin, dessen Symbolik wohl auf die Kämpfe gegen die mit Elefanten angerückten Karthager zurückgreift, und die 'Tumba de Servilia', der Grabstätte einer aristokratischen Römerfamilie.

Fährt man hinauf in die auf einem Berg gelegene, alte Oberstadt, beginnt diese hinter der 'Puerta de Sevilla', einem Stadttor mit Hufeisenbogen, das zum maurischen 'Alcázar de Bajo' (Untere Burg) gehört.

In der schönen, andalusisch-maurischen Innenstadt steht an der Plaza de Fernando das barocke Rathaus (Ayuntamiento), dessen Patio ein kostbares, römisches Mosaik mit der Darstellung einer Medusa birgt.

Eine sehr schmale Straße führt hinauf zum 'Alcázar de Ariba' (Obere Burg), in den heute ein Viersterne-Parador "Alcázar del Rey Don Pedro" geschmackvoll integriert wurde. Die Küche ist, wie häufig in den Paradores, nicht überwältigend, aber einen Café in dem ausnehmend schön angelegten und im maurischen Stil nachempfundenen Patio zu trinken, und in den gemütliche Sitzgruppen unter den Arkaden dem Plätschern des Brunnes zu lauschen, läßt ein wenig neidvoll an das Leben derer denken, die hier einst als Herren der Burg weilten: Römer, Mauren, Christen.

Nach Westen zu verläßt man die Stadt durch die klassizistische 'Puerta de Cordoba' mit ihren mächtigen, oktogonalen Türmen; und bevor sich die Straße wieder talwärts senkt, hat man einen beachtlichen Blick über schier endlose Sonnenblumenfelder.

ECIJA - 'Stadt der Türme'

Wenn man die von mir auf Seite 58 vorgeschlagene 'Nordroute' nach Andalusien wählt, kommt man an Ecija vorbei; und weil man Sevilla zustrebt, und die Umgebung von Ecija als die 'Bratpfanne Spaniens' gilt, nimmt man sich kaum die Zeit, dieser sehenswerten Stadt einen Besuch abzustatten.

Bezeichnet man Ubeda und Baeza in der Provinz Jaen als Städte der Renaissance, so muß man Ecija die Stadt des Barock nennen. Der Grund dafür ist einfach: Das Erdbeben, das 1755 Lissabon heimsuchte, hat auch Ecija - eine griechische Gründung, seit dem 3. Jh. Bischofssitz, weitgehend zerstört. Trotzdem bestehen viele der barocken Kirchtürme, die mit herrlichen, blauen Azulejos-Mustern verziert sind, in ihren unteren Teilen aus Mauerresten arabischer Minarette, und erinnern somit an die Giralda von Sevilla. Um die mit Palmen geschmückte und von einem barocken Brunnen gezierte Plaza de España (Pl. Mayor) stehen prächtige Profanbauten des Barock wie zum Beispiel das Rathaus. Der schönste barocke Stadtpalast befindet sich in der Calle Castellar: der Palacio de los Marqueses de Peñaflor. Die Fassade dieses Adelspalastes, der inzwischen zum 'Monumento Nacional' erklärt wurde, biegt sich mit der Windung der schmalen Straße und hat vor den Fenstern des Obergeschosses den längsten Eisenbalkon Andalusiens, unterbrochen nur durch ein besonders schönes, barockes Portal.

ALCALA DE GUADAIRA

Ein paar Kilometer südöstlich von Sevilla, auf der Strecke nach Granada, breitet sich über einem älteren Stadtteil mit weißen Häusern eine ockerfarbene, arabische Burganlage mit gewaltigen Ausmaßen und neun Türmen über die Kuppe eines flachen Hügels. Die wehrhaften Mauern und klobigen Türme gehörten zur größten Befestigungsanlage der Almohaden, jener im Vergleich zu den fanatischen Almoraviden (siehe Medina Azahara) gemäßigteren Berberstämmen Nordafrikas.

OSUNA - das 'Ursao' der Iberer

Ähnlich wie Ecija wieder etwas für Liebhaber des Barock, wobei die Fassade des Palacio del Cabildo Colegial das üppige spanische Barock verkörpert, während die des Palacio de los Condes de la Gomera eher an das heiter verspielte Barock süddeutscher Prägung erinnert.
In einem Punkt unterscheidet sich Osuna von seiner Barock-Schwester: es ist noch viel älter als sie, wie der uriberische Name Ursao (römisch später: Urso) besagt.
Weiter entlang des Weges nach Antequera - Granada liegt

ESTEPA

Vor fast 3000 Jahren stand der Ort auf dem Hügel über der heutigen Stadt, wo das Castillo steht. An seinen Mauern sind die einzelnen Bauabschnitte noch zu erkennen: Zyklopenmauer, Teile der römischen und arabischen Burganlagen. Gut erhalten ist der imposante 'Torre del Homenaje'. Auf dem Burgberg, von dem aus man an den meisten Tagen bis zu den Gebirgszügen der Sierras Morena und Nevada schauen kann, steht im Festungsgelände die ehemals gotische Kirche Santa Maria la Mayor, in verschiedenen Stilrichtungen fortgeführt (Alabaster-Kanzel mit den vier Evangelisten).
In ihrer Nähe: die Klöster San Francisco (schöne Franziskus-Statue vom 17. Jh.) und Santa Clara. Das Wahrzeichen der Stadt ist der nach dem Einsturz der Victoria-Kirche erhalten gebliebene, unter Denkmalschutz stehende barocke Turm.

Die Metropole dieser Provinz zieht die Touristen wie ein Magnet an und läßt die meisten von ihnen übersehen, daß auch außerhalb der Mauern dieser schillernden Stadt Glanzlichter im Verborgenen auf ihre Bewunderer warten.

*   *   *

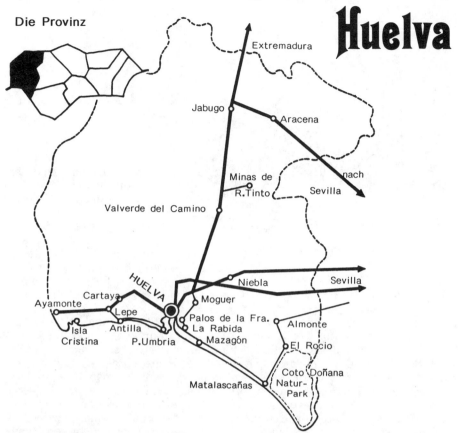

Die Provinz **Huelva**

Neben Almeria war diese Provinz die ärmste Andalusiens. Industriewachstum und Verbesserung der Landwirtschaft haben sie aus dem Dornröschenschlaf gerissen.

Wenn man die Peripherie der Hauptstadt betrachtet, könnte man sogar von einem brutalen Erwachen sprechen.

Für den Touristen ist die Provinz nicht gerade 'muy rica'. Das Hinterland der Sierra Morena ist zwar landschaftlich reizvoll und teilweise unberührt, doch findet man Ähnliches auch in den Provinzen Sevilla und Cordoba. Die Provinzmetropole ist uninteressant, die Strände für Fremde wenig lohnend (siehe Kapitel: "Costa de la Luz").

Trotzdem - auch diese Provinz hat durchaus ihre touristischen Rosinen:
1. Die 'Ruta Colombina' auf den Spuren des Kolumbus über Moguer, Palos und La Rabida.
2. Der riesige und bedeutende Naturschutzpark Coto Doñana.
3. Der berühmte Wallfahrtsort El Rocio.
4. Die "Wunderhöhle" von Aracena.
5. Die köstlichen Schinken aus Jabugo.
Darüber hinaus findet sich auch hier das typisch andalusische Orts- oder Stadtbild wie zum Beispiel in Niebla und Aracena.

HUELVA

Holzschnitt von 1496

Huelva träumt von seiner Vergangenheit und wird mit seiner Gegenwart nicht ganz fertig.

Aus weiter Entfernung schon sieht man die rauchenden Industrieschlote der Raffinerien und chemischen Fabriken, die die Stadt umlagern und den Herannahenden mit unterschiedlichen Gestanksvarianten empfangen.

Wenn man von Westen kommend zuerst die Kolumbus-Gedenkstätte La Rabida besichtigt und sich dann der Stadt von Südosten über die Lagunenbrücke nähert, erblickt man an der flachen Landzunge 'Punta del Sebo' ein Gebilde, das sich in seiner seltenen Scheußlichkeit seiner Umgebung aus Fabrikschornsteinen recht gut anpaßt: das Kolumbus-Denkmal, 1929 von einer Amerikanerin namens Gertrude Whitney gestaltet.

Das etwa 35 - 40 Meter hohe Ding erinnert zunächst an die Skulpturen der jüngsten Diktatorenzeiten und läßt sodann mit seinen eckigen Auswüchsen an Kopf und Schultern die Frage nach einer dubiosen Symbolik entstehen.

Der Anblick der Raffinerien von La Rabida sollte freilich nicht nur Anlaß zum Naserümpfen sein, sondern auch kurz daran erinnern, daß sie genau das Benzin liefern, mit dem wir durch das schöne Andalusien fahren!

Von einem Besuch der Innenstadt Huelvas per Auto rate ich dringend ab: unübersichtliche, oft enge Einbahnstraßen und keine Parkmöglichkeiten. Ein Rundgang zu Fuß ist ebenfalls nicht unbedingt zu empfehlen, da die Stadt weder kulturelle Sehenswürdigkeiten besitzt, noch über besonders schöne Plätze, Straßen oder Viertel verfügt.

Die Industrie, die sich wie eine Gürtelrose um die Stadt legt, brachte ihr zwar Wohlstand, aber einen von der Art, an dem Fremde nicht teilhaben.

Das aus den eben erwähnten Gründen reiche und doch arme Huelva kann nichts dafür - wurde es doch beim großen Erdbeben am 1.11.1755, dem auch Lissabon und andere Städte zum Opfer fielen, fast vollständig zerstört!

Kolumbus-Denkmal vor Huelva

LA RUTA COLOMBINA

- auf den Spuren des Christoph Kolumbus -
An dem bereits erwähnten Kolumbus-Denkmal (Bild oben) im Süden der Stadt Huelva vorbei, überquert man den Rio Tinto und fährt links hinauf zum Kloster

La Rabida

Das Monasterio de Santa Maria de la Rabida nennt sich 'La cuna del Descubrimiento de America' (Wiege der Entdeckung Amerikas).

Nach jahrelangen und vergeblichen Bemühungen am Hof Portugals, den König für die Idee der Fahrt nach Westen zu gewinnen, kehrte Cristóbal Colón, wie er in Spanien heißt, im Jahre 1486 mit seinem fünfjährigen Sohn Diego, dessen portugiesische Mutter verstorben war, nach Huelva

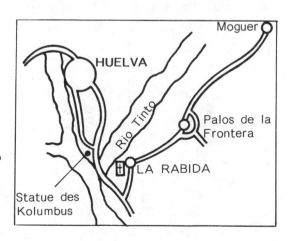

139

zurück, welches damals ein bedeutender Hafen Spaniens war. Im Franziskanerkloster fand er doppelte Hilfe: die Fürsprache des damaligen Abtes Juan Perez bei den zögernden Reyes Catolicos, Ferdinand II. und Isabella I., und eine Unterbringungsmöglichkeit für Diego während seiner Entdeckungsreisen.

Der im besten Mannesalter bereits für sein schneeweißes Haar bekannte Seefahrer hatte zwei Söhne: den erstgeborenen Diego (Bild links), dessen Mutter aus dem portugiesischen Königshaus stammte, und den in der Kathedrale von Sevilla ruhenden Domherren Ferdinand. Beide begleiteten ihren seekundigen Vater oft auf seinen Schiffsreisen. Alle drei verband ein inniges Verhältnis, das dem später so oft enttäuschten und - auch von den Katholischen Königen - um die Anerkennung seiner Erfolge gebrachten Mann über vieles hinweghalf. In seiner Sterbestunde, am 20. Mai 1506 in Valladolid, gab er Diego den Rat, sich immer an seinen umsichtigen Bruder Ferdinand zu halten. Kolumbus starb in der festen Überzeugung, nicht Amerika - wie das Neuland später nach Amerigo Vespucci genannt wurde - sondern den Seeweg nach Indien entdeckt zu haben.

Das Kloster La Rabida war in seinem Leben der wichtigste Bezugspunkt

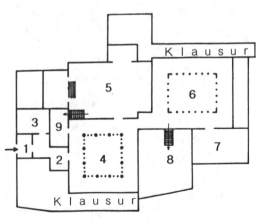

KLOSTER LA RABIDA

Nummerierung entsprechend der Besichtigung

1 Eingang
2 Andenken und Bücher
3 Fresken von V. Diaz
4 Neuer Kreuzgang (18. Jh.)
5 Kirche
6 Alter Kreuzgang (15. Jh.)
7 Refektorium
8 Aufgang zur Besichtigung der oberen Räume
9 Sakristei, Ende der Besichtigung

und pflegt bis zum heutigen Tage das Andenken des großen Mannes. Es hat sich in seinem äußeren Bild unverändert erhalten. Die dunkle Säule (Abbild linke Seite), die ein zartes Eisenkreuz trägt, vor der der erschöpfte Kolumbus niederkniete und die herbei eilenden Mönche um Wasser für seinen kleinen Sohn bat, steht am alten Platz, und die Fassade des Klösterchens mit seiner Pforte ist dieselbe geblieben.

Die Führungen (Zeiten siehe Informationsteil) veranstalten die Franziskaner, allerdings in spanischer Sprache.

1 Nach dem Vestibül betritt man den Karten - und

2 Verkaufsraum mit Andenken und Büchern.

3 Im Saal der Fresken werden Wandmalereien des D. Vazquez Diaz (1930) gezeigt, die in moderner Linienführung, aber in Anlehnung an die alte Freskomalerei, Szenen aus dem Leben des Kolumbus in La Rabida und Palos, und dessen Abfahrt zeigen.

4 Der erste Kreuzgang wurde im 18. Jh. restauriert und enthält außer seinen Blumen eine etwas kitschige Skulptur des heiligen Franziskus mit dem Wolf.

5 Durch einen Hufeisenbogen betritt man von hier aus die Kirche, deren Schmuckstücke eine Artesonado-Decke mit wunderschönen, bemalten Holzschnitzereien im Mudejar-Stil - errichtet zum 400. Jahrestag der Entdeckung Amerikas, 1892 - sowie eine Marienstatue 'Virgen de los Milagros' sind (auch: Santa Maria de la Rabida) aus Jaspis (15. Jh.). Zu ihren Füßen stellte man drei kleine Nachbildungen der Schiffe des Kolumbus.

In dieser Seitenkapelle soll er in der Nacht vor seiner Abreise gebetet

Historischer Kreuzgang in La Rabida

haben. Santa Maria von Rabida wurde für ihn zur Schutzpatronin seiner Fahrten, sie gab seinem Flaggschiff, der berühmten 'Santa Maria' den Namen. Die Nachbildung der Statue wurde als außergewöhnliche Gallionsfigur am Bug des Schiffes angebracht.
In der Hauptkapelle (Capilla Mayor) hängt eine ausdrucksvolle Holzskulptur aus dem 14. Jh.: ein gotisches Kruzifix.
6 Der untere Arkadengang des zweiten Kreuzganges bildet in seinen schlichten Backsteinsäulen und -bögen ein schönes Beispiel mudejarer Klosterkultur. Er blieb seit der Zeit des Kolumbus unverändert und steht heute unter Denkmalschutz. Der obere Umlauf kam später, nach dem 15. Jh. dazu.
7 Nach einem Blick in das franziskanisch einfache Refektorium steigt man vom Kreuzgang eine steile Steintreppe hinauf zu den Räumen des 8 ersten Stockes. Außer den Gemälden und Dokumenten sind in diesen Räumen zwei Dinge von besonderem Interesse: die naturgetreue , verkleinerte Nachbildung der Entdeckerschiffe, der Santa Maria (in Wirklichkeit 25 m lang, mit Kolumbus und 40 Mann) die Pinta und die Nina (13 m lang, mit den Brüdern Pinzón und je 30 Mann); in einem holzgetäfelten Raum stehen alle Flaggen Mittel- und Südamerikas, vor jeder ein Kasten aus speziellen Hölzern des betreffenden Landes und gefüllt mit dessen Erde, Sand und Gestein. Man kommt in das Zimmer, in dem Kolumbus den Mönchen seine phantasievollen, aber auch navigatorisch gut durchdachten Pläne erläuterte, die beim Abt Juan Perez de Marchena, dem ehemaligen Beichtvater Isabellas lebhaftestes Interesse erweckten, welches ihn zur tatkräftigen Hilfe beim jahrelangen Bemühen um den Fahrtauftrag der Majestäten bewog. Wie oft sah Cristóbal durch die Fenster dieses Raumes auf die breite Einmündung des Rio Tinto, hinter der heute sein großes Denkmal sichtbar ist. An dieser Stelle zogen die drei Karavellen vom nahen Palos aus hinaus in den unbekannten Atlantik und in das größte Abenteuer der damaligen Zeit.
Es ist gut, daß man sich Rabida in jedem Falle von Sevilla aus über Moguer und Palos nähern muß. Dadurch biegt man vor Huelva von der Hauptstraße in eine ruhige Nebenstraße ab, durchfährt die beiden für die Seefahrt historischen Städtchen und trifft im Umkreis des Klosters auf üppige Vegetation. Es ist auf dieser Seite von Palmen, Pinien, Buschwerk und vielen Blumen umgeben. Eine Palmenallee zeigt auf dem Pflaster die Wappen der mittel- und südamerikanischen Länder in bunten Mosaiken. Diese Anfahrt ist stimmungsvoller als die von Huelva aus.
Überquert man, von Huelva her kommend, den Rio Tinto beim Kolumbus-Monument, sieht man schon von der Brücke aus das Klösterchen auf dem bewaldeten 'Saturno'-Hügel, an jener Stelle, wo einst ein phönizischer Altar und später ein römischer Tempel stand. Einen Steinwurf unterhalb liegt in ruhiger Lage ein komfortables Hotel.

Palos de la Frontera

Der mit der Geschichte der Entdeckerzeit so eng verbundene, ehemalige Hafenort liegt nur 5 km von Rabida entfernt. Von hier aus erfolgte die Abfahrt der drei Karavellen am 3. August 1492. Am Brunnen 'La

Fontanilla' unterhalb der Stadt, heute in einer kleinen Parkanlage gelegen, wurden die Wasservorräte für die Fahrt ins Ungewisse geschöpft, und in der Kirche San Jorge fand die Messe zur Feierlichkeit der Ausschiffung statt.

Durch die 'Puerta de los Novios' (Brautleute), das dem Fluß zugewandte Portal, zog Kolumbus mit seiner Mannschaft, die durchaus nicht nur aus Freiwilligen bestand, zu den Schiffen hinunter. Am Platz vor der Kirche liest man an einer Säule Namen von Beteiligten.

Am 12. Oktober entdeckte er das neue Land, das er für Indien hielt - weshalb die Eingeborenen, die er mitbrachte, 'Indios' (Indianer) benannt wurden - und am 15. März 1493 landete er wieder in Palos, wobei einer der Kapitäne, Martin Alonso aus Palos, Chef der Pinta, durch eine eigene Kursbestimmung versuchte, seinem Admiral mit der Meldung von der Entdeckung bei Hofe zuvorzukommen, was ihm jedoch nicht gelang. Mit seinem zweiten Kapitän, Vicente Pinzón, ebenfalls aus Palos, und dessen Familie hatte Kolumbus später böse Streitereien um Rechte in den neu entdeckten Ländern.

Moguer

Wie Palos ein hübsches, weißes Städtchen und zur Ruta Colombina gehörig, war es im 16. Jh. ein bedeutender Seehafen, von dem aus viele Fahrten in die Neue Welt unternommen wurden. Heute ist der Hafen verlandet.

Im Convento de Santa Clara, einem im gotisch-mudejaren Stil 1348 gegründeten Kloster, sprach Kolumbus nach seiner Rückkehr das Dankgebet. Das Chorgestühl der Kirche ist eines der ganz wenigen, das mudejare mit christlichen Elementen vereint.

IN DER SIERRA DE ARACENA

- tropfende Steine und tropfende Schinken -

In die südlichen Ausläufer der Sierra Morena lohnt sich ein Ausflug nicht nur der berühmten 'Wundergrotte' von Aracena, sondern auch wegen der schönen, nicht überlaufenen Landschaft mit ihren Eukalyptus- und Korkeichenwäldern.

Bei MINAS DE RIO TINTO wurde und wird da und dort noch heute, zum Teil im Tagebau, Kupfer, Zinn und Zink abgebaut.

Aracena

Im Norden der Provinz, in einer Landschaft mit Feigen- und Olivenbäumen bietet der romantische Luftkurort wieder einmal das gewohnte, andalusische Bild: kalkweiße Häuser, über die sich die Reste einer arabischen Burg erheben. Neben der Burg, die im 13. Jh. auch ein Sitz des Tempelritterordens war, steht an der Stelle der ehemaligen Moschee die Kirche Nuestra Señora de los Dolores, deren Turm, vergleichbar mit Sevilla oder Ecija, aus Teilen des Minaretts besteht, und deshalb als Giralda von Aracena bekannt ist.

Die Überraschung liegt aber in Aracena nicht auf, sondern im Burgberg:

LA GRUTA DE LAS MARAVILLAS

Eine etwa 1200 Meter lange Tropfsteinhöhle mit Seen und zahlreichen, grotesk geformten Stalagmiten und Stalagtiten, die wie immer in solchen Höhlen der Phantasie Spielraum geben und entsprechende Namen erhalten: Bad des Sultans, Orgelpfeiffen, Saal der Pornographie mit überdimensionalen Phalli. Sie wurde 1910 entdeckt, 1914 zugänglich gemacht, und seit 1977 kann man die Wunder voll genießen.

Wer schon Tropfsteinhöhlen gesehen hat, sollte aber nicht gleich abwinken " . . kennen wir schon!" Diese Grotte mit 12 Sälen liegt in ihrem Formenreichtum, dem Spiel von Licht und Farbe, unterstützt durch eine raffinierte Beleuchtungstechnik, den Geräuschen des Wassers und einer von Luis de Pablos eigens dafür komponierten Musik 'Tinieblas del Agua' weit über vielen anderen Höhlen dieser Art. Sie trägt ihren Namen "Grotte der Wunder" zurecht. Sie ist im Sommer von 10 bis 19, im Winter von 10 bis 18 Uhr geöffnet.

Westlich von Aracena liegt

Jabugo

Auch dieses Städtchen hat seine Besonderheit: hier werden in riesigen Hallen die runden Hinterbacken der scharzen Bergschweine in einem Spezialverfahren luftgetrocknet und ergeben sodann die Gaumenfreude jedes Genießers: den JABUGO — SCHINKEN.

Für noch nicht Eingeweihte: 'Serrano'-Schinken ist ein Überbegriff, der von 'sierra' (Berg) stammt und besagt, daß er von eben jenen flinken, fast schlank zu nennenden und anthrazitgrau bis schwarzen Borstentieren der Berge 'cerdo iberico' stammt. Je nach Herkunft unterscheidet man dann noch: Jabugo, Trevéllez (siehe Provinz Granada) und andere.

Die Keulen der Schweine, die sich überwiegend von Eicheln ernähren, werden nach dem Schlachten in grobem Meeressalz gepökelt, dann in luftigen Hallen vorgetrocknet, später in unterirdische Bodegas gehängt, wo sich eine spezielle Art von Schimmelpilz über die Keulen zieht.

Kein Wunder also, wenn Gourmets beim Klang des Namens 'Jamón de Jabugo' genießerisch die Augen schließen: kommen doch hier einmalige Komponenten zusammen: frei herumlaufende Bergschweine, das Salz des Meeres, die Luft der Berge und die Würze eines Schimmelpilzes, der, vergleichbar mit 'Penicillium roqueforti' und 'P. camemberti' aus einer berühmten Familie stammt.

Im Dorf hat man genügend Gelegenheit, Kostproben des 'Idealen Lebens-zwecks' zu kaufen.

Über VALVERDE DEL CAMINO mit seiner Schuhfabrikation fährt man wieder hinab in die Ebene:

IM TIEFLAND DER PROVINZ
- Niebla, El Rocio, Coto Doñana -

Niebla

Die Mauern von Niebla

An der nördlichen Straße von Huelva nach Sevilla wartet ein Städtchen besonderer Art auf die Beachtung der Reisenden. Niedrige, weiße Häuser verstecken sich hinter einem die ganze Stadt umgebenden Mauergürtel mit 46 Wehrtürmen und vier Stadttoren. Er beweist die Eigenart der berberischen Almohaden, nicht die Kunst oder Wissenschaft, sondern das Wehrhafte für das Wahrhafte zu halten.

Die drei Kilometer langen, lückenlosen 'murallas' sind heute ein 'monu-mento nacional', von den Spaniern das kleine Avila genannt.

Der verschlafen wirkende Ort hat eine reiche Vergangenheit als Ilipula der Römer, als Westgotensitz und als Festung eines maurischen König-reiches. Alfons X. brauchte 1257, im Laufe der Reconquista, ein halbes Jahr, um Niebla zu erstürmen.

Von der Nationalstraße her betritt man die Altstadt durch die etwas erhöht gelegene Puerta de Socorro, die auf dem Rückdeckel dieses Buches abgebildet ist. In einem Mauerrest auf dem anschließenden Platz wiederholt sich der Hufeisenbogen des schönen Tores.

Niebla: Santa Maria de la Granada

Ein außergewöhnlich idyllischer Platz - ich möchte fast sagen, einer der hübschesten der Provinz - eröffnet sich vor der Kirche Santa Maria de la Granada (mozarabischen Ursprungs), im Zentrum des Ortes. Nach ihrer Zerstörung wurde sie originalgetreu wieder aufgebaut und zeichnet sich durch wohltuende Proportionen arabisch-christlicher Baukunst aus. Den Platz davor zieren ein Brunnen, Palmen und Orangenbäume, und in oder vor der kleinen Bar genießt man eine Copa in der Stille des verträumten Ortes.

In der südlichen Mauer, die sich über dem Flußufer des Rio Tinto erhebt und leider von außen mit Beton vor dem Einsturz bewahrt werden mußte, öffnet sich die maurische, kleinere Puerta del Agua zur Uferböschung, und vor der, ebenfalls mit Hufeisenbogen überwölbten Puerta del Buey (Ochsentor) im Westen hat man eine Aussicht über Fluß und Land. Das Osttor, Puerta de Sevilla, tanzt mit seinem römischen Gepräge aus der Reihe seiner muselmanischen Gegenstücke.

Außerhalb des Ortes hält eine Römerbrücke dem modernen Verkehr durchaus noch stand.

El Rocio

360 Tage weltabgeschiedene Stille und 5 Tage heller Wahnsinn.
Ein größerer Kontrast als der von El Rocio an einem beliebigen Tag des Jahres und zu Pfingsten ist kaum denkbar.

146

Dieses Dorf in der flachen Weite des Mündungsgebietes des Guadalquivir ist nach Santiago de Compostela der bekannteste Wallfahrtsort Spaniens. Mit dem Unterschied allerdings, daß zum Grab des Apostels Jakobus in Galicien die Pilger und Touristen das ganze Jahr über kommen, per Auto, Fahrrad oder zu Fuß, und sich somit auf angenehme Weise verteilen. Nach El Rocio kommen eine bis zwei Millionen in fünf Tagen!

Und was sich dann abspielt, übersteigt jede Vorstellungskraft. Den Rest des Jahres döst das Dorf mit ein paar Einwohnern vor sich hin.

Es ist kein Dorf im üblichen Sinne, mit Straßen, Plätzen und normalen Häusern. Es sind drei weit auseinander liegende und unregelmäßig angelegte Reihen niedriger Häuser unterschiedlicher Bau- und Stilarten, vor fast jedem sind Pfähle in die Erde gerammt, auf denen Stangen zum Anbinden der Pferde befestigt sind. Statt Straßen gibt es riesige, mehrrere Hundert Meter lange und breite, freie Flächen aus Erde und Sand, auf denen zur Zeit der Romeria (Wallfahrt) Tausende von geschmückten Planwagen, inzwischen auch schon einige Motorcaravans, stehen. Zwischen den kleinen Häusern erheben sich die größeren Anwesen der etwa 80 'Hermandades' (Bruderschaften).

Diese weltlichen Vereinigungen mit Sitz in fast allen Städten Andalusiens wählen jedes Jahr einen 'Hermano Mayor' (großen Bruder), der sich um Organisation, Umzüge, Veranstaltungen, Feuerwerke, Verpflegung und vieles andere mehr für die fünf Tage kümmern muß. Wäre nicht die Assoziation an unseren Karneval, könnte man fast sagen: die fünf tollen Tage.

Ab Montag, Dienstag oder Mittwoch vor Pfingsten bewegen sich aus allen Richtungen Planwagenkolonnen, von Pferden oder Traktoren gezogen und mit viel Blumen und Spitzen geschmückt, zwei, drei oder vier Tage im Schrittempo auf El Rocio zu.

Diese Fahrt ist sowohl eine Pilgerfahrt im Sinne des 'hacer el camino' (den Weg machen) mit durchaus religiösem Hintergrund, als auch ein Fest mit abendlicher Lagerfeuer-Romantik, mit Gesang, Tanz und Wein.

In El Rocio dann beginnt ein Fest gewaltigen Ausmaßes, das gleichwohl weltliche, religiöse und nationale Züge trägt. Religiöse Feste sind in Andalusien immer mit Fröhlichkeit, Wein und Gesang verbunden, was sich auch in der Semana Santa zeigt, die in allen Städten ausgiebig gefeiert wird.

Der Höhepunkt des Festes beginnt am frühen Morgen des Ostermontags wenn die 'Virgen del Rocio', auch 'Blanca Paloma' (weiße Taube) genannt, aus der Kirche heraus und kreuz und quer durch den Ort getragen wird. Am Pfingstmontag herrscht in El Rocio Aschermittwochsstimmung: der religiöse Teil der Wallfahrt steht im Vordergrund.

Es gibt Menschen, auch in Andalusien, die das ganze verächtlich als Riesenrummel bezeichnen. Gewiß, auch das Münchener Oktoberfest ist ein Riesenrummel, aber doch gleichzeitig etwas mit unverwechselbarem Charakter, einmalig in der Welt - so auch hier.

Und ebenso wie für das Oktoberfest gilt auch hier: es ist teuer. Vor allem eine Unterkunft zu bekommen, ist fast ein Ding der Unmöglichkeit.

klappt nur mit guten Beziehungen und kostet eine Stange Geld, die so lang sein kann, wie die Pferdestange vor dem Haus. Gruppen von 50 bis 60 Personen mieten sich ein größeres Haus für eine Million Peseten. Das sind rund 230 Mark für einen Schlafsackplatz. Suum cuique. Ausweichmöglichkeiten für Touristen gibt es in Matalascañas, doch sind auch dort die Zimmer zu Jahresbeginn schon vorgebucht.

Wer den 'stolzen Spanier' hoch zu Roß, die Senorita mit wippenden Volants beim Tanz der Sevillana sehen will, hier kann er es, und wer die spanische Liebe zum Kitsch sehen will, kommt hier voll auf seine Kosten, angefangen bei der Fassade der Kirche.

Trotz alledem - die Romeria von El Rocio ist etwas einmaliges, und dabei gewesen zu sein, ein unvergeßliches Erlebnis.

Diese Mischung aus unverkrampfter Frömmigkeit und ausgelassenem Volksfest, Ernst und Ulk, Leidenschaft und Feude am Spiel steckt ein wenig in jedem romanischen Menschen, im Spanier mehr, im Andalusier ganz besonders.

Die Wallfahrt zur Blanca Paloma geht im übrigen schon auf das 15. Jh. zurück, als ein Hirte die vor den Mauren versteckte Marienfigur in einem hohlen Baum fand, und man an der Stelle eine erste Kapelle und Einsiedelei baute.

Viva la Virgen del Rocio y viva España!

Der Naturschutzpark
Coto Doñana

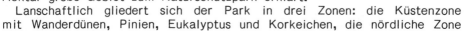

Der größte Naturschutzpark Spaniens.
Er liegt zwischen der Straße Matalascañas
- El Rocio und dem Unterlauf des Guadal-
quivir.
Früher war hier das Jagdrevier der
Herzoge von Medina Sidonia, und die Mar-
quesa Doña Ana baute darin einen Land-
sitz, der heute als Beobachtungs- und
Forschungsstation für Biologen und Ökologen dient. 1969 wurde das 76000
Hektar große Gebiet zum Naturschutzpark erklärt.
Lanschaftlich gliedert sich der Park in drei Zonen: die Küstenzone
mit Wanderdünen, Pinien, Eukalyptus und Korkeichen, die nördliche Zone

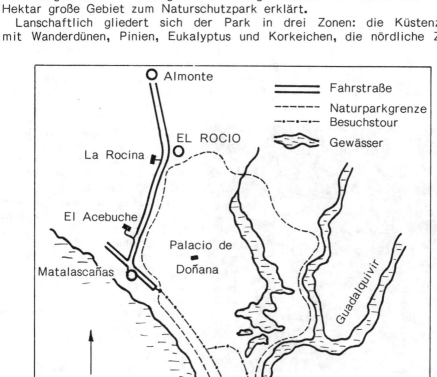

bei El Rocio mit Heidelandschaft und Eukalyptuswäldern, und die im Mündungsdelta des Guadalquivir gelegenen 'marismas' (Sumpfland).
Je nach Beschaffenheit und Bewuchs dieser Zonen halten sich viele vom Aussterben bedrohte Vögel, Fische, Lurche, Reptilien, Raubvögel, sowie Luchse, Wildschweine, Rehe, Hirsche, Wildkatzen und Dachse auf.
In den Bäumen nisten Reiher, Störche, Löffler, Falken, Geier und verschiedene Adlerarten. Für die Vögel des Nordens - Wildgänse, Wildenten und Störche bildet das Delta seit Jahrtausenden ihre Zwischenstation auf dem Weg nach Süden, während die Flamingos aus dem Süden kamen, um hier ihre Jungen aufzuziehen.

Der Parque Nacional de Doñana, wie er offiziell heißt, stellt ein einmaliges Biotop aus Flora und Fauna in Europa dar, wird von Parkaufsehern streng bewacht und kann nur nach vorheriger Anmeldung besichtigt werden.
Informationen:
Anmeldung im Büro des Naturparks 'ACEBUCHE' (siehe Plan), unter der Tel. Nr. 955-430432. Gute Monate sind: Mai, Juni, September und Oktober, der Park ist aber ganzjährig geöffnet, außer an den Montagen, nimmt jedoch pro Tag nicht mehr als 100 Besucher an (deshalb: etwa zwei Wochen vorher anmelden), welche nur in Geländewagen, chauffiert von Angestellten des Parks, eine bestimmte Route von etwa 70 km abfahren. Die Besuche dauern rund vier Stunden und finden zweimal am Tag statt:
morgens von 8.00 bis 13.00 Uhr, nachmittags von 14.30 bis 19.30 Uhr.
'La Rocina' ist ein Informationszentrum des Parkes bei El Rocio.
Im Sommer können auch Gruppen von etwa acht Personen von Sanlúcar de Barrameda (Provinz Cadiz) aus einen Besuch reservieren lassen, die in Booten über den Guadalquivir gesetzt werden.
Für die Buchung wende man sich an das Reisebüro des Hotel 'Guadalquivir' in Sanlúcar. Ernsthaft Interessierten empfehle ich aber trotzdem das Büro in ACEBUCHE (siehe oben).

Eine weiße Ballustrade umgibt einen großen Teil von Alt-Cadiz

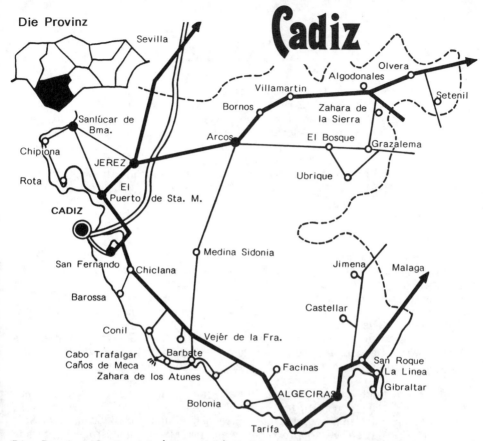

Die Provinz

Cadiz

Die Provinz Cadiz ist 'muy rica' - ich sagte schon an anderer Stelle, daß 'rico' weniger im Sinne von wohlhabend, sondern für herrlich steht Sie ist eigentlich 'la mas rica' von Andalusien.

Viele ihrer Städte wie Jerez, Arcos, Vejer und andere tragen den Beinamen 'de la Frontéra' (an der Grenze), welcher daran erinnert, daß in dieser Gegend häufig wechselnde Grenzen zwischen christlichen und maurischen Hoheitsgebieten verliefen.

Ich habe die Provinz der besseren Übersichtlichkeit wegen in fünf Abschnitte oder Gebiete gegliedert:

1. Die Hauptstadt
2. Die 'Ruta del Vino': das "Sherry-Dreieck Jerez, Puerto de Sta. Maria und Sanlúcar de Barrameda
3. Die 'Ruta de los Pueblos Blancos': die Straße der weißen Dörfer über Arcos in die Sierra de Grazalema mit ihrem Naturschutzpark
4. Die 'Ruta del Romancero': mit den schönen Städten Vejer de la Fra. und Medina Sidonia
5. Der 'Campo de Gibraltar' mit Algeciras, San Roque, Castellar und dem maurischen Tarifa.

Die Küste 'Costa de la Luz' wird in einem besonderen Kapitel beschrieben.

CADIZ

Die ihrer exponierten Lage wegen stets umkämpfte und im Laufe ihrer fast 5000 jährigen Geschichte immer wieder zerstörte und dadurch der Zeugnisse ihrer Vergangenheit beraubte Hauptstadt der Provinz hat keine Sehenswürdigkeiten mit Bädeker- Michelin- oder sonstigen Sternen, ist aber in Lage und Stadtbild eine der schönsten andalusischen Großstädte. Vielleicht ist gerade deshalb Cadiz ein lohnendes Ziel: man hat kein Kulturpflichtprogramm zu absolvieren, sondern kann in aller Gemütsruhe durch die reizvolle und malerische Altstadt schlendern, wo man durch enge Gassen und über idyllische Plätze geht, vorbei an weißen Häusern mit Blumenfenstern und schönen Patios und einer Vielzahl von 'bares'. Sagte ich vorbei?

Von welcher Seite man sich der Stadt, die man andalusisch 'kádi' ausspricht, auch nähert, von Osten, Süden oder Norden, durchquert man zunächst auf einem Gewirr von Land-, Umgehungs-, Autobahnzubringer- und Stadtzufahrtsstraßen eine tischebene Landschaft, ständig unterbrochen von flachen Lagunen, morastigem Niemandsland und geometrisch angeordneten Meersalzbeeten.

Würden sich nicht die riesigen Stahlskelette der Schiffsladekräne des Hafens vom flachen Horizont abheben, würde niemand in diesem weitläufigen Übergang vom Land zum Meer eine Stadt vermuten

Und doch liegt auf dieser Halbinsel, mit dem Land ursprünglich nur durch einen schmalen Streifen verbunden, auf dem San Fernando liegt, heute durch künstlich geschaffene Eisenbahn- und Straßendämme fester mit der Zivilisation verknüpft, aber weit ins Meeer hinausragend, gerade die Stadt, von der man sagt, sie sei die älteste des westlichen Europa, sogar des Abendlandes. Die Legende schreibt ihre Gründung dem Zeus-Sohn Herakles zu, der in der Gegend die Gärten der Hesperiden gesucht haben soll. Im Jahre 1100 v. Chr. legten die Phönizier, die sie zu Ehren des Neptunsohnes Gadir nannten, einen Handelshafen an. Im 5. Jh. lösten die Karthager sie ab, im 2. Jh. n. Chr. kamen die Römer, 400 Jahre später die Westgoten und ab 711 betraten die Mauren ihren Boden. 1262 eroberte sie Alfons X. zurück. Von all diesen Epochen sind kaum noch Zeugnisse in der Stadt vorhanden, da sie im 16. Jh. immer wieder von Piraten, Holländern und Engländern zumeist, geplündert und zerstört wurde. Jedoch den Angriffen Napoleons hielt sie als einzige Stadt Spaniens stand. Im 18. Jh., als ihr die Kolonisation Amerikas oblag, war Cadiz eine der reichsten Städte Europas.

Das heutige Stadtbild stammt überwiegend aus den letzten drei Jahrhunderten. Man durchquert zunächst einen neuen Stadtteil, der beliebig mit der Peripherie jeder anderen Stadt austauschbar ist, und gelangt vor die unter Denkmalschutz stehende Zinnenmauer und den von vier Türmchen flankierten Mittelturm der Puerta de Tierra, dem ehemaligen

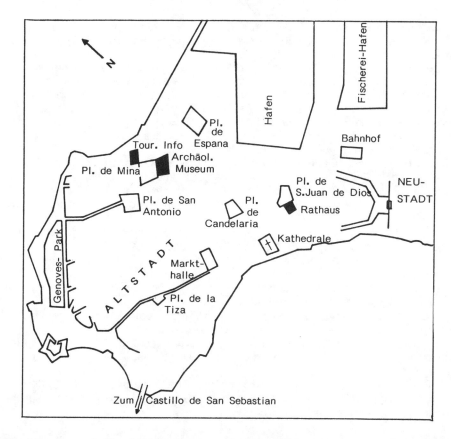

Stadttor von Cadiz (1639). Erst hinter diesem Tor beginnt der Altstadt-
teil. Cadiz ist zwar zum einen die Verwaltungsmetropole der Provinz,
was sich hinter verschlossenen Bürotüren abspielt, zum anderen aber
eine bedeutende Hafenstadt, was man sieht, hört und riecht. Aus diesem
Grunde hält man sich hinter der Puerta de Tierra nach rechts durch
die Cuesta de las Calesas und stößt direkt auf den Hafen. Zum Fischereihafen gelangt man rechts, am Hauptbahnhof vorbei (siehe Plan). An
der palmengeschmückten Plaza de San Juan de Dios liegt das klassizistische Rathaus.

Wer nun genügend Zeit hat, kann einen gemütlichen Kreuz- und Quer-
bummel durch die schmalen Gassen und kleinen Plätze der Altstadt
machen, und sich dem Vergnügen des 'tapear' hingeben und den Zauber
der Stadt auf sich wirken lassen.

Wie gesagt, man hat nichts Kulturelles 'zu erledigen', sondern kann
einfach Mensch sein, und das mit andalusischer Heiterkeit. Völlig leer
muß der Kulturtourist aber auch hier nicht enttäuscht von dannen ziehen-
er begebe sich zur Plaza de Mina und dort in das Museum für Archäolo-
gie und Schöne Künste (M. Arqueologico y Bellas Artes), wo er Fund-

stücke aus verschiedenen Epochen, unter anderm einen phönizischen Sarkophag (5. Jh. v. Chr.), sowie Werke der Malerei (Murillo, Zurbaran u.a.) betrachten kann.

Über die Plaza San Antonio führt der Weg zu den Gartenanlagen des Parque Genovés mit Palmen, Blumen und einem riesigen Gummibaum, der angeblich der größte der Welt sein soll. Von der Uferpromenade, die auf dem alten Festungswall entlangführt, dessen hohe Mauern die ganze Altstadt zum Meer hin schützend umgeben, blickt man im Norden in die Bucht von Cadiz, beim Castillo Santa Catalina öffnet sich das Panorama zur schimmernden Weite des Atlantik.

Die Freunde der Gaumengenüsse sollten einen Gang zur großen Markthalle an der Plaza Libertad unternehmen, und die mehr auf geistige Nahrung erpichten Besucher lenken ihre Schritte zur neuen Kathedrale: der neoklassizistische Bau mit seiner großen goldenen Vierungskuppel ist nicht gerade ein Mekka der Kunstreisenden. Im Kathedral-Museum befindet sich die Monstranz 'del millión', in die eine Million Edelsteine eingearbeitet sein sollen; ich habe sie nicht gezählt, sondern erlaube mir das Wort Million als andalusische Umschreibung für 'sehr, sehr viele' zu verstehen.

In der Krypta der Kathedrale ist der berühmte Komponist Manuel de Falla beigesetzt (gestorben 1946).

In der Kirche Santa Catalina stürzte Murillo beim Malen des Hauptaltarbildes vom Gerüst und starb an den Folgen des Unfalles.

Beim Gang durch die Stadt sollte man darauf achten, einen der malerischsten Plätze von Alt-Cadiz, die Plaza Tio de la Tiza, nicht zu übersehen.

Wer im Februar in Cadiz weilt, erlebt einen Karneval, der bleibende Eindrücke hinterläßt. Die Menschen hier sind fröhlich, ihre lichtdurchflutete Stadt nennen sie 'die Silberne'.

LA RUTA DEL VINO

Die Straße des Weines

Der weltberühmte Vino de Jerez (englische Verballhornung des Namens: Sherry) reift, zusammen mit seinem "kleineren Bruder" Manzanilla, auf den kalkweißen Böden des sogenannten "Sherry-Dreiecks" zwischen JEREZ DE LA FRONTERA, EL PUERTO DE SANTA MARIA und SAN LUCAR DE BARRAMEDA heran, unter der Glut der andalusischen Sonne, umweht von den salzigen Winden des Atlantik und erhält durch das Zusammentreffen dieser drei natürlichen Komponenten sein unverwechselbares Aroma.

JEREZ

Stadt des Weines, der Pferde und des Flamenco

Jerez (voller Name: Jerez de la Frontéra, Aussprache: cheré) ist mit 180.000 Einwohnern größer als Cadiz (156.000), und 80 Prozent seiner Bevölkerung lebt vom Wein. Vom Anbau, der Zulieferungsindustrie - Fässer, Flaschen, Etiketten usw. - dem Ausbau, Versand und Transport des Jerez-Weines (Sherry) und seiner gebrannten Form, dem 'coñac' (Sherry Brandy). Das ist hinreichend bekannt.

Was aber, von Pferdekennern und -liebhabern abgesehen, nur wenige wissen: Jerez ist Ursprungsort der Zucht reinrassiger andalusischer Pferde mit arabischem Blut und Geburtsort der Reitkunst der 'Hohen Schule'.

Karl V. (zur Erinnerung: in Spanien Carlos I.) hat seinem habsburgischen Bruder Ferdinand in Österreich andalusische Pferde geschenkt und ihn die klassische spanische Reitkunst gelehrt. Die Lipizaner der "Spanischen Hofreitschule" in Wien, gegründet 1572, werden immer wieder, auch heute noch, mit dem Blut der Jerezaner 'Cartujanos' (Kartäuserzucht) aufgefrischt.

Im Kartäuserkloster - La Cartuja - am südlichen Stadtrand von Jerez werden seit dem 15. Jahrhundert Pferde der 'pura raza andaluza' gezüchtet. Als im 19. Jh. das Kloster aufgelöst wurde, führte ein Privatmann die Zucht fort. Später, in unserem Jahrhundert, übernahmen die Jerez-Dynastien Terry in El Puerto de Santa Maria und Domecq in Jerez die Zucht und Pflege der Cartujanos, und Alvaro Domecq gründete 1972 die "Real Escuela Andaluza del Arte Ecuestre", wo heute jeden Donnerstag um 12.00 Uhr mittags gezeigt wird 'como bailan los caballos andaluces' (wie die andalusischen Pferde tanzen). Voranmeldung unter der Telefonnummer 956 - 31 11 11 ist empfehlenswert.

Der 'Vino de Jerez'

'La Concha' in der Bodega Gonzalez-Byass

Die hohe Weinkultur des Jerez begann zu Anfang des 18. Jahrhunderts, obwohl es diese Weinsorte natürlich schon vor den Gründungen so weltberühmter Bodegas wie Domecq, Osborne oder Gonzalez-Byass gab.

Im eingangs erwähnten "Sherry-Dreieck" wächst auf weißem, weil kalkhaltigem Boden die Palomino-Traube (für trockene Weine) und die Pedro-Ximénez-Traube (für süßere Weine). Die Legende, ein Soldat Karls V. namens Peter Simon aus dem Rheinland, habe einen Setzling dieser Traube hierher gebracht, wird in Jerez nicht akzeptiert.

Daß unter den Namen der Bodegas so viele englische und irische Namen auftauchen (Harveys, Sandeman, Terry, Byass u.a.), geht auf die Entdeckung der Liebe der Engländer zu dem Wein - dem süßen vor allem - dieser Gegend zurück. Englische Importeure gründeten in der Folge eigene Bodegas, um das Mutterland direkt beliefern zu können. Heute sind meist nur noch die Namen englisch. Durch Heirat, Verschwisterung und Verschwägerung sind sie mehr und mehr 'hispanisiert' worden.

Der Ausbau der Jerez-Arten.
Alle Arten zu beschreiben hieße ein Buch über den Jerez-Wein schreiben, weshalb ich mich auf die wesentlicheren und auch bekannteren beschränke.

Man unterscheidet die Weine aus Jerez zum einen nach der Farbe:
- den hellgelben, trockenen 'Fino'
- den bernstein- bis honigfarbenen 'Amontillado
- den bräunlichen Oloroso,

zum anderen nach der Art der Vergärung und der Traube:
- die Palomino-Traube liefert die trockenen Weine, wobei die Entscheidung, ob es ein Fino, Amontillado oder Oloroso wird, erst im Faß während der Gärung fällt, weshalb es sowohl trockene Finos, als auch Amontillados und Olorosos gibt.

- aus der Pedro-Ximénez-Traube gewinnt man hauptsächlich die von Engländern geschätzten süßen Olorosos oder die pappig-süßen 'Cream[1] Weine, die noch sehr viel Restzucker enthalten.

Der Ausbau ist bei allen Arten derselbe. Die Trauben werden relativ spät geerntet und beginnen nach der Pressung in den 'Mosto'-Fässern eine stürmische Gärung; erst nach deren Abschluß findet das für diese Weine berühmte 'Solera-System' statt:

In den hohen, ebenerdigen und riesigen Hallen, auch Kathedralen des Weines genannt, liegen die Eichenfässer in drei oder vier Reihen übereinander. Solera kommt von 'suelo' (Boden). In der jeweils untersten Reihe befinden sich die ältesten Weine, aus denen in Flaschen abgefüllt wird, aber immer nur ein Drittel der nie ganz vollen Fässer (der Wein braucht Sauerstoff), gleich danach wird aus

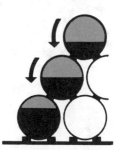

Solera-System

der zweiten Reihe nachgefüllt, in die dann der Wein aus der dritten Reihe "heruntergerufen" wird: man nennt das Ansaugen des Weines dort 'llamar el vino' (den Wein rufen). Durch dieses ständige und teilweise Entnehmen und Nachfüllen wird in der untersten Reihe die 'madre' (Mutterhefe, auch 'flor' = Blume genannt) ständig erneuert, und damit der Charakter des Weines von den älteren an die jüngeren Weine weitergegeben, weshalb es beim Vino de Jerez keine Jahrgangsweine gibt, sondern eine von Anbeginn gleichbleibende Qualität und Geschmacksrichtung.

Zum Solera-System gehört auch, daß die Kellermeister ständig überprüfen, wohin sich der Wein bestimmter Fässer entwickelt: zum Fino, Amontillado oder Oloroso. Das ist das unerklärliche Geheimnis des Weines und seiner Hefe. Der Fino hat im allgemeinen 16,5 Prozent Alkohol, der Oloroso liegt bei 19 Prozent.

DER GEIST DES JEREZ - EL COÑAC

Jede Bodega destilliert aus ihren Weinen auch einen oder mehrere Weinbrände, die auch in Spanien nur umgangssprachlich 'coñac', offiziell aber 'Brandy' heißen. In ganz Spanien hebt sich von den Horizonten rechts und links der Straßen der riesige Reklame-Stier von Osborne - Sherry + Brandy ab.

DES JEREZ' KLEINE BRÜDER - CHICLANA und MANZANILLA

Der Chiclana: er stammt zwar von derselben Traube, gedeiht aber auf anderen Böden, steht qualitätsmäßig unter dem Jerez, wird nur in der

'Früh aufstehen macht selig
nicht - Frühtrunk ist schön'
(Rabelais)

'Ist der Ruf erst ruiniert,
lebt sich's gänzlich ungeniert'

Geschichten aus der Bodega Gonzalez-Byass

"Hicks - seh' ich jetzt zwei Katzen oder eine?"

Provinz Cadiz getrunken, und überwiegend in den 'bares' aus dem Faß ausgeschenkt, also nicht exportiert; die Anbaufläche ist zu klein.

Der Manzanilla: ein trockener Weißwein, der in der salzigen Erde der Küste wächst und daher sein besonderes Aroma hat. Im Gegensatz zum Jerez hält sich der Wein in der offenen Flasche nicht lange.

Eine erfreuliche Neuigkeit:
Seit etwa 1986 wird ein kleiner Teil der Palomino-Trauben früher geerntet (2 - 3 Wochen vor der Jerez-Ernte), wie normaler Jahrgangswein ausgebaut, und liefert einen trockenen, guten und bekömmlichen Tafel-Weißwein, wie zum Beispiel von der Bodega Barbadillo bei Cadiz.

DIE BODEGAS VON JEREZ UND EL PUERTO DE SANTA MARIA

Fast alle großen Bodegas führen Besuchergruppen durch die Keller und Anlagen, meist zwischen 9.30 und 12.30 Uhr. Voranmeldungen sind, vor allem im Sommer, empfehlenswert.

Einige haben, außer ihren "Kathedralen" noch Besonderes zu bieten:
Bodegas Terry (P. Sta. Maria): Cartujano-Zucht
Bodegas Osborne (P. Sta. Maria): Kampfstier-Zucht
Bodegas Zoilo Ruiz-Mateos (Jerez): schöne Gartenanlagen und ein sehenswertes Uhrenmuseum im Verwaltungsgebäude
Bodegas Gonzalez-Byass (Jerez - Mitte, Nähe Alcázar):
Sie ist die größte Bodega von Jerez (200.000 Eichenfässer), stellt einen der berühmtesten Finos her: Tio Pepe (Onkel Sepp) und wartet mit zwei weiteren Besonderheiten auf:
Die Führung beginnt in der sogenannten 'Concha' (Bild Seite 156), einer großen Halle mit freitragendem Dach aus Eisenkonstruktion, deren Erbauer kein geringerer war, als Gustave Eiffel, der Schöpfer des Wahrzeichens von Paris.

In einem der Keller trifft man, so man Glück hat, auf eine Kuriosität der Bodega: 'los ratones', die Jerez-Wein trinkenden Mäuse. Ich muß aber meinen Leser darauf vorbereiten, daß die berühmten Mäuschen nicht pünktlich um 11.00 Uhr vormittags zum Frühschoppen kommen, wie leider da und dort zu lesen ist, sondern dann, wann es ihnen paßt.

Um die Fotos auf Seite 158 zu schießen, saß ich eine gute Viertelstunde "mäuschenstill" auf der Lauer. Wenn die Besuchergruppen hereinkommen, kriegt man die possierlichen Säufer nur mit viel Glück zu Gesicht.

Eine weitere Abteilung nennt sich 'Bodega de Apostol': 12 Fässer sind je einem der Apostel, das größte in der Mitte ist Christus selbst gewidmet. Nun - warum nicht? - hat er sich nicht selbst mit Weinvermehrung beschäftigt?

Die Besichtigung der Bodegas sind täglich (auch Samstag und Sonntag) von 9.30 bis 12.00 Uhr möglich (Voranmeldung).

Am Schluß jeder Führung hat der Besucher noch Zeit und Gelegenheit, in schön eingerichteten Gasträumen Kostproben nach Belieben zu genießen. Kaufen kann man in Bodegas nicht.

Kommen wir zum dritten Charakteristikum von Jerez:

Flamenco

(siehe besonderes Kapitel)

Jerez kann durchaus als die 'cuna del flamenco' (Wiege des Flamenco) bezeichnet werden, da die großen Namen des Flamenco Andaluz zumeist aus dieser Stadt stammen, wie etwa die schon verstorbenen Künstler Terremoto oder Mairena.

Jerez besitzt fünf traditionsreiche und stimmungsvolle 'Peñas' (dürftige Übersetzung: Flamenco-Club-Lokale). in denen man zwar jederzeit einen Fino trinken kann, die aber - leider, leider - von Juni bis September kein "Programm" haben. Der Grund: in der Zeit sind die Gruppen von Sängern, Tänzern und Guitarristen entweder an der Küste oder auf Tournee, weil es ihnen in Jerez zu heiß ist.

Also: nur von September bis Mai (Beginn und Ende variabel); und auch dann nur am Samstag oder Sonntag. Der Grund dafür: die Künstler sind keine Profis, wie etwa diejenigen in den entsprechenden Lokalen in Sevilla, sondern gehen tagsüber irgendeiner Arbeit nach, sind aber in Qualität und Authentizität jenen haushoch überlegen.

Wer's einrichten kann:

- Peña Zarnicalo:
  Sie ist die älteste Pena, gleichzeitig auch die 'Academia de Baile' (Flamencotanzschule).
- Peña El Mono:
  Die schönste Pena, in einer alten Bodega untergebracht.
- Peña de Garabanzo:
  Hinter der Kirche San Miguel; gemütlich und originell, viele Fotos von Flamenco-Größen an der Wand.
- Peña La Buleria
- Peña José de Paula:
  Im malerischen Zigeunerviertel 'Barrio Santiago'.

Für Sonntagskinder: Mit viel Glück kann man erleben, daß in irgendeiner der Bars im Barrio Santiago oder einem anderen Viertel, irgendwann und unvermittelt "die Post abgeht", das heißt, ein paar Freunde, Sänger und Guitarristen treffen sich zu einer 'reunión in einer Bar, haben gerade Lust und die Kneipe wird zum Hexenkessel.

JEREZ - die Stadt

Jerez ist eine schöne, elegante Stadt, im Sommer heiß und trocken, im Winter voller Orangen, da viele Straßen von Orangenbäumen gesäumt sind, deren Früchte aber mehr dekorativ als nahrhaft sind.

Viele Männer tragen maßgeschneiderte Anzüge und die Garderobe der Frauen kommt auch nicht immer von der Stange: Jerez ist wohlhabend; Großbürgertum und Geldadel sind sichtbar präsent. Jerez hat nur einen Nachteil: kurz nach 1.00 Uhr nachts, für Andalusien sehr früh, werden die Bürgersteige hochgeklappt, und die Rolläden der Bars rasseln unerbittlich herunter.

Buenas Noches!

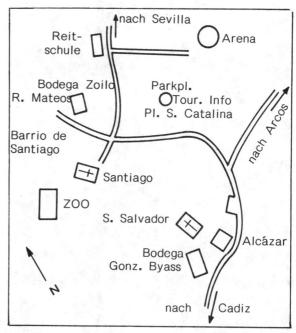

Es sei denn, es findet gerade eine Fiesta oder Feria statt, dann steht die Stadt Tag und Nacht Kopf, wie zum Beispiel während der Semana Santa. Ein Vergleich mit der berühmten Semana Santa von Sevilla fällt zu ungunsten letzterer aus, und dies aus mehreren Gründen:

Da die von Sevilla weltbekannt ist, strömen Hunderttausende dorthin, die Hotels sind Wochen oder Monate vorher ausgebucht, die Preise klettern ins Unverschämte, und die 'Ladrones' (Taschendiebe und Autoknacker haben Hochkonjunktur.

Die Semana Santa von Jerez ist weitgehend unbekannt. Kleiner in den Ausmaßen, aber die Festlichkeiten und Umzüge während der Woche vor Ostern sind nicht weniger interessant und typisch, haben dieselbe Atmosphäre - jene unbekümmerte Mischung aus Religiosität, Fröhlichkeit, Lärm und Temperament. Die Hotels sind nicht überfüllt, und die Stadtpolizei hat ihre Reviere besser im Griff.

Der Pomp der 'pasos', die kreuztragenden Nazarenos mit ihren spitzen Kapuzen mit den Sehschlitzen und die festlich gekleideten Menschen in den Straßen sind denen von Sevilla durchaus ebenbürtig.

An sieben Tagen, beginnend am Palmsonntag, werden von den jeweiligen Bruderschaften (Hermandades) die 55 Tragebühnen (Pasos) mit den Figurengruppen der Leidensgeschichte und verschiedener Heiliger durch die Straßen getragen. Alle diese Statuen sind sehr alt, mit kostbaren Gewändern und silbernen und goldenen Verzierungen versehen und zeigen eine für uns ungewohnte Realität: Tränen aus Glas oder Halbedelsteinen auf den Wangen Mariens, echtes Menschenhaar auf dem Haupt Christi, wie zum Beispiel beim Santissimo Cristo de la Expiración. Die Pasos sind zum Teil so groß und schwer, daß sie von 20 bis zu 40 Männern nur mit Mühe getragen werden können.

Sehenswertes in Jerez:

COLEGIATA DE SAN SALVADOR (Stiftskirche): eine breit angelegte, von Strebebögen und Pfeilern verzierte Fassade, im 18. Jh. beendet. Im Inneren: Bibliothek und beachtliche Münzen- und Edelsteinsammlung.

DER ALCAZAR: Die Reste - Mauern und Türme - einer Almohaden-Festung aus dem 11. Jahrhundert, mit der Moschee im Inneren und schönen Gärten innerhalb und außeralb der Mauern.

DAS BARRIO SANTIAGO (Barrio de Gitanos). Auch heute noch wohnen viele Zigeuner hier. Am Ende der malerischen Calle Daxdirt (auch Calle del Sangre) steht die spätgotische

SANTIAGO - KIRCHE: mit einem reichgeschmückten Portal und einem bemerkenswerten Chorgestühl aus dem 17. Jh.

PLAZA ASUNCION: mit der spätgotischen Kirche SAN DIONISIO und ihrem arabischen Turm 'Torre de la Vela' (auch: Torre Atalaya) von 1449. Auch im Inneren der Kirche findet man Mudejarbögen mit arabischen Ornamenten. Auf dem Platz steht eine Mariensäule mit schmiedeeisernem Glorienkranz. Die Harmonie des Platzes krönt der schönste Renaissancebau der Stadt, das alte Rathaus (Cabildo viejo), 1575 erbaut, heute Archäologisches Museum mit griechischen und römischen Ausstellungsstücken und einer Bibliothek.

Jerez: Plaza Asunción mit San Dionisio und Cabildo Viejo

LA CARTUJA
Am südlichen Ende der Stadt, an der Autobahnzufahrt 5 km vom Zentrum, erhebt sich rechts der Straße das imposante Eingangstor zum alten Kartäuserkloster (gegründet 1463), das verschiedene Stilrichtungen zeigt: Renaissance-Portal, spätgotische Kirche mit barocker Fassade, gotischer Kreuzgang.
Das Kloster war längere Zeit berühmt für seine Zucht arabischer Pferde, der 'Cartujanos', wurde 1835 aufgelöst, aber seit 1949 wieder von Mönchen bewohnt, die auch heute wieder den seltsamen Brauch üben, daß nur Männer das Kloster besichtigen dürfen.

DIE FERIA DEL CABALLO
Neben der Semana Santa und der Vendimia ist die Feria das dritte, große Ereignis der Stadt, und dauert, in Abhängigkeit vom Osterfest, von Ende April bis Anfang Mai. Eine Woche lang dreht sich alles ums Pferd. Pferdeschau, Pferdemarkt, Gespannfahrten durch die Straßen, Hohe Schule und natülich auch Stierkämpfe. Ein unvergeßliches Fest.

DIE VENDIMIA
Im September findet das Weinlesefest statt, wo zum einen die Wein-Millionäre sich ein Stelldichein geben, andererseits aber auch die 'Volksbelustigungen' nicht zu kurz kommen.

DER ZOO: hier wurden Tiere aus tropischen Ländern an unser Klima gewöhnt.
DER CIRCUITO DE JEREZ: eine Formel-Eins-Rennstrecke bei der N 342 nach Arcos, etwas für Freunde röhrender Motoren.

Castillo de San Marcos

Wer El Puerto, wie man es kurz nennt, besuchen will, muß sich erst einmal wie fast überall durch eine gesichtslose und uniforme Hochhaus- und Industrie-Perpherie durchkämpfen, befindet sich dann aber in einer schönen Innenstadt.

El Puerto gehört zum Sherry-Dreieck und bietet dem Touristen die Möglichkeit des Besuches zweier berühmter Bodegas: Osborne (der Reklamestier an Spaniens Straßen!) mit ihrer Kampfstierzucht und Terry mit der Cartujano-Zucht (siehe Jerez).

In der lebendigen und sehr andalusischen Innenstadt schlendert man durch palmengesäumte Avenidas oder enge Straßen mit vielen Geschäften und Bars. Der große Hafen (Sherry-Export) verleiht der Stadt dazuhin noch ein wenig die Atmosphäre von Schiff und Meer.

DAS CASTILLO DE SAN MARCOS:
Stattliche Reste eines maurischen Alcázars mit vier Türmen und hohen Mauern. Der fünfte und höchste Turm mit dem Glockenstuhl stammt aus der Zeit der Spätgotik. Auf den Grundmauern einer einstigen Mezquita (Moschee) steht eine alte Kapelle mit maurischen Hufeisenbögen.

In unmittelbarer Nachbarschaft des Castillos liegt die ANTIGUA LONJA DE PESCADO (alte Fischereibörse), in der heute ein Restaurant mit Fischspezialitäten "Resbaladero" etabliert ist.

Von der Plaza de Espana aus sieht man das Südportal der Kirche

MAYOR PRIORAL, ein platereskes, reich geschmücktes Barockportal, genannt Puerta del Sol (Foto nächste Seite). An der Westseite der Kirche sind die stark verwitterten Reste eines gotischen Portals erkennbar, der Puerta del Perdón.

Von El Puerto aus startete Kolumbus zu seiner zweiten Amerikareise, und der Tourist kann sich, vom gleichen Punkt aus, der Plaza de las Galeras, in den Sommermonaten ebenfalls einschiffen: zu einer einstündigen Dampferfahrt nach Cadiz.

El Puerto hat übrigens, nach Madrid und Valencia, die drittgrößte Stierkampfarena Spaniens (1877), die 15.000 Zuschauer faßt, sowie eine lange Tradition in der Zucht von Kampfstieren und der Kunst des Stierkampfes seit dem 17. Jahrhundert. Über dem Haupteingang ist ein Spruch des berühmten Matadors Joselito 'El Gallo' zu lesen:
"Quien no ha visto toros en El Puerto,
no sabe lo que es un dia de toros".

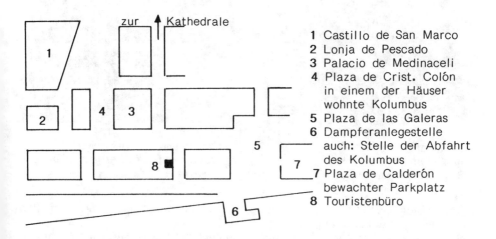

1 Castillo de San Marco
2 Lonja de Pescado
3 Palacio de Medinaceli
4 Plaza de Crist. Colón
  in einem der Häuser
  wohnte Kolumbus
5 Plaza de las Galeras
6 Dampferanlegestelle
  auch: Stelle der Abfahrt
  des Kolumbus
7 Plaza de Calderón
  bewachter Parkplatz
8 Touristenbüro

SANLÚCAR DE BARRAMÉDA

Wo der Guadalquivir seine schmutzigbraunen Fluten breit und träge ins Meer ergießt, war vor rund 3000 Jahren ein Flußdelta mit vielen Inseln, auf deren größter, heute ins Meer versunkener, die reiche, von den Tyrsenern - einem illyrischen Volksstamm (Etrusker?) - gegründete Handelsstadt TARTESSOS gelegen war. Dies ist einer der Punkte, der den Hypothesen um das versunkene Atlantis reichlich Nahrung gab.

Immerhin: 1958 grub man in der Nähe von Sevilla den "Carambolo-Schatz" aus: 21 Schmuckstücke aus reinem Gold, die einst einen tartessischen König oder Priester zierten (siehe Sevilla: Archäologisches Museum).

Die Karthager haben etwa 500 vor Chr. die Stadt geplündert und zer-

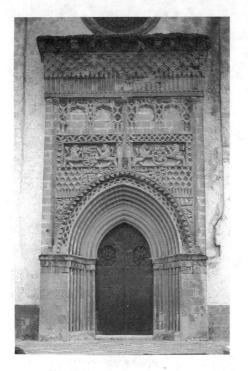

Sanlúcar: Renaissance
mit maurischem Dekor
Sta. Maria de la O

El Puerto de Sta. Maria:
Barock mit platereskem Dekor
Mayor Prioral

stört. Kolumbus begann hier seine dritte Amerikareise, und Magellan 1519 seine Weltumsegelung.

Sanlúcar beginnt am Strand der Flußmündung mit dem Fischereihafen Bajo de Guia, westlich davon mit einer neuen, langweiligen Strandpromenade, die immer ein wenig vom Sand überweht ist, im rechten Winkel dazu führt eine lange, baumbestandene Allee durch einen modernen Teil mit Hochhäusern, zu denen auch das von außen nüchterne, innen recht gemütliche Hotel Guadalquivir zählt.

Am Ende der Allee wird es wieder andalusisch schön: die Unterstadt mit Rathaus und Markthalle 'Mercado de Abastos' ('abasto' = Versorgung mit Lebensmitteln); an dieser entlang führt eine schmale Straße, vorbei an den skurrilen Skulpturen des unteren Teils des Palacio de Medina Sidonia, hinauf in das 'Barrio alto', die Oberstadt, zur Kirche 'Nuestra Senora de la O' - niemand kennt die Bedeutung dieses 'O' - mit ihrer schönen Renaissance-Fassade, in der viel maurische Dekoration zu entdecken ist (Foto oben links).

Unweit von dem Platz vor der Kirche ragen die Türme des 'Castillo de Santiago' aus den weißen Häusern heraus.

Sanlúcar ist eine jener Städte, die sich, weil nicht mit irgendwelchen mit Touristenströmen verbundenen 'Sehenswürdigkeiten' belastet, ihren eigentlichen, andalusisch-urbanen Charme bewahrt haben und, ähnlich wie in Cadiz, in ihrer quirligen Unter- und Oberstadt einfach nur zum erholsamen Verweilen einladen.

Nicht nur der engen Straßen und mangelnden Parkmöglichkeiten wegen rate ich von der Benützung des Autos ab: es ist viel schöner, unbeschwert von Verkehrsproblemen, durch die hübschen Gassen zu wandern und in den Bars ein paar Tapas zu essen und den köstlichen, leichten Manzanilla zu genießen, der in den Bodegas der südlichen Unterstadt heranreift.

So unglaublich es klingen mag: noch vor rund 20 Jahren hat man im Guadalquivir Störe gefangen und Kaviar hergestellt!

Wer von Sanlúcar aus den auf der anderen Flußseite beginnenden Naturschutzpark Coto Donana besuchen will, wende sich an das Reisebüro, das in der Empfangshalle des Hotel Guadalquivir ist und Überfahrten und Führungen für Gruppen von etwa acht Personen organisiert.

LA RUTA DE LOS PUEBLOS BLANCOS

Die Straße der weißen Dörfer

Da es nicht nur eine 'Ruta de los Pueblos Blancos' gibt, schlage ich nach eingehender Überprüfung und Befahrung aller Strecken folgende Route vor:

Von Jerez nach ARCOS DE LA FRONTERA, von dort über EL BOSQUE (ein Umweg führt über UBRIQUE) nach GRAZALEMA; dann über den hohen Paß nach ZAHARA DE LA SIERRA, und über ALGODONALES, VILLAMARTIN und BORNOS zurück. Wer nach Süden weiterfahren möchte, kann von Zahara aus mit einem Umweg über OLVERA nach RONDA gelangen.

Wer die 'Ruta' nur mit dem Auto gemütlich befahren möchte und sich dabei Orte wie Arcos, Grazalema oder Zahara anschauen will, braucht auf jeden Fall einen Tag Zeit. Wer dazuhin eine Wanderung im wildromantischen Naturschutzpark von Grazalema plant, muß mit einem weiteren Tag rechnen.

ARCOS DE LA FRONTERA

Die Stadt, die als die schönste in der Provinz Cadiz gilt, liegt an den Hängen einer steil aufragenden Felskuppe, die zum Fluß hinunter senkrecht abfällt, und deren höchste Erhebung von der Kathedrale und einem alten, zinnenbewehrten Castillo beherrscht wird.

Zwischen dem Castillo und dem gegenüber liegenden Parador Nacional, an der Pl.Cabildo, betritt man eine Aussichtsterrasse, von wo aus man einen schwindelerregenden Blick in das tief unter einem liegende Tal des Rio Guadalete hat. Der Blick ist, nachdem man die lange Hauptstraße bis zur Plaza del Cabildo (man kann auch mit dem Auto bis dorthin gelangen) hinaufgestiegen ist, und die Plaza überquert hat, so überraschend, daß jeder einen Schritt zurückweicht und sofern er Spanier oder Spanierin ist, 'coño!' ruft, weshalb die Terrasse im Volksmund 'balcón de coño' (ugs. für weibliches Genitale), offiziell aber 'mirador de la peña' heißt.

Wer herrschaftlich komfortabel und mit herrlicher Aussicht wohnen möchte, sollte sich im Parador Nacional, ebenfalls an der Plaza de Cabildo, rechtzeitig anmelden (Hotelliste am Ende des Buches).

Arcos war eine maurische Gründung und sein Stadtbild ist entsprechend geprägt. An der Westfassade der Kirche Santa Maria kann der Kunstinteressierte wieder einmal ein gotisch-platereskes Portal, im Inneren ein barockes Chorgestühl bewundern, und das malerische Gäßchen 'callejón de las monjas' (Nonnengäßchen) führt direkt unter den Strebepfeilern der Kirche hindurch.

Wie überall wird auch in Arcos die Semana Santa groß gefeiert, und am Ostersonntag rennt ein Kampfstier durch die Straßen, der öfter auch Verletzte auf der Strecke läßt.

Von Arcos aus schlängelt sich die schmale Straße zunächst durch hügelige Landschaft mit Korkeichen, Oliven und Weinbergen, steigt sodann langsam an und führt in den Bergen zu den malerischen Dörfern, meist mehr oder weniger steil am Hang gelegen, deren typisch andalusisches Ambiente schon mehrfach beschrieben wurde. Von weitem schon sieht man die Bergkette der Sierra Grazalema auf sich zukommen, und 28 km nach Arcos erreicht man

El BOSQUE

Hier und in Grazalema kann man sich für einen Besuch des Naturparkes die Erlaubnis holen, was nicht so ganz einfach ist, weil die ICONA, die andalusische Behörde für Forsten und Naturparks täglich nur etwa 50 Besuchern den Zutritt ermöglicht, um die Tierwelt des Parkes nicht zu stören.

Umweg nach Ubrique. Gemächlich überqueren Ziegen die Bergstraße nach Grazalema hinter Ubrique, bei Benaocaz. Zwischen Felsbrocken stehen selbst im Januar Blumen der Alpenflora, blaue Blütenkelche sehen aus wie Enzian.

Benaocaz in der
Sierra Grazalema

UBRIQUE

Wie dieses Foto von der Sierra Grazalema zeigt, liegt Ubrique, dessen Anblick beim Näherkommen eine wahre Augenweide ist, einmal nicht wie alle anderen Orte an den Straßen der weißen Dörfer, auf einer Bergkuppe, sondern schmiegt sich in einem weiten Talkessel an die Südhänge der Sierra Grazalema. Als Erbe aus der maurischen Vergangenheit hat Ubrique die Kunst der Lederverarbeitung übernommen und ist heute bekannt für seine Produkte aus feinem Saffianleder.

Die Straße steigt nach Ubrique in vielen Kehren an, erreicht BENAOCAZ, und führt in einem vollkommen weltabgeschiedenen Hochtal mit alpiner Flora ins Paradies der Naturfreunde nach Grazalema.

GRAZALEMA

Der von einem spitzen, hohen Bergkegel überragte Ort, an dessen Beginn hohe Nadelbäume und Kakteen nebeneinander stehen, wirkt wie ein schlichtes Bergdorf, dabei war es wegen seiner guten Luft von den Kalifen Cordobas als Nobelhofsitz gewählt worden. Eine orientalische Köstlichkeit, eine Bittermandel-Süßspeise wird seit jenen Zeiten bis heute hier zubereitet.

Erinnerungen an die alte Zeit rufen sowohl die Muster der berühmten Webwaren des Ortes, als auch viele seiner Häuser, Balkone und Patios hervor.

Die Urwüchsigkeit und Unberührtheit der Umgebung von Grazalema brachte es mit sich, daß sich eine Vielfalt von Tierarten erhalten konnte, zu deren Schutz die tiefen Wälder und Berge zum Reservat erklärte.

DER NATURSCHUTZPARK
PARQUE NACIONAL SIERRA DE GRAZALEMA

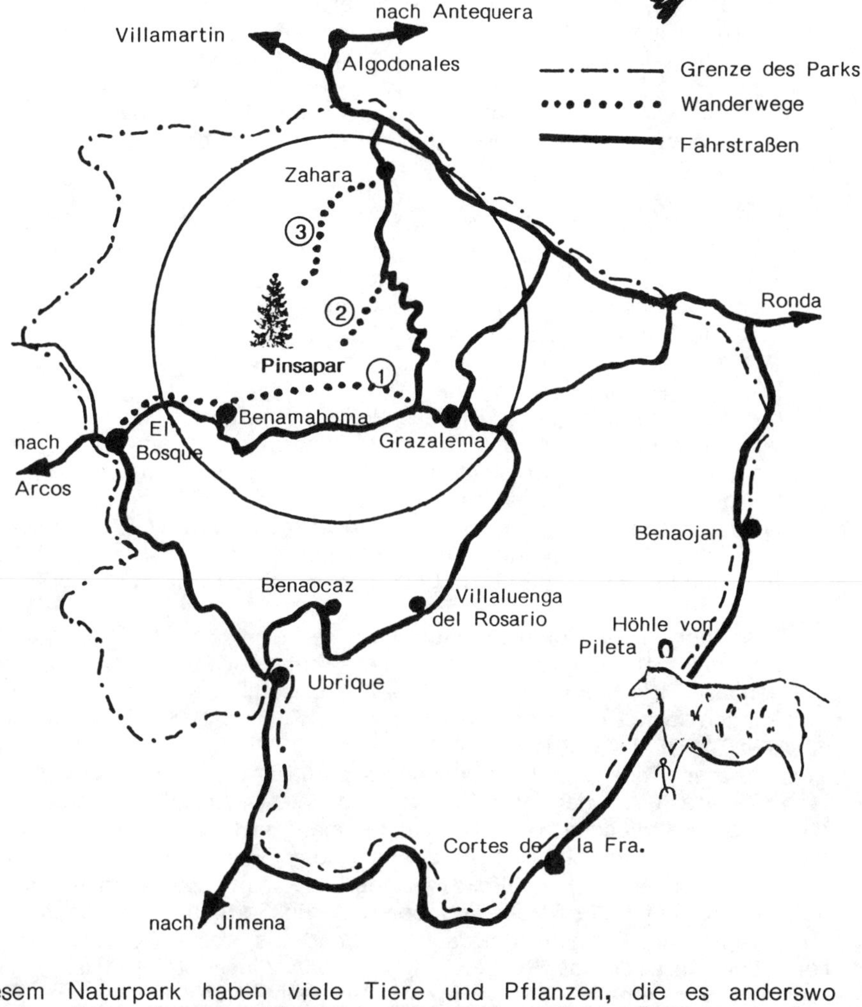

Villamartin

nach Antequera

Algodonales

— · — · — Grenze des Parks

● ● ● ● ● ● ● ● Wanderwege

━━━━━ Fahrstraßen

Zahara

③

②

Pinsapar ①

Ronda

nach Arcos

El Bosque

Benamahoma

Grazalema

Benaojan

Benaocaz

Villaluenga del Rosario

Höhle von Pileta

Ubrique

Cortes de la Fra.

nach Jimena

In diesem Naturpark haben viele Tiere und Pflanzen, die es anderswo nur noch selten oder gar nicht mehr gibt, ein sicheres Refugium gefunden: Königsadler, Steinadler, Falken, verschiedene Geierarten und andere Wildvögel, Uhus, Nutrias, die fast ausgestorbenen spanischen Bergziegen, Wildschweine und Hochwild. Aber auch Kräuter wie Lavendel, Salbei, Thymian und andere gedeihen hier, desgleichen seltene Pilze wie zum Beispiel Morcheln; In den Gewässern leben neben vielen Fischarten auch noch Flußkrebse. Eine besondere Rarität aber ist der in Europa einmalige Pinsapo-Baum, eine Art, die man als 'fichtenartige Edeltanne' oder als

'tannenartige Edelfichte' bezeichnen könnte, die sonst nur noch in Südruß-
land gedeiht. Oberhalb des Ortes Grazalema liegt links der Straße ein Zeltplatz;
kein Campingplatz im üblichen Sinne, da weder Caravans noch Autos
erlaubt sind, sondern nur die Zelte derer, die von hier aus den Naturpark
erwandern. Eine freundliche und engagierte, junge Frau namens Ana
gibt ausführliche Auskunft über die Art des Parkes und seiner Besuchs-
möglichkeiten. Es empfiehlt sich in jedem Fall, sich einen Tag vorher
anzumelden; im Sommer sogar drei bis vier Tage vorher. Telefon: 009-
63 El Bosque. Drei Wanderrouten führen durch das Gebiet (siehe Plan
Seite 171):

① Die längste und schwierigste Tour
Von Grazalema nach El Bosque, oder umgekehrt.
Zeit: 5 bis 6 Stunden; teilweise hochalpiner Charakter, im Winter
nicht begehbar. Der Pfad zieht sich oberhalb des Pinsapo-Waldes
hin. Ein Führer kostet 4.000 Pesetas.

② Die weniger schwierige Tour
die von unten an den Pinsapo-Wald heranführt. Man fährt zunächst
von Grazalema aus in Richtung Zahara über den Paß 'Puerto de
las Palomas' und erreicht nach vielen Spitzkehren auf der anderen
Seite des Passes den Parkplatz am Eingang zur Tour 2. Sie ist ganzjährig begehbar und auch für Wanderer ohne alpine Tourenerfahrung
möglich, also auch für nicht Schwindelfreie. Zeit: etwa 4 Stunden.
Im Sommer nur mit Führer (3.000 Pesetas) erlaubt.

③ Die Tour in die Schlucht 'Garganta Verde'
Eingang bei Zahara de la Sierra. Zeit: etwa 3 Stunden. Nur von
Januar bis Juni. Führer nicht obligatorisch, aber dringend zu empfeh-
len, da man sich leicht verirren kann. Führer: 3.000 Pesetas.

ZAHARA DE LA SIERRA

Wie bei der Tour 2 schon angedeutet, führt die Straße von Grazalema
nach Zahara über den Paß 'Puerta de las Palomas': an drohend über-
hängenden Felswänden vorbei erreicht man nach vielen Kurven die Paßhöhe (1330 m), wo ein Parkplatz auch dem Fahrer den Genuß der atem-
beraubend schönen Fernblicke ermöglicht. Mit zahlreichen Haarnadel-
kurven senkt sich die Straße auf der anderen Seite hinunter nach Zahara.
In Lage und Ortsbild empfand ich das als das schönste Dorf dieses
Teils der Ruta de los Pueblos Blancos. An einen steilen Hang gedrückt,
überragt von einem hohen Felsen, auf dem sich die Mauern und der
Turm einer alten Befestigungsanlage über den Dächern erheben, wird
die Einheitlichkeit seiner Häuser, Gassen, Treppen und Plätze durch
nichts gestört, und von vielen Punkten aus hat man einen weiten Blick
in die Landschaft, bis hinaus in die Ebenen des Guadalquivir.
Noch lange sieht man das wie ein weißes Tuch über die braune Kuppe
des Berges hängende Dorf in der Ferne leuchten, wenn man weiter
hinunter fährt in Richtung Algodonales.

Im Tal wölbt sich ein Stück unterhalb der neuen Brücke der Rest
einer Römerbrücke über den Rio
Guadalete, und auf der anderen
Seite liegt nach wenigen km

ALGODONALES

Das arme Algodonales! Wer über
El Bosque, Ubrique, Grazalema
und Zahara gekommen ist, hat
normalerweise genügend Schmuckstücke an der 'Ruta' gesehen
und läßt Algodonales rechts liegen.
Wer über Bornos und Villamartin
gekommen ist, sieht kurz vor
Algodonales von der Straße aus
das wie ein verheißungsvolles
Shangri-Lah in der Höhe liegende
Zahara, sagt sich 'nichts wie
rauf!' und läßt Algodonales links

Römerbrücke bei Zahara

liegen. Dabei ist auch Algodonales so hübsch, daß es dieses Schicksal
nicht verdient. Die Fronleichnamsfeste in Zahara und hier sind besonders
eindrucksvoll.

In Algodonales muß man auch die Entscheidung der Weiterfahrt klären:
die Straße der weißen Dörfer führt zum einen zurück nach Arcos, über
zwei weitere 'Pueblos Blancos':

VILLAMARTIN und BORNOS

oder man biegt nach Südosten ab zum einzigartigen RONDA. Auch von
dort führt eine Straße der weißen Dörfer hinunter nach SAN ROQUE
(siehe Provinz Malaga).

Wem es hier aber so gut gefällt, daß er in der Gegend noch verweilen möchte, sollte die Straße in Richtung Antequera nehmen und

OLVERA

besuchen. Wie die Reste eines großen Schneefeldes liegt es über einen
flachen Hügel gebreitet, an der höchsten Stelle von seiner großen, klassizistischen Kirche überragt; ihr gegenüber erheben sich auf einem Fels-
kegel die Mauern und Türme einer mittelalterlichen Burg.

SETENIL

Von Olvera aus fährt man auf einer Nebenstraße 15 km nach Süden
zu diesem, von bekehrten Moslems, sogenannten 'Moriscos' gegründeten
Dorf, das dem Besucher echtes Schluchterlebnis vermittelt.

Olvera

Nach dem unvergeßlichen Erlebnis der 'Ruta de los Pueblos Blancos' kehren wir nach ARCOS zurück und beginnen dort eine andere, ebenfalls reizvolle Route:

LA RUTA DEL ROMANCERO

Übersetzten kann man das nicht, bestenfalls übertragen mit:
STRASSE DER TROUBADOURE
eine Straße, die die schönsten, unverwechselbarsten und charakteristisch-sten Städte der Provinz Cadiz - nimmt man Ronda dazu, kann man sogar sagen, ganz Andalusiens - miteinander verbindet:

ARCOS de la Fra. - MEDINA SIDONIA - VEJER de la Fra.

In Arcos stößt die Ruta del Romancero auf die Ruta de los Pueblos Blancos, und in Medina Sidonia kreuzt sie die Ruta del Toro, die Straße der Stiere, die von Jerez nach Algeciras führt.

MEDINA SIDONIA

Arco de la Pastora

Weil VEJER so sichtbar an der N IV von Algeciras nach Cadiz liegt, kehren natürlich viele dort ein.
Medina Sidonia liegt den meisten Touristen zu weit ab vom Weg; deshalb ist Medina ruhiger und intimer.
Die Phönizier nannten diese, ihre Stadtgründung 'Assidona', die Mauren fügten später den Beinamen 'Medina' (Stadt) hinzu.
Über einen flachen Hügel gebreitet, hebt sich die weiße Stadt vom Ocker der Landschaft und Blau des Himmels ab.
Im Gegensatz zu Vejer sollte man Medina zur Zeit der Siesta besuchen, also etwa zwischen zwei und fünf Uhr nachmittags. Wer um diese Zeit durch die zwei Huf-eisenbögen des 'Arco de la Pastora', einem alten Stadttor, die alte Ober-stadt betritt, ahnt ein wenig die reiche Vergangenheit der Stadt, als die Mauren hier fürstlichen Hof hielten, als die Herzöge von Medina Sidonia Eigentümer riesiger Ländereien waren, und die Familie der Guz-mans (siehe Tarifa: Guzman el Bueno), zu den reichsten Familien Anda-lusiens zählte. Des Sängers Fluch kommt einem in den Sinn ". . zeugt von verschwundner Pracht, auch diese, schon geborsten, kann stürzen

174

über Nacht", wenn man die ehemaligen Adelspaläste verstaubt vor sich hin dösen sieht, aus deren zerbröckelnden Mauerritzen Gräser und Blumen wachsen.

Schwalben ziehen mit kurzen Schreien ihre flinken Bahnen um den 'Torre de Dona Blanca', wo die Gemahlin des Pedro El Cruel (Peters des Grausamen) einen einsamen Tod starb, da der Herrscher im Alcázar von Sevilla sein Bett lieber mit seiner Mätresse Maria de Padilla teilte.

In der Kirche Santa Maria hielten einst die Inquisitoren furchtbares Gericht, und das Kreuz der 'Domini Canes' (Hunde des Herren), der Dominikaner, ist heute noch dort zu sehen.

Entfliehen wir der düsteren Pracht und Melancholie der Geschichte des Ortes, verlassen die Oberstadt durch eines ihrer Tore: Arco del Muro, Arco de Belén oder Arco de la Pastora, und lüpfen eine Copita in einer der Bars in der Unterstadt.

VEJER DE LA FRONTERA

Ein in der Provinz Granada gewohntes Bild - die weißen, schneebedeckten Kuppen der Sierra Nevada über dem Braun sommerlicher Landschaft und dem Grün der Bäume - taucht in der Erinnerung auf, wenn man sich Vejer von Süden her nähert, auf der N IV von Algeciras. Wo die Straße sich vor Vejer talwärts senkt, sieht man plötzlich einen hohen Berg mit schneeweißer Kuppe vor sich aufragen; das Weiß stammt in diesem Falle aber nicht vom Schnee des vergangenen Winters (den es hier sowieso nicht gibt), sondern von den weiß gekalkten Häusern der Bergstadt.

Touristen, die diesen Anblick zum erstenmal erleben, treten immer auf die Bremse, weshalb man auf diesem Abschnitt der N IV zu Autos mit ausländischen Kennzeichen einen größeren Abstand halten sollte.

Um in die Stadt zu gelangen, fährt man an dem großen Parkplatz mit Tankstelle vorbei, wo die 'camioneros' (Fernfahrer) ihre LKW's abstellen, und nimmt die im Norden beginnende Zufahrtsstraße.

Man sollte es nicht eilig haben, wenn man dann - zu Fuß selbstverständlich - durch eine bezaubernde Ortschaft wandert, in der das Arabische deutlicher sichtbar ist, als in vielen anderen andalusischen Städten.

Dem Rücken des Berges folgend, zieht sich ein Gewirr von malerischen Gassen und Treppen bergauf, und der Besucher blickt mit einer Mischung aus Neid und Bewunderung in Patios, die wie Paradiesgärtlein erscheinen. Die Blumenpracht in den vergitterten Fenstern erlaubt nur noch winzige Ein- und Ausblicke, und ihre Farben wetteifern mit denen der Azulejos, der leuchtenden Zierkacheln, die Mauern, Ruhebänke und Brunnen in Straßen und Plätzen überall in der Stadt zieren. An der Plaza de España lugt zwischen den gefiederten Zweigen der Palmen das braune Gemäuer des 'Torre del Mayorazgo' hindurch, und überall bieten die Töpfereien Vejers ihre traditionellen Keramikarbeiten an.

Wer Vejer nicht gesehen hat, hat einen schönen Teil Andalusiens nicht gesehen. Das sagen nicht die Prospekte der Fremdenverkehrs-Werbung, das sage ich. Vejer streitet sich mit Arcos um den Rang der schönsten Stadt Andalusiens. Streit hin, Streit her - nirgends ist die Atmosphäre der Mischung aus Orient und Okzident eindringlicher und deutlicher als auf der Plaza de España im Schmuck ihrer Palmen und schönen Azulejos an dem prächtigen Brunnen in ihrer Mitte und den Bänken ringsum.

Unnötig zu sagen, daß die Aussicht von diesem Ort, der sich in unmittelbarer Nähe über das historisch berühmte Kap Trafalgar erhebt, großartig ist.

Feste in Vejer:
Am Ostersonntag rennt ein schwarzer Stier mit Kugeln an den Hörnern durch die Straßen der Stadt. Eine Woche nach Ostern findet die 'Feria de Primavera' (Frühlingsfest) statt, und am 24. Juni die 'Candela de San Juan' (Johannesfeuer), mit Musik, Tanz und Gesang. Im August wird während der 'Velada de Agosto' aus der 'Ermita de Oliva' (5 km südlich, Richtung Barbate), am 15. August, die Statue der 'Nuestra Señora de Oliva' in feierlicher Prozession in die Stadt geleitet, und ein zweiwöchiges Fest gefeiert.

ARCOS DE LA FRONTERA - die dritte Stadt an der 'Ruta del Romancero', wurde im Kapitel 'Ruta de los Pueblos Blancos' beschrieben, da diese dort beginnt.

*   *   *

DER CAMPO DE GIBRALTAR

- an seiner Mittelmeer-Seite:

ALGECIRAS - GIBRALTAR - SAN ROQUE - CASTELLAR

GIBRALTAR

Im klassischen Altertum galten die beiden Felsen, der von Gibraltar und die höchste Erhebung des marokkanischen Gebirges bei Ceuta als die Säulen des Herakles, und als das Tor zum Ende der Welt. Der Mythos dieser Zeit übersah dabei, daß Phönizier und Tyrsener schon früher durch die Meerenge segelten und an den Küsten des Atlantik Städte gründeten (siehe Cadiz und Sanlúcar).

Über die Entstehung des Wortes Gibraltar ist im Kapitel "Geschichte" schon berichtet worden. Als der Berber Gebal Tarik hier landete, errichtete er eine Festung, deren stattliche Reste in Gibraltar heute noch zu sehen sind, und gab der Burg den Namen.

Seit 1704 sitzen die Affen auf der Steilwand des Felsens, und die Briten nehmen in seinem Schatten den 'Fife o'clock tea'.

Franco ließ die Grenze zumachen, daß keine Maus mehr durchschlüpfen konnte; warum, weiß wohl niemand so recht. Jetzt ist sie wieder offen, schließlich gehören Spanien und England zur Europäischen Gemeinschaft, und wer will, kann ohne große Zollformalitäten die britische Enklave besuchen. Man spricht von großen Plänen: ein Tunnel nach Afrika und - wohl etwas realistischer: der Ausbau des kleinen Flugplatzes zu einem internationalen Flughafen.

Der senkrecht abfallende Teil des Bergstockes, der tatsächlich wie eine abgebrochene Säule aussieht, und der schmalen Landzunge zugewendet ist, auf der die Stadt La Linea liegt, ist das Refugium der Affen. Diese stehen in guter Obhut, denn es heißt, solange sie den Felsen bevölkern, bleibt er englisches Territorium. Eine Seilbahn führt zu ihnen hinauf.

Die Altstadt nennt sich 'North-Town' und im Alameda-Park blüht es subtropisch.

SAN ROQUE

liegt auf einem Felsplateau über der Bucht von Gibraltar. Es wurde 1704 als Ersatz für die verlorene Festung Gibraltar errichtet; und da es einen guten Blick zur Überwachung der Bucht ermöglichte, tröstete man sich damit über den Verlust des Felsens von Gibraltar hinweg. Die verbaute Peripherie konnte die Atmosphäre der höher liegenden Altstadt nicht zerstören. Von der Plaza de los Canones aus bietet sich ein umfassender Panoramablick: Algeciras im Westen, die Raffinerien von La Linea und Gibraltar unterhalb.

CASTELLAR DE LA FRONTERA

Auch die so belebte Bucht von Gibraltar/Algeciras hat ihren stillen 'Malerwinkel', der allerdings - fährt man von San Roque hin und wieder zurück - zweimal 17 km Umweg erfordert. Wer sowieso die zweite Straße der weißen Dörfer von San Roque nach Ronda geplant hat, kann den Besuch von Castellar mit einbeziehen.

Auf der Straße nach Ronda biegt man nach 10 km, bei Almoraima, links ab und ist nach 7 km in Castellar, das sich vom Tal aus gesehen als große, auf einem Felsrücken sich erhebende Burganlage darstellt, mit mächtigen Türmen und wehrhaften Mauern, hinter denen sich aber beim Näherkommen ein bezaubernder, kleiner Ort offenbart. Der Fernblick ist unbeschreiblich!

ALGECIRAS

Als Franco die Landgrenze zwischen La Linea und Gibraltar schließen ließ, ist Algeciras in den folgenden Jahren durch staatlich geförderte Industrieansiedlung und den Ausbau des Hafens stark gewachsen und zu Wohlstand gekommen.

Der ständig wachsende Bedarf an Wohnraum schuf eine Peripherie aus modernen und zweckmäßigen Hochhäusern - mit einem Wort das Übliche - um die schmucke und recht reizvolle Innenstadt, die sich noch einen guten Teil ihrer arabischen Atmosphäre bewahrt hat.

Algeciras ist heute das Einkaufszentrum des südlichen Teils der Provinz Cadiz, und für Fremde und Touristen eine wichtige Hafenstadt mit Verbindungen zum Mittelmeer, zum Atlantik und hinüber zum nahen Afrika. In der ersten Augusthälfte rollt, überwiegend aus Frankreich, eine nicht enden wollende Lawine von Autos, deren Dachgepäcksladungen meist höher sind, als das Auto selbst, auf die Stadt zu und kommt erst am Hafen zum Stillstand. Aus den Autos klettern manchmal bis zu 8 Menschen, Erwachsene und viele Kinder essen und schlafen in und neben den überladenen Karrossen und warten manchmal tagelang auf einen Platz auf der Autofähre nach Tanger. Die Gastarbeiter aus Marokko und Algerien machen Urlaub in der Heimat. Der 'Autoput' des Westens.

Ausflüge nach CEUTA, der spanischen Stadt auf afrikanischem Boden, lohnten sich früher für Spanier, wenn sie Transistorradios und Taschenrechner einkaufen wollten; heute ist selbst das nicht mehr interessant.

Für Andalusienurlauber, die einen Ausflug in den schwarzen Kontinent machen wollen, empfiehlt sich, außer Algeciras, seit neuem auch der Hafen von Tarifa.

DIE ATLANTISCHE SEITE DES CAMPO DE GIBRALTAR

TARIFA - FACINAS - BOLONIA

Hinter Algeciras steigt die Straße nun stetig bergan - die mit Eukalyptusbäumen und Pinien bewaldete Landschaft wird immer ruhiger, die Zersiedelung hat längst aufgehört. Linkerhand läuft die marokkanische Küste mit dem Rifgebirge als begleitendes, fernes Band jenseits der tief unten liegenden, dunstig-blauen Wasserfläche der Straße von Gibraltar. Diese Strecke (22 km), die die Südspitze Europas umrundet, ist gleichzeitig eine der schönsten dieses Kontinents.

Auf ihrem höchsten Punkt, kurz vor Tarifa (siehe oberes Foto im Rücken-Innendeckel des Buches), kündigt ein Verkehrsschild mit einem Fotoapparat einen Parkplatz an, von dessen Rondell aus man an klaren Tagen - also meistens! - einen alle Erwartungen übertreffenden Blick auf die Meerenge hat, die ruhig vorbeiziehenden, fernen Schiffe und auf die Berge des nur 14 Kilometer entfernten Hohen Atlas. Dieser Aussichtspunkt verlockt auch den anzuhalten, der gerade vorher einen Lastzug überholt hat.

TARIFA

Wo sich die Höhenstraße wieder senkt, erblickt man zuerst die Weite des Atlantik. Je nach Tageszeit und Licht ist man immer wieder überrascht, um wieviel blauer er doch ist, als das Mittelmeer. Noch ein paar Autominuten und man erreicht den südlichsten Punkt Europas.

Durch ein efeuüberwachsenes und von Palmen flankiertes, maurisches Stadttor, die 'Puerta de Jerez', betritt man die engen Straßen und Gassen einer der schönsten Kleinstädte Andalusiens. Hier spürt man an allen Ecken und Enden, daß Spanien fast 800 Jahre unter - nein, mit den Mauren lebte, und daß Afrika nur 12 Kilometer entfernt ist. Die meisten der weißgetünchten Häuser haben besonders schöne Azulejo-Verzierungen in Eingängen und Patios.

Bis auf einige wenige Straßen sind  alle anderen, Gott sei Dank, zu schmal für Autos. Die Stadt ist alles andere als museal, sondern voller Leben, eine Menge 'bares' laden zum 'tapear' und 'tomar una copa' ein, und die im maurischen Stil erbaute, sorgfältig restaurierte, appetitliche Markthalle bietet alle Genüsse des Landes und der 'dos mares', der beiden Meere an. Im Osten der Altstadt steht eine lange Mauer mit Türmen der alten

Befestigungsanlagen, und in der Nähe des Hafens befindet sich die trutzige, zinnenbewehrte Burg des legendären Guzman El Bueno (der Gute), der Tarifa 1292 von den Mauren zurückeroberte und während dieser Kämpfe den Feinden, die seinen Sohn gefangen hatten und drohten, ihn umzubringen, oder das Kind, wenn er die Stadt wieder zurückgebe, zu schonen, sein Schwert zur Vollstreckung zuwarf.

Seit 1987 kann man das Castell nicht mehr besichtigen, und damit auch die frühromanische Kirche in seinen Mauern. Es geht das Gerücht, der Staat wolle einen Parador Nacional dort einrichten. Jetzt ist es noch Kaserne; Zoll und Schmuggel werden streng überwacht. Das war schon immer so: die ein- und auslaufenden Schiffe mußten in Tarifa eine Gebühr entrichten, woher der heutige Begriff Tarif stammen soll.

Wenn man vor der Fassade der Stadtkirche rechts abbiegt und einige Gäßchen hinaufsteigt, gelangt man zu der Plaza de los Vientos (Platz der Winde) mit seinen alten Wehrmauern, einem viereckigen Turm, kachelgeschmückten Ruhebänken und hohen Palmen. Man hat den besten Blick auf die 'Punta maroqui' den Leuchtturm, der den südlichsten Punkt Europas anzeigt, an dem sich die Wasser des Atlantik und des Mittelmeeres vereinen, und auf das gegenüberliegende Nordafrika mit seiner Hafenstadt Tanger.

Neben dem Fischereihafen hat Tarifa auch einen kleinen Passagierhafen, von dem aus man Tagesausflüge nach Tanger unternehmen kann, wobei komplette Besichtigungsprogramme gebucht werden können, was auch in den Hotels möglich ist. Schiffahrts- und Informationsbüros befinden sich entlang der Ausfallstraße nach Cadiz.

Der Ausflug nach Tanger ermöglicht die Begegnung mit einer fremden, faszinierenden Welt, aber eine Solotour durch die Kasbah (Altstadt) ist dem Ortsunkundigen nicht zu empfehlen.

Einen Rundgang durch Tarifa beschließt man in einem der Cafés in der Hauptstraße vor der Kirche San Mateo, die spätgotischen Ursprungs ist und eine harmonisch schlichte Renaissancefassade hat.

Seit ein paar Jahren gilt der atlantische Küstenabschnitt von Tarifa bis Punta Paloma als 'Geheimtip' für Surfer. Es hat sich aber mittlerweile unter Kennern herumgesprochen, daß dort unten zwar gut surfen ist, wenn der richtige Wind weht, daß aber auch mal eine bis zwei Wochen Flaute sein kann. Im Sommer heißt es kurz und bündig: 'Sol garantido, vientos possibles' (Sonne immer, Winde manchmal). Was die Surfer noch wissen sollten: wenn der Levante, der starke Wind aus dem Osten, weht, dann am stärksten an der 12 km langen Küste zwischen Tarifa und Punta Paloma. Je weiter nördlich man kommt, desto schwächer wird er.

Feste in Tarifa:
Im August findet ein 'Festival Folk' statt, wo Folkloristische Darbietungen - Gesang, Musik und Tanz - aus vielen Provinzen Spaniens gezeigt werden.

Anfang September feiert Tarifa ein sehenswertes, buntes Fest: zu Ehren der 'Virgen de la Luz', der Schutzpatronin der Küste. Ihre Statue wird von einer Cavalcada von über 100 Reitern aus der ganzen Umgebung vom gleichnamigen Santuario (in einem Tal rechts der N IV nach Cadiz, das einen Besuch wert ist) feierlich nach Tarifa begleitet.

Apropos Pferde:
auf der N IV nach Cadiz taucht 14 km nach Tarifa die Abzweigung nach Bolonia auf. Ihr gegenüber spannt sich ein gemauerter Bogen über die Einfahrt zum Cortijo El Valle, wo das Herz der Pferdefreunde höher schlägt: auf reinrassigen Andalusiern kann man hier Ausritte in die Umgebung machen.

Da die Pferde - ich habe mir die Zuchtbriefe zeigen lassen! - 'pura raza andaluza' sind, reitet der Stallmeister Miguel mit, was allerdings wegen seiner genauen Kenntnisse der Landschaft sowieso unerläßlich ist.

Ein kürzerer, aber eindrucksvoller Ritt, den ich im sonnigen Dezember unternahm, führt hinauf in die Berge, und überrascht mit herrlichen Aussichten, für Ritte zur Küste muß man mit einem Tag rechnen.
Informationen: am Ende des Buches.
Der Cortijo vermietet auch Bungalows.

Isidoro Otero Rodriguez, Betreuer der Ruinen von Baelo Claudia (i.R.)
bei den Garum-Bottichen; seine Nachfolgerin: Tochter Pilar

BOLONIA - das römische Baelo Claudia

Von der eben erwähnten Abzweigung von der N IV führt eine schmale Straße über einen Paß in die Bucht von Bolonia.

Beim alten Dorf am westlichen Ende der Bucht begannen im Jahre 1920 französische Archäologen die römische Siedlung Baelo Claudia, die aus der Zeit des Kaisers Claudius (41 nach Chr.) stammt, auszugraben. Der Wächter, Isidoro Otero Rodriguez, anzutreffen in der Bar Otero im Dorf, führt die Besucher mit viel Sachkenntnis zum römischen Forum, über Tempelanlagen, über die Grundmauern von Geschäftsstraßen zum Amphitheater und stellt ein einmaliges, archäologisches Kuriosum vor: in großen, in die Erde gemauerten Bottichen wurden Thunfische eingesalzen, mit Kräutern gewürzt, und zu einer Sauce namens 'garum' verarbeitet. Diese antike Gewürzsaucenfabrik wurde in dem Teil der Ausgrabungen gefunden, der sich auf dem Dorfplatz von Bolonia befindet.

Vor 2000 Jahren also schätzten die Feinschmecker in Rom die Delikatesse vom damals so fernen Gestade des Atlantik.

Der winzige Ort, dessen kleine Fischerhäuser im Laufe der Jahre den Grabungen zum Opfer fielen, besteht heute fast nur noch aus drei Bars mit Restaurants: Otero, Bahia und Miramar. Man sitzt unter dem Schatten von Schilfdächern auf hübschen, einfachen Terrassen mit Blick auf das Meer und die Sierra de Plata.

In klaren Nächten leuchten die Lichter von Tanger herüber.

Fremdenzimmer gibt es keine; dazu muß man in der Bucht etwa zwei Kilometer östlich nach Lentiscal, wo es einige Unterbringungsmöglichkeiten gibt. Da die 6 km lange Bucht einerseits archäologisches, andererseits militärisches Gebiet ist, ist 'Wildcampen' verboten. Wer es trotzdem tut, muß mit Polizeieinsätzen rechnen.

Genauere Informationen folgen im nächsten Kapitel: Costa de la Luz.

FACINAS

Kurz nach der Abzweigung nach Bolonia, von Tarifa kommend, biegt man rechts ab nach Facinas, ein an einem langen Berghang gelegenes, typisch andalusisches Landstädtchen, fast zu schön und ruhig, um es in einem Reiseführer zu erwähnen.

Die nette Kneipe am Ortseingang hat ein gutes Restaurant, wo es 'conejos' (Kaninchen) und 'codornices' (Wachteln) aus der Gegend gibt.

In den Felsen oberhalb des Ortes sollen prähistorische Dolmen stehen. Ich bin mit einheimischen Bauern zwischen Felsbrocken herumgeirrt, argwöhnisch beäugt von Schafen und Kühen, nachdenklich und abschätzend betrachtet von mächtigen Geiern, ohne fündig geworden zu sein. Von Facinas gleitet der Blick hinaus in eine weite, unbewohnte Ebene, wie man sie in Europa kaum noch findet, worin sich das Band der Landstraße nach Cadiz bis in die fernsten Horizonte verliert - ganz besonders schön bei Sonnenuntergang.

COSTA DE LA LUZ

die 'Küste des Lichts' - die Atlantikküste

Anders als die Costa del Sol, die von Almeria bis Algeciras zugebaut ist, hat sich die Costa de la Luz viel Schönheit der Landschaft, unverbaute, kilometerlange Sandstrände und andalusische Ortsbilder bewahrt.

Warum diese Küste zwischen Ayamonte an der portugiesischen Grenze und Tarifa an der Straße von Gibraltar vom traurigen Schicksal der Mittelmeerküste verschont blieb, erkennt man erst bei genauerem Hinsehen und Kenntnis der jeweiligen Gegebenheiten.

Die 'touristische Bedeutung' von Küsten muß man vor allem unter diesen zwei Gesichtspunkten betrachten: die einen wollen einen geruhsamen Badeurlaub verbringen, die anderen suchen das 'Abenteuer der Freiheit' auf jenen Plastikhartschaumbrettern, die man 'Surfboards' nennt. Für beide hält die Costa de la Luz ihre unliebsamen Überraschungen bereit.

Für die Badeurlauber: das Wasser des Atlantik ist wesentlich kälter als das des Mittelmeeres, der Wellengang ist zumeist höher, und die Winde nehmen von Norden nach Süden zu.

Für die Surfer, denen im Küstengebiet von Tarifa das 'Paradies der Surfer' angepriesen wird: die Winde sind unberechenbar.

Meine über 20-jährige Andalusienerfahrung befähigt mich zu einer ebenso kurzen wie präzisen Charakteristik:

Für die Badeurlauber weht der Wind dann, wenn sie ihn nicht brauchen, für die Surfer weht er dann nicht, wenn sie ihn brauchen. Alles klar?

Als im Mai 1985 in Tarifa internationale Surfmeisterschaften ausgetragen werden sollten, wehte zwei Wochen lang gar kein Wind. Der kam, als im Juli und August die Badeurlauber anreisten. Ansonsten bewirkt der marokkanische Klimaeinfluß ganzjährig eine stabile Schönwetterlage.

DIE WINDE DER COSTA DE LA LUZ
Vier Winde wechseln sich dort unten in unregelmäßigen Zeiten ab: da ist zunächst einmal Seine Majestät,

DER LEVANTE
Ein starker, heißer, trockener Wind von Osten. Irgendwann, bei Tag oder Nacht, spürt man ein oder zwei kurze Windstöße. Sonst nichts. Für ein paar Augenblicke holt der Levante Atem. Kenner nützen diese kurze Zeitspanne, um alles, was nicht niet- und nagelfest ist, in Sicherheit zu bringen. Dann bläst er. Ohne nochmals Atem zu holen zwei Tage, 6 Tage, eine Woche, zwei Wochen. Tag und Nacht.

Er bläst einem den Staub in die Ritzen des Autos und das Hirn aus dem Kopf; er treibt das Glas vom Tisch und die Zigarettenglut dem Nachbarn ins Auge, gelegentlich sogar einen Surfer nach Teneriffa. Einer sucht seine Luftmatratze, ein anderer seine Großmutter, die in den Trümmern eines verwehten Zeltes liegt und die zerfetzten Reste zu halten versucht. Der wolkenlose Himmel strahlt, das blaue Meer ist bis zum

Horizont voller weißer Schaumkrönchen, und am Strand sticht ein Sand-strahlgebläse wie mit tausend Nadeln in Waden und Bauchdecke.

Die Einheimischen sitzen im Patio und seufzen: "Que viento!" (was für ein Wind!), die Badegäste sitzen in der Kneipe und spielen Mensch-ärgeredichnicht. Die Surfer jauchzen.

DER SURESTE

Eine leichte, kaum merkliche Brise aus Südost, ein afrikanischer Wind. Wie Balsam weht er von den Gestaden Marokkos herüber.

Die Badegäste jauchzen; die Surfer sitzen gelangweilt neben ihren Brettern und fluchen. Die Einheimischen stöhnen: "Que calór!" (was für eine Hitze!)

DER PONIENTE

Der eiskalte vom Atlantik, von Westen. Zu wenig zum Surfen, zum Baden für Empfindliche zu kalt.

In dicke Pullover gehüllt sitzt man im Freien und greift mit klammen Fingern zum kalten Weinglas.

Er ist auch der Wind des Sonnenbrandes: im Schatten bekommt man eine Gänsehaut, also legt man sich in die Sonne, vergißt dabei aber, daß fast senkrecht über einem die Sonne Andalusiens steht, und das Licht der Costa de la Luz, ungetrübt durch Städte und Industrie, mit hohem Ultraviolett-Anteil voll auf die Haut brennt.

Nach Sonnenuntergang bringt er viel Feuchtigkeit vom Meer her.

DER NORTE

Ähnlich dem Poniente ist er kalt, weht schwächer als der Meereswind und bringt abends keine Feuchtigkeit mit sich.

Die Unberechenbarkeit dieser Winde, und der ständige Wechsel zwischen Nutzen für den einen und Schaden für den anderen und umgekehrt haben dieser Küste zwischen Tarifa und Portugal einen guten Teil ihrer Ursprünglichkeit bewahrt. Oh Herr, laß' die Winde wehen!

Bei allen Problemen, die die Winde für den 'Wassertouristen' mit sich bringen, soll aber nicht verschwiegen werden, daß die Küste landschaft-lich von seltener Schönheit ist. Endlos weite und flache Sandstrände, einmalig in Europa, wechseln ab mit schroffen Steilküsten. Kleine, weiße Dörfer liegen in den Buchten und an den Bergeshängen, in deren Felsen die Geier sitzen, und über die hinweg die Keilformationen der Störche ziehen. Braune und schwarze Rinderherden ziehen gemächlich über riesige Weideflächen, und das 'cerdo iberico' reibt seine anthrazitgraue Schwarte an der Rinde der Korkeiche.

Die Luft ist klar und durchsichtig, und der Himmel darüber reicht in tiefblauen Tönen bis in die violetten Grenzen der Unendlichkeit.

*   *   *

Die Costa de la Luz auf einen Blick

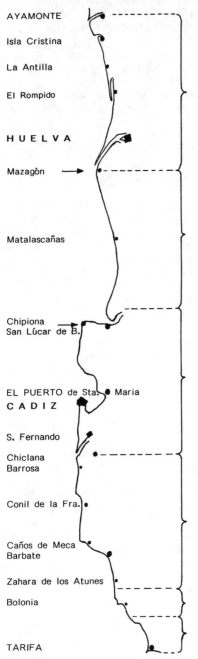

AYAMONTE

Isla Cristina

La Antilla

El Rompido

H U E L V A

Mazagón →

Matalascañas

Chipiona
San Lúcar de B.

EL PUERTO de Sta. ● Maria
C A D I Z

S. Fernando

Chiclana
Barrosa

Conil de la Fra.

Caños de Meca
Barbate

Zahara de los Atunes

Bolonia

TARIFA

An 2 Punkten (—→) der Skizze wurde die
Küste "gerade gebogen", wo sie in Wirklichkeit nach Westen abbiegt.

Sandstrände, aber: wenig Hotels und
Campingplätze, fast alles in privater,
spanischer Hand, wenig Zugang zum
Meer, Wasser zum Teil verschmutzt,
vor allem in der Nähe von Huelva.

Schöne Pinienwälder

Sandstrände, das Wasser wird nach
Süden zunehmend klarer; Keine Zufahrten
von der Straße zum Strand, keine Parkplätze; Wanderungen am Strand sind
von Matalascañas aus nach Süden und
Norden möglich.

Sandstrände, wenig Wind, aber:
Wasser zum Teil sehr verschmutzt!

Pineta und Dünenlandschaft

Ideal für Badeurlaub !

Herrliche Sandstrände, Wasser sauber,
Winde mäßig, genügend Hotels und Campingplätze, im Sommer: "Sol garantido".

Sandstrände, aber gelegentlich starke Winde,
wenig Hotels, keine Campingplätze

lange Sandstrände, Wechsel zwischen starken
Winden und Flauten, deshalb zum Surfen nur
bedingt zu empfehlen; viele Hotels und ⚠.

186

Im Sommer 1987 bin ich die gesamte Costa da la Luz, von Ayamonte an Portugals Grenze bis Tarifa an der 'Punta Maroqui', Meter für Meter abgefahren, um für diejenigen meiner Leser einige empfehlenswerte Küstenabschnitte zu erkunden, die auch oder nur Badeurlaub in Andalusien verbringen möchten.

Das folgende Kapitel beschreibt ausschließlich die Küstenlinie Abschnitt für Abschnitt. Alle Städte, Dörfer und sonstigen Sehenswürdigkeiten werden in den Kapiteln der zwei Provinzen Huelva und Cadiz beschrieben.

Bei aller Schönheit der Küste, ihrer Landschaft und Vegetation, ihres Klimas und Lichtes, mußte ich am Schluß feststellen, daß die Auswahl wirklich empfehlenswerter Gebiete nicht so groß ist, wie ich zunächst dachte. Schuld daran sind zum einen die Verschmutzung des Wassers durch den Rio Tinto bei Huelva, den Guadalquivir bei Sanlúcar und den Guadalete bei El Puerto de Sta. Maria; zum anderen die zwar wunderschönen, aber zum Teil schwer zugänglichen Sandstrände, südlich und nördlich von Matalascañas, und zum dritten die schon erwähnten Windprobleme im Süden.

Von Huelva bis Ayamonte

Westlich von Huelva überquert man auf einer langen Brücke die flache Lagune und biegt dann nach Süden ab. Die Straße führt durch lichte Pinienwälder, links sieht man über die Lagunenlandschaft hinweg auf die Schornstein-Skyline von Huelva, im Südosten taucht die Wohnsilo-Skyline von PUNTA UMBRIA auf. Die Strecke von Punta Umbria bis EL ROMPIDO: flach hügelig, Pinienwälder, Sandstrände, aber: kaum ein Zugang zum Meer, wenig Parkplätze und überall Schilder: 'Prohibido Accampar' (Camping verboten).

Kurz vor EL ROMPIDO: Campingplatz 'Catapum'.

Der Küste von Rompido ist, etwa 400 Meter vom Strand entfernt, eine kilometerlange, flache, mit Buschwerk bewachsene Sanddüne vorgelagert. El Rompido selbst ist ein verschlafenes Nest mit vielen privaten Bungalows und keinem Hotel. Hinter El Rompido fährt man durch schöne Eukalyptus- und Pinienwälder, dann

El Rompido

biegt die Küstenstraße nach Norden ab zur Hauptstraße bei CARTAYA. Nach 7 km zweigt man in LEPE, berühmt durch seine Erdbeeren und die Witze, die man sich in ganz Spanien erzählt (ähnlich unseren Ostfriesenwitzen), wieder nach Süden zur Küste und erreicht nach Kiefern- und Föhrenwäldern die Playa de la Antilla, die sich als schmaler Sandstrand 10 km lang bis zur Playa de Isla Cristina hinzieht.

Im Fischereihafen von Isla Cristina

LA ANTILLA ist ähnlich wie El Rompido: viele private Ferienhäuser, keine Hotels und Campingplätze, ein einziges Restaurant mit ein paar Zimmern.

Der Strand bis Isla Cristina ist gesäumt von den schönsten Pinienwäldern und schönen Dünenlandschaften, aber leider gibt es von der Küstenstraße zum Strand keine Zufahrtswege, und an der Straße keine Parkplätze, lediglich zwei Picnicplätze, aber mit Schildern: 'Prohibido accampar'. Das Hinterland ist flach und ohne Abwechslung.

ISLA CRISTINA: kein besonders hübscher Ort. Müllhalden in der Peripherie; das Innere der Stadt entbehrt des andalusischen Straßenbildes, lediglich der große Fischereihafen (Foto oben) hat seine ganz spezielle Atmosphäre. Am westlichen Ortsrand führt eine kurze Stichstraße, vorbei an dem unter hohen Eukalyptusbäumen gelegenen Hotel Paraiso, zum Strand.

Von Huelva nach Matalascañas

Man verläßt Huelva in südlicher Richtung durch eine seiner vielen Industriezonen, an deren Ende sich rechts das Kolumbus-Denkmal erhebt, überquert den Rio Tinto, erblickt nach der Brücke links oben das Klösterchen La Rabida, und passiert die Raffinerie gleichen Namens.

Unmittelbar danach beginnt eine flach-hügelige Landschaft mit Pinienbestand. Die begradigte, neue Küstenstraße läuft ab hier bis Matalascañas im Abstand zwischen 500 und 1000 Metern an den bewachsenen Dünen entlang. Sie verfügt weder über Parkmöglichkeiten noch über Zufahrten zum Strand.

Bis MAZAGON verläuft parallel zur Küste und etwa 600 Meter von dieser entfernt, eine Düne und dazwischen ergießt der Rio Tinto den Industriedreck und die Abwässer von Huelva ins Meer. Der Parador Nacional 'Cristobal Colon' liegt zwar recht malerisch auf einer Felskuppe über dem Meer und in sehr ruhiger Landschaft, aber zum Baden würde ich, wenn überhaupt, nur in den Swimmingpool gehen.

30 km nach Mazagón taucht am Horizont MATALASCAÑAS auf. Vor dem Ort liegt rechts der Straße der Campingplatz 'Rocio-Playa'. Die Bezeichnung 'Ort' ist hier eigentlich nicht anwendbar, denn einen organisch gewachsenen Ort hat es hier nie gegeben. Matalascañas ist eine auf dem Reißbrett geplante Ansammlung von Hotelklötzen und privaten Bungalows zu Ferienzwecken. Die Hotelkapazität liegt zur Zeit bei etwa 80.000 Betten. Das Einmalige von Matalascañas: Sandstrände 30 km nach Norden und Sandstrände 30 km nach Süden.

Unmittelbar bei Matalascañas beginnt der riesige Naturschutzpark Coto Doñana, dessen Büro und Eingang links der Straße nach El Rocio, in AZEBUCHE liegen und der in der Provinz Huelva bereits beschrieben wurde.

Von Sanlúcar de Barrameda bis Chiclana

Dieser ganze Küstenabschnitt ist für Badeurlauber nicht zu empfehlen. Von SANLUCAR bis CHIPIONA wälzen sich die braunen Schlammfluten des Guadalquivir an die flachen Sandstrände. Die Landschaft ist tischeben, landwirtschaftlich genützt und langweilig. Kurz vor ROTA liegt links der Straße der Campingplatz 'Punta Candor'.

Von Rota aus muß man in Richtung El Puerto de Santa Maria die riesige, amerikanische Militärbasis umfahren, erreicht dann am nordwestlichen Ortsbeginn von El Puerto die Urbanisation 'Vistahermosa', deren Eingang einladend aussieht, die aber nur aus privaten Bungalows besteht, außer dem dort ansässigen 'Club Mediterranée'. Vom schmalen Sandstrand aus sieht man rechts Rota, links die Hafenkräne von EL PUERTO; trotzdem sind die Strände im Sommer bevölkert, ebenso wie die von CADIZ (Playa de la Victoria) und von SAN FERNANDO (Playa Costadura). Über Geschmack läßt sich bekanntlich nicht streiten.

Am Ortsbeginn von CHICLANA zweigt eine Straße rechts ab zur Playa de la BARROSA: am Ortsstrand schiebt sich die Betonpromenade bis auf 20 Meter ans Wasser heran. Ein ebenso pflegeleichtes wie grundhäßliches Beispiel von Strandverplanung.

Wenn man Barrosa in südlicher Richtung verläßt, fängt nach etwa einem Kilometer eine Sandpiste an, die auf eine Länge von 4 - 5 km in eine unberührte, zerklüftete Dünenlandschaft mit herrlichen Stränden und klarem Wasser führt. Zum Baden ideal geeignet, jedoch ohne Unterbringungs- und Verpflegungsmöglichkeiten - kurzum ein Naturparadies!

Von hier aus sieht man eine kleine Insel im Meer liegen: SANTI PETRI. Dort stand ein phönizischer Göttertempel, dessen Riesenstatue bei den Griechen zum Herakles wurde. Alles wurde bei der Suche nach einem Schatz von den Mauren zerstört und als Castillo neu erbaut (13. Jh.). Auch Römermauern gibt es. Ein Leuchtturm steht heute auf den Resten sämtlicher Epochen.

Von Conil de la Frontera bis Zahara de los Atunes

Dies ist der ideale Küstenabschnitt für Badeurlaub, auch mit Kindern: breite und lange Sandstrände, sauberes Wasser, mäßige Winde, genügend Unterbringungsmöglichkeiten, ohne zersiedelt zu sein, urbanes Leben in überschaubaren Ortschaften, die sich ihre Ursprünglichkeit bewahrt haben, und - 'Sol garantido' - beständiges Klima. Man kann nur eines nicht erwarten: im Juli und August allein dort zu sein.

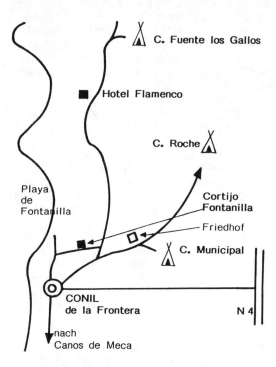

Conil besitzt ein hübsches Stadtbild andalusischer Prägung. Direkt vor dem Ort liegt die breite Playa Municipal, einen km nördlich davon ist die kleinere und intimere Playa de Fontanilla mit Parkmöglichkeiten beim Restaurant gleichen Namens. Kurz vor der Fontanillabucht zweigt eine schmale Straße rechts ab zum 'Cortijo de Fontanilla'. In einem herrlichen Park mit Blumen und hohen Palmen vermietet Maria von Knobloch, spanische Witwe eines deutschen Architekten, 8 Bungalows mit Küche, Bad, Schlaf- und Wohnraum. Das Ganze ist intim und familiär gehalten, und verständlicherweise von vielen Stammgästen besucht. Zum Strand sind es etwa 500 Meter, und ab 1989 soll ein kleiner Campingplatz dazukommen.

3 km weiter nördlich liegt das neu gebaute Hotel 'Flamenco', zur Iberotel-Kette gehörig, und überwiegend von deutschen Urlaubern frequentiert. Noch 1 km nördlich, und man erreicht auf einer holperigen Straße den Camping 'Fuente del Gallo'.

Von Conil nach Süden erstrecken sich zirka 5 km schöne Sandstrände mit klarem Wasser und ohne jede Bebauung, jedoch von der Küstenstraße kaum erreichbar; zumindest nicht mit dem Auto, und das ist auch ganz gut so. Etwa 6 km nach Conil zweigt eine asphaltierte Straße rechts ab nach EL PALMAR:

ein paar Bauernhäuser, ein Restaurant mit Hotel direkt am Meer, an einem traumhaften Badestrand mit Sand und klarem, erfrischendem Wasser. Im Juli und August ist man natürlich auch hier nicht allein.

Vor CAÑOS DE MECA sieht man rechts der Straße auf einem flachen

Plateau den Leuchtturm von Kap Trafalgar, wo 1806 die spanisch-französischen Seestreit-kräfte von der britischen Flotte unter Admiral Nelson besiegt wurden, der dabei fiel.

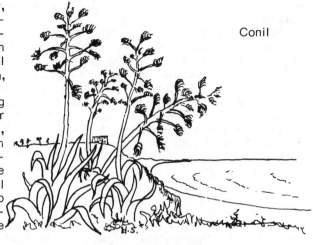

Conil

Kurz vorher: Camping 'Caños de Meca', zwar im Schatten von Pinien, aber vom Strand 1 km entfernt. Am Ortsein-gang von Caños de Meca: Appartementhotel mit Bungalows 'Edificio Trafalgar', auf der ande-ren Seite der Straße breiter Sandstrand.

Der Ort Caños de Meca ist reizlos und mit Wohnblocks verunziert. In der Ortsmitte führt ein Feldweg links (200 m) zum Camping 'Camaleon'.

zur N 4

ZAHARA de los Atunes

Hotel Antonio

Hostal Miguel

Hotel-Bauruine

Hotel Palace Atlanterra

Cortijo de Plata

Private Urbanisation Atlanterra

Sierra de Plata

Nach Caños steigt die Straße an, und auf die Länge von 8 km folgt eine wunderschö-ne Strecke durch herrliche Pinienwälder, bis es wieder abwärts geht nach BARBATE, einer relativ neuen und nicht gerade sehr reizvollen Stadt mit Fischereihafen und Konservenfabriken (früher hieß sie Barbate de Franco).

Südlich von Barbate führt die Küsten-straße durch einsame Wiesenlandschaft, aber auf der gesamten Länge von etwa 10 km bis Zahara warnen zu beiden Seiten der Straße Schilder: 'Zona Militar, prohibido el paso' (Militärische Zone, Betreten verbo-ten). Die Sache hat auch ihr Gutes: hier kann nicht gebaut werden.

ZAHARA DE LOS ATUNES

Bei dem kleinen, bescheiden wirkenden Fischerdorf beginnt ein breiter, 8 km langer Sandstrand mit glasklarem Wasser!

Im Ort sind zwei empfehlenswerte Restau-rants mit Hotel: das 'Nicolas' mit neu und geschmackvoll eingerichteten Zimmern, und das 'Castro' beim Parkplatz am Strand. Beide Häuser sind ganzjährig geöffnet.

Bei dieser Gelegenheit möchte ich einmal eine generelle Empfehlung anbringen: in den Monaten Juli und August sind alle

191

Strände von Spaniern und Touristen belebt, und rechtzeitige Zimmerreservierung ist notwendig. Wer aber die Möglichkeit hat, seinen Urlaub im Herbst oder Frühjahr zu planen, hat 'Platz zum Liegen'. Das klingt zunächst wie eine Binsenweisheit. Was aber Andalusien und seine Costa del Sol von vielen anderen Urlaubszielen unterscheidet, sind zwei wesentliche Tatsachen: auch in dieser Zeit, sogar im Winter, sind fast alle Restaurants und Hotels offen, und auch in dieser Zeit ist das Klima angenehm; für viele sogar angenehmer als im Sommer. Selbst im Dezember und Januar blühen Blumen auf grünen Wiesen, man kann sein Frühstück hemdsärmelig im Freien zu sich nehmen. Die im Sommer, vor allem an der Küste überlasteten Wirtsleute freuen sich über jeden Gast und geben sich bei der Zubereitung der Speisen besondere Mühe. Ein paar Regentage, die es natürlich auch gibt, verbringt man an gemütlichen Kaminfeuern bei gutem Essen und einer Flasche Wein. Oder zwei.

In diesem Sinne empfehle ich die gastlichen Häuser von Zahara und das 1 km südlich vom Ort gelegene Hotel 'Antonio': völlig allein liegt es rechts der Straße direkt am weiten Strand in absoluter Ruhe, ist gemütlich eingerichtet und gehört zur mittleren Preisklasse.

Am südlichen Ende der Bucht liegt das komfortable 4-Sterne-Hotel 'Palacio Atlanterra'. Kurz davor erhebt sich mit runden Balkonlöchern wie ein riesiger Schweizer Käse aussehend, der von einem deutschen Finanzier zwar fertiggestellte, von Sheraton aber wieder fallengelassene, jetzt verlassen daliegende Hotelkoloß.

200 Meter nach dem 'Atlanterra' liegt das hübsche Anwesen 'Cortijo de la Plata', wo in einem großen Garten Bungalows vermietet werden. In der anschließenden Bucht haben sich finanzstarke Deutsche und Schweizer feudale Residenzen errichtet.

Von Zahara nach Tarifa

Die Küstenstraße hört in Zahara auf; dann schiebt sich die Sierra de Plata bis zum Meer vor.

Um die Bucht von Bolonia zu erreichen, muß man wieder auf die N IV fahren.

Die weite Bucht von Bolonia ist landschaftlich schön, hat auch einen langen Sandstrand, aber für den Urlauber einige Probleme: da ist hier zum einen

SIERRA DE PLATA

⊤⊤ Röm. Ruinen "Baelo Claudia"

○ BOLONIA

☐ Parkplatz

Camping in der Bucht verboten. (Militärische und archäologische Zone)

Sack-Straße

■ Hotel Bellavista

Zimmer

■ Hostal Don Pedro

LENTISCAL → zur N IV

Hotel A. Rios

Hotel El Jerezano

192

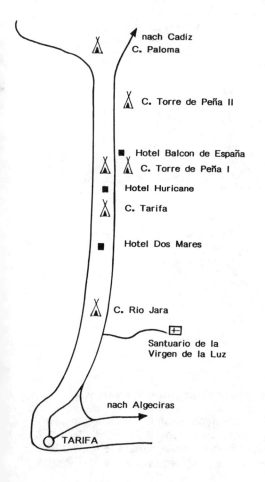

nach Cadiz
C. Paloma

C. Torre de Peña II

Hotel Balcon de España
C. Torre de Peña I
Hotel Huricane
C. Tarifa

Hotel Dos Mares

C. Rio Jara

Santuario de la
Virgen de la Luz

nach Algeciras

TARIFA

der ab und zu mächtig blasende Levante-Wind, der wie gesagt bei längerer Dauer enervierend ist. Zum anderen fehlen die für einen 'normalen Tourismus' notwendigen Dinge wie medizinische Hilfe oder Verkehrsverbindungen ganz, und im Sommer wird das Wasser knapp.

Für Frühjahr, Herbst und Winter (außer Februar und März) gilt auch für hier, was ich bei Zahara auf der vorherigen Seite sagte: erholsamer Urlaub!

Hotels und Restaurants: am Ortseingang: Hostal Residencia (ohne Rest.): 'Don Pedro'; für Touristen mit gehobenen Komfortansprüchen, aber mit 'Volkskontakt': Hotel 'Bellavista' mit Restaurant.

Einfache Zimmer vermieten die Bauern an der Straße nach Lentiscal (Plan). Die Hostales (mit Rest.) 'Antonio Rios' und 'El Jerezano' liegen direkt oberhalb des Strandes; letzterer hat einen hübschen Palmengarten, eine schöne Terrasse und für Wintergäste einen gemütlichen Kamin.

Auch die drei Restaurants im alten Bolonia, 'Otero', 'Bahia' und 'Miramar', die an dem zum Meer hin offenen Dorfplatz liegen (Fotos Seite 182) sind im Winter geöffnet und legen Holz in ihren Kamin.

DIE KÜSTE VON TARIFA

Nur selten sieht man hier Autos mit 'nacktem Dach', also ohne Surfbretter; und wenn dann gerade mal der Levante weht, übersteigt die Zahl der wippenden Segel die der Schaumkronen auf dem Meer. Auf den fünf Campingplätzen gibt es nur ein Gesprächsthema: Surfen.

Das angenehmste und schönste Hotel an dieser Küste (direkt am Strand) ist ohne Zweifel das 'Dos Mares'.

An dieser Stelle, am Ende der Provinz Cadiz und ihrer Costa de la Luz, heben wir eine 'copita de fino de Jerez', einen Wein, der nach Atlantik und Weite schmeckt, bevor wir uns in die Provinz Malaga, auf europäischen Boden begeben.

Die Provinz **Malaga**

Obwohl zu dieser Provinz so bekannte und klangvolle Namen wie Malaga, Costa del Sol, Ronda und Marbella gehören, und obwohl an den Stränden von Nerja über Torremolinos bis Estepona jeden Sommer Millionen sonnen- und erlebnishungriger Touristen zusammenströmen, hat das Wort 'rico' hier mehr die Bedeutung 'reich' im Sinne von finanziellem Wohlstand, im Gegensatz zu anderen Provinzen wie etwa Cadiz, wo es für 'herrlich' steht.

Die Provinz Malaga ist unter drei Gesichtspunkten zu sehen:
- Die Küste 'Costa del Sol' mit der Hauptstadt,
- Ronda als touristischer Dauerbrenner in seiner zerklüfteten Sierra,
- charakteristische Landschaftsbilder - Felsen und Schluchten um Antequera herum.

Außerdem ist die Provinz Malaga die Gegend der Höhlen:
- Die Vergnügungshöhlen der Costa del Sol: Discos, Pubs und Night-clubs, wo die Ölmultis ihre üppigen Petrodollars, und die TUI's ihr sauer Erspartes springen lassen.
- die prähistorischen Höhlen von Nerja und La Pileta, die älter sind als die von Altamira in Nordspanien, oder die 'Cuevas' von Antequera, wo Menschen der Eiszeit oder der Jungsteinzeit ihre Jagdtiere an die Wand malten oder ihren Toten erstaunliche Grabkammern erbauten.

Malaga - eine Provinz der Kontraste!

MALAGA

Malaga ist eine lebens-
frohe Stadt, nicht nur
zur Zeit der überschäu-
menden Fiesta Malageña,
der großen Feria im
August.
Nach Jerez gilt sie
für das Küstengebiet
des Mittelmeeres als
Wiege des Flamenco.
In jüngster Zeit ange-
legte Schnellstraßen
ermöglichen es heute,
die Trabantenstädte
rasch zu durchqueren,
und zum schönen Stadt-
zentrum zu gelangen,
wo allerdings chronische
Parkplatznot herrscht.
Parken: am ehesten
in der Parkgarage des

Alcazaba und Gibralfaro

Kaufhauses 'El Corte Ingles', westliche Innenstadt. Das quirlige Altstadt-
leben konzentriert sich im Dreieck: Plaza de la Constitución, Plaza
de la Merced und Kathedrale. Gassen mit Atmosphäre: Calle Juan de
Padilla und Calle dos Aceras. Das Herz der Innenstadt ist Platz und
Gäßchen 'Pasaje de Chinitas' mit den traditionellen Cafés. Beim abendlichen Bummel bietet sich in einer der zahlreichen Tavernen der Altstadt die Möglichkeit, die berühmten Weine Malagas zu probieren, die
überwiegend schwer und süß sind, wie zum Beispiel der 'mocatel' (Muska-
teller).

Die Kathedrale
Fast drei Jahrhunderte Bauzeit gaben der Kirche ihre verschiedenen
Stile, deren überwiegender aber als Renaissance zu erkennen ist. Trotz
der langen Bauzeit ist sie immer noch nicht fertig: einer der unvoll-
endeten Türme heißt 'La Manquita' (die Fehlende).
Im Inneren sind zwar die schönen, holzgeschnitzten Figuren des Chorgestühls (17. Jh.) sehenswert, doch ist die Kathedrale von Malaga in
ihrer Gesamtheit keinen Umweg wert. Wer andalusisch-spanische Renaissance in Reinkultur erleben möchte, muß nach Granada oder Jaen gehen.

Das Rathaus
An dem von alten, mächtigen Palmen beschatteten 'Paseo del parque',
vor den verschwenderisch blühenden Gärten 'Puerta Oscura' (sie führen
zum Gibralfaro hinauf) steht in üppiger Renaissancepracht das Rathaus.
Im Inneren führt eine Marmortreppe, vorbei an fünf hohen Buntglas-
fenstern, die unter anderem die Gründung der Stadt durch die Phönizier

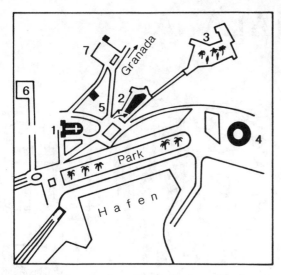

MALAGA - ZENTRUM

1 Kathedrale
2 Alcazaba
3 Gibralfaro
4 Arena
5 Museo de Bellas Artes
  (Kunstmuseum)
6 Plaza Constitución
7 Plaza de la Merced
  mit Picassos
  Geburtshaus

und den Einzug der Katholischen Könige in Malaga darstellen, zum Sitzungssaal mit schöner Gemäldedecke.

Die Alcazaba

Zunächst von den Nasriden, den Herrschern von Granada, erbaut - vermutlich ähnlich prächtig wie die Alhambra, dann von den Katholischen Königen nach der Reconquista vorübergehend bewohnt, ist diese maurische Stadtburg in der Folge fast völlig zerfallen und verkommen, bis auf ein paar Mauern und Türme.

In den letzten Jahrzehnten hat man sie im maurischen Stil wieder rekonstruiert. Auf serpentinenartig angelegten Wegen zwischen äußeren Wehrmauern und Türmen gelangt man zunächst zur 'Puerta de las Columnas', die Säulen des Tores stammen von dem außerhalb der Mauern der Alcazaba gelegenen, römischen Amphitheater, dann zum großen 'Arco del Cristo' mit seinem Hufeisenbogen, wo nach der Eroberung Malagas während der Reconquista die erste, christliche Messe gelesen wurde.

In den oberen Räumen des 'Arco de Granada' ist das

ARCHÄOLOGISCHE MUSEUM

Neben römischen und westgotischen Stücken zeigt es Steinzeitfunde aus der Höhle von Pileta.

Über die Art des Wiederaufbaus maurischer Gebäude und Patios kann man geteilter Meinung sein. Uneingeschränkte Anerkennung und Bewunderung verdienen aber die Gärten der Alcazaba mit ihren Blumen - Rosen, Bougainvilla, Lilien -, Zierhecken wie Jasmin und vielen Bäumen, vor allem Palmen und Zypressen.

Das Geburtshaus Picassos

Eine schlichte, kleine Tafel neben der Eingangstür zum Haus Nr. 15 (Plaza de Merced), in dessen Parterre ein Lebensmittelgeschäft untergebracht ist, erinnert daran, daß Pablo Picasso hier 1881 geboren wurde. Angeblich plant die Stadt die Einrichtung eines kleinen Museums.

196

Der Gibralfaro

Das nordöstlich der Alcazaba gelegene Castillo (Wehrburg) wurde schon 787 von Abd-ar-Rahman erbaut und besaß einen Leuchtturm (Gibralfaro: Berg des Leuchtturms). Von den zwischen den Resten der Festung angelegten Gärten hat man einen schönen Blick auf die Altstadt und den Hafen. Neben dem Kastell liegt der Parador Nacional gleichen Namens.

Das Museo de Bellas Artes

Das Kunstmuseum zwischen Kathedrale und Plaza Merced, in der Calle San Agustin, zeigt Werke spanischer Maler und Bildhauer verschiedener Jahrhunderte, unter anderem Zurbaran, Murillo, P. de Mena, von dem das Chorgestühl der Kathedrale stammt.

Vom großen Sohn der Stadt, Pablo Picasso, besitzt Malaga außer ein paar Jugendwerken nichts. Das Verhältnis Picassos zu seiner Vaterstadt war bekanntlich kein sehr inniges.

La Atarazana - die zentrale Markthalle

Die zentrale Markthalle von Malaga, unweit des Hafens, war zur Zeit der maurischen Könige eine Schiffswerft, von der nur noch das sehr schöne Hufeisentor 'Puerta de las Atarazanas' erhalten ist, das einzige, authentische und vollständig erhaltene Zeugnis aus maurischer Zeit, von den Mauerresten der Alcazaba abgesehen.

DIE COSTA DEL SOL

Als ich mich nach rund 20 Jahren Andalusien-Erlebnis zu diesem Buch entschloß, bestand meine ausschließliche Intuition darin, einen Leser anzusprechen, der dieses herrliche Land, seine Städte und Menschen kennenlernen möchte.

Da er genau das an der Costa del Sol nicht kann, verzichte ich auf eine so detaillierte Beschreibung dieser Küste, wie ich sie für die Costa de la Luz geschrieben habe; nicht zuletzt auch meiner Abneigung wegen, anstatt 'Playa' nur noch 'Beach' zu lesen, einen 'Sunset Beach Club' aufzusuchen, in Torremolinos in 'Willi's Bierbar zu gehen, 'Deutschen Kaffee' zu trinken, oder 'Wurstel mit Kraut' zu verzehren.

Und wenn einer seinen 'Teutonengrill', die zwei Quadratmeter Strandfläche verläßt, um auf einem 'Burro-Taxi', einem Mietesel durch die Bergstadt Mijas zu reiten, sieht er zwar weiße, andalusische Häuser mit Balkongittern und Blumen, aber nicht Andalusien! Er könnte zu diesem Zweck genau so gut ins Freilichtmuseum 'Pueblo Español' nach Barcelona gehen.

Gewiß: die Landschaft der Küste mit ihren weiten Buchten und ihrem eindrucksvollen, bergigen Hinterland ist sehr schön - soweit sie noch sichtbar ist -, die Vegetation ist subtropisch bunt, reich und vielfältig, und das Klima rechtfertigt die Bezeichnung 'Costa del Sol'.

Doch kann das alles den aufmerksamen Betrachter nicht darüber hinweg täuschen, daß der gesamte Küstenabschnitt von Nerja im Osten

bis Estepona im Südwesten nicht nur durchgehend verbaut und zersiedelt ist, sondern prinzipiell aus drei Arten von Gettos besteht:
- die des Massentourismus in seinen Betonwüsten von Torremolinos, Fuengirola usw.,
- die des versnobten Jetset in seinen 5-Sterne-Hotels, Yachthäfen und Golfplätzen, deren Klientel sich inzwischen zum großen Teil aus arabischen Ölscheichs rekrutiert,
- und schließlich die 'Reservate', wohin sich die Einheimischen zurückgezogen haben, die noch vor nicht allzu langer Zeit ihre Grundstücke für wenig Geld verkauften und nun das Heer derer bilden, die im Dienstleistungsgewerbe der erstgenannten Gettos arbeiten - mit Frack in den Etablissements 'de gran lujo' (mit höchstem Luxus), ohne Frack beim Rest.

Es mag Leute geben, für die das Nachtleben von Torremolinos aufregend ist, für die ein 'Pub' in der Altstadt von Marbella ein lohnender Ersatz für das gebuchte Hotelzimmer ohne Meeresblick ist, und für die es die Erfüllung eines Urlaubs darstellt, im Luxusyachthafen Puerto Banus (südlich von Marbella) einen Kaffee zu trinken: Kopfwendung nach links - hochhackige Blondine, Kopfwendung nach rechts - Silver Lady auf der Motorhaube eines Rolls.

Diese Leute brauchen kein Buch über Andalusien. Die brauchen nur ein Scheckbuch.

Dennoch trotzen die Ortskerne, Kastelle und Wachttürme der historischen Küstenorte seit Jahrhunderten den Veränderungen der Zeit, wenn sie auch in den letzten Jahren, von den Hochbauten eingeengt, aus dem Blickfeld entschwinden.

Das Seeräubertum des 16. Jh. zwang zu ständiger Wachsamkeit, daher die vielen Festungsburgen über den Orten und 'Piratentürme' am Meeresstrand.

Nerja

Folgt man der Küste von Ost nach West, beginnt man in einem Siedlungsort der Urzeit: NERJA, mit dem hochgelegenen Felsvorsprung 'Balcon de Europa', dem berühmten Aussichtspunkt über Gebirge und Meer. 1959 wurde 4 km östlich eine sensationelle Entdeckung gemacht; die prähistorische Tropfsteinhöhle 'Cueva de Nerja' mit Wandmalereien aus dem Neolithikum; die 60 Meter hohen Stalaktiten gaben der Höhle den Beinamen 'Kathedrale der Vorzeit'. In dem riesigen Höhlen-'Saal' finden in der ersten Augusthälfte alljährlich Konzerte und - was in dieser Umgebung besonders reizvoll wirkt - Ballettaufführungen statt. Schädelknochenreste des Cro-Magnon-Menschen und andere Funde sind im Museum neben der Höhle zu sehen. Nerja hat eine hübsche Altstadt.

Torrox

3 km von der Küste. Weißes Bergdorf römischen Ursprungs.

Torre del Mar
Der Badeort der alten Karthagerstadt
Velez Malaga (1. Jh.)
Heute stimmungsvolles Landstädtchen, 4 km landeinwärts, mit Festungshügel, schönen Kirchen, Juderia an der Plaza Santa Cruz, Barrio (Viertel) El Arrabal und römische Nekropole (Noria Alta) am linken Ufer des Rio Velez.
Hinter dem nun folgenden Malaga kommt man nach
Torremolinos
An den Ausläufern der Sierra de Mijas. Alte Viertel: El Bajandillo (Fischer), El Carihuela (Landarbeiter).
Benalmádena
Vergnügungspark Tivoli
Fuengirola
Zweitürmige Kalifenburg (10. Jh.) über der Strandpromenade.Von beiden letztgenannten Orten ist ein Ausflug zum andalusischen 'Vorzeigedorf' **Mijas** möglich
Olivenhänge, Panoramablick über Küstenorte und Meer. Esel-Taxis. Die Souvenirgasse: Calle de San Sebastian. Mijas hat eine viereckige Arena.
Marbella
Römisch: Barbesula, arabisch: Barbello. Der alte Stadtkern mit Resten von Festungsmauern hat noch winkelige Gassen und einen kleinen, baumbestandenen Hauptplatz mit schneeweißer Kirche - am Ortsausgang: eine neue, weiße Moschee, die anzeigt, daß in Marbella die 'Mauren' wieder Fuß fassen. Ausflug zum Bergort **OJEN** mit Burgruine 'Solis'.
Direkt am Südende von Marbella schließt sich
San Pedro de Alcantara
an. Römische Thermen 'Las Bovedas' und die unter Denkmalschutz stehenden Mosaikfußböden. Im nahen LINDAVISTA, direkt am Meer, steht die Westgotenbasilika 'Vega del Mar' (6. Jh.).
Südlich von
Estepona
einem alteingeführten Badeort mit besonders blumenreicher Strandpromenade, ist ein Ausflug nach dem in der Sierra Bermeja gelegenen Bergort
Casares
zu empfehlen. Casares ist außerordentlich harmonisch angelegt und gehört in die Gruppe der schönsten 'Weißen Dörfer' Andalusiens.

Die Landschaft neben der Küstenstraße in Richtung Algeciras wird zunehmend freier und ruhiger. Die Natur hat in Wiesen und Eukalyptuswäldern wieder eine Chance, sich zu entfalten, denn die neu entstehenden Appartementsiedlungen am Strand werden niedrig gebaut, und passen sich der Umgebung mehr an. Viele von ihnen ahmen in naiver Weise den maurischen Stil nach.

Gibralter nähert sich, und Afrika rückt ins Bild. Bei klarer Sicht kann man schon jetzt den Berg Djebl-al-Musa, das Gegenstück zum Giraltarfelsen, jenseits der Straße von Gibraltar sehen. Die Atlantikprovinz Cadiz (vorheriges Kapitel) ist erreicht.

RONDA

Puente Nuevo

Ronda ist für mich die Stadt der fünf R:
Ronda, Rilke, Romero, Romantik, Rückenschmerzen.

RONDA UND RILKE

"Unvergleichliche Erscheinung der auf zwei steilen Felsmassen hinaufgehäuften Stadt", nannte Rilke den Ort, der eine der ältesten Siedlungen Spaniens ist und der durch eine tiefe Schlucht (Tajo) in zwei Teile getrennt ist: La Ciudad (Altstadt) und Mercadillo (Neustadt), die durch drei bemerkenswerte Brücken miteinander verbunden sind.

Rilke bewohnte im Jahre 1912 für ein paar Monate ein Zimmer im Nobelhotel 'Reina Victoria' (Calle Jerez 25). Das Zimmer ist als kleines Museum eingerichtet worden, mit Original-Möbeln, Fotos und Schriftstücken, im Garten des Hotels steht eine lebensgroße Statue des Dichters. Zwei Gedichte des Flamenco- und Corrida-Aficionados Rilke sind in den Kapiteln 'Flamenco' und 'Stierkampf' zu finden.

RONDA UND ROMERO

Im Park Alameda Tajo steht eine zweite Statue, die mit der Geschichte Rondas eng verbunden ist: Pedro Romero, einer der ersten und berühmtesten Stierkämpfer Spaniens (siehe Kapitel 'Stierkampf'). Ein Besuch Rondas wäre nur eine halbe Sache, hätte man nicht die Plaza de Toros mit ihrem Museum gesehen. Die 1785 mit umlaufenden Doppelarkaden erbaute Arena ist die älteste Spaniens. Ob man nun Stierkampfgegner ist oder nicht: allein die Harmonie der Architektur ist die paar Pesetas wert, die man für die Besichtigung von Arena und Museum entrichten muß. Im 'Museo de la Tauroma-

Arena

quia werden Fotos von Matadores, deren Trachten und persönliche Erinnerungsstücke, und viele Gebrachsgegenstände des Stierkampfes gezeigt. In der zweiten Septemberhälfte gibt es in der Arena eine besondere Attraktion: 'Corridas Goyaescas': Stierkämpfe in Kostümen der Zeit, als Goya 1796 seinen verehrten Freund Pedro Romero malte. Goya war nicht nur der Freund des Matadors, sondern einer der großen Aficionados der Tauromaquia.

RONDA + ROMANTIK

Für einen Rundgang durch Ronda 'nur oben' rechne man mit etwa 3 Stunden. Wer den 'Camino de los Molinos' bis zur Talsohle und zurück gehen will, muß einen ganzen Tag einplanen.

Parken kann man am bewachten Platz neben der Arena. Nach deren Besuch, einem Spaziergang durch den Alamedapark und einem Blick in das Zimmer Rilkes im Hotel Reina Victoria

nach Jerez u. Sevilla

nach Cordoba

Hotel Victoria

Alameda-Park

Rio Guadalevin

MERCADILLO

Arena

P

Fuß-weg

Camino de los Molinos

CIUDAD

1 Puente Nuevo
2 Casa Rey Moro
3 Palast Salvatierra
4 Arab. Brücke
5 Röm. Brücke
6 Arab. Bäder

nähert man sich sodann über die Plaza de España (Touristenbüro) einem der Höhepunkte Rondas, im wahrsten Sinne des Wortes, wenn man die Puente Nuevo (1754) betritt und über das Steingeländer in die schwindelerregende Tiefe von rund 160 Metern blickt, wo zwischen senkrechten Felswänden der Rio Guadalevin gurgelt. Auf der anderen Brückenseite beginnt die 'Ciudad', die Altstadt, wo man der ersten Straße links folgt, zunächst auf die 'Casa del Rey Moro' trifft, dem ehemaligen Stadtpalast des Maurenkönigs (Azulejoschmuck und schöner Garten), etwas weiter unten zum Palast des Marques de Salvatierra, an dessen Front die Steinskulpturen eines nackten Inkapaares als Karyatiden dienen (möglicherweise auch Azteken - der Marquis reiste zu Beginn des 18. Jh. in das neu entdeckte Mexiko).

Ein paar Schritte weiter talwärts wölbt sich die Puente Romano (Röm. Brücke), noch einen Steinwurf weiter unten die maurische Brücke über den Fluß. Ganz unten im Tal befinden sich die 'Banos Arabes', die Ruinen der arabischen Bäder, die für längere Zeit wegen Restaurierung geschlossen sind.
Zurück zur Puente Nuevo und auf die andere Seite der Ciudad, gelangt man zu einem terrassenartigen Platz (Plan), von wo aus ein Fußweg zu einem kleinen Bauernhaus führt, und und wo man einen Gesamtblick auf die große Brücke von unten hat, ohne den langen Camino de los Molinos gehen zu müssen. Wer die Atmosphäre romantischer Gassen und Plätze einer andalusischen Stadt genießen möchte, sollte einen Gang durch die Ciudad und durch den ebenfalls sehr hübschen Stadtteil Mercadillo unternehmen. Dann wird auch verständlich, was ich mit
RONDA UND RÜCKENSCHMERZEN
meine, die nach vielen Stunden Pflastertretens bergauf und bergab unweigerlich eintreten. Im Restaurant mit Freiterrasse neben der Arena kann man bei recht guter Küche neue Kräfte sammeln.
Übrigens: Unter der Puente Nueva fände der Ulmer Münsterturm Platz.

DIE HÖHLE VON LA PILETA

Man verläßt Ronda in nordwestlicher Richtung auf der Straße nach Jerez/Sevilla und biegt nach 14 km links ab.
Eine kurvenreiche Straße führt durch Korkeichenhaine hinauf zum Stausee von Montejaque, zum Dorf Benaoján, und in 670 M. Höhe erreicht man den Eingang zur Höhle.
Ein großer Teil der etwa 1,5 km langen Höhle ist für Besucher begehbar, die Führungen dauern zirka eine Stunde.
Neben der Vielfalt der wie immer die Phantasie beflügelnden Formen der Stalagmiten und -titen liegt die Besonderheit der Höhle in ihren Malereien. 'Verwandte' des Cro-Magnon-Menschen in der Dordogne-Gegend (Südwestfrankreich, Höhlen von Lascaux), lebten hier vor 25.000 - 30.000 Jahren (Eiszeit) und stellten mit Umrißzeichnungen aus roter und schwarzer Farbe rund 100 Tierbilder dar: Pferde, Rinder, Fische und Hirsche. Skelette und Werkzeuge, die man in der Höhle fand, stammen aus der Bronzezeit, 1.500 v.Chr. (siehe: Archäologisches Museum Malaga).

ANTEQUERA UND UMGEBUNG

ANTEQUERA

Am Rande einer großflächigen, überwiegend landwirtschaftlich genützten Hochebene, vor dem grandiosen Hintergrund der hellgrauen Bergwände der Sierra del Torcal erhebt sich die schöne Stadt Antequera.
Schmale und teilweise steile Straßen führen hinauf zum Burgberg,

wo einst das römische Kastell der Siedlung Anticaria stand, von dem nur noch einige Mauerreste erhalten sind. Der 'Arco de los Gigantes' (Tor der Riesen), der einen schönen Rahmen für Fotos der darunterliegenden Stadt bildet, stammt von 1585.

Antequera zählt zu jenen andalusischen Landstädten, die man nicht, oder gerade zur Zeit der Siesta besuchen sollte, je nachdem: nicht, weil die Stadt wie ausgestorben erscheint; gerade dann, weil man die tiefe Bedeutung der Siesta erlebt, während der nur ein paar Hunde träge in einem kurzen Stück Schatten liegen, alte Männer, die nicht schlafen können, unter dem Schatten von Arkaden sitzen, und eine Gruppe von Halbwüchsigen, die nicht schlafen wollen, mit ihren Mopeds einige knatternde Runden in der Stille des heißen Nachmittags drehen.

Am nordöstlichen Stadtrand, links der Ausfallstraße nach Granada, liegen die 'Cuevas', auch Dolmen genannt. Die prähistorischen Grabkammern (etwa 25.000 v.Chr.) zählen zu den ältesten Fundorten der Megalithkulturen der Jungsteinzeit.

Die CUEVA DE MENGA ist ohne Zweifel die erstaunlichste: die Wände des ovalen Raumes von 20 m Länge und 3 m Höhe bestehen aus Steinplatten von gewaltigem Ausmaß, und die Blöcke der Decke, gestützt von drei mächtigen Säulen, wiegen bis zu 180 Tonnen. Schwer vorstellbar, wie die Menschen das damals schafften. Neben der Cueva de Menga ist der Eingang zur CUEVA DE VIERA, die zwar einen längeren Zugang, aber eine kleinere Kammer besitzt.

DER NATURPARK SIERRA EL TORCAL

Man verläßt Antequera nach Süden, umfährt die Sierra de Chimenea westlich oder östlich und erreicht nach 8 km eine Gebirgslandschaft mir bizarren Felsgebilden. Wind, Regen, Kälte und Hitze haben aus dem Kalkstein die merkwürdigsten Formen entstehen lassen. Ein Phantasieland der Natur, wo Felsen die Gestalt von Tieren, Menschen, Häusern und Türmen haben. Von einer Schutzhütte (Refugio) aus kann man diese Landschaft erwandern, wobei man den roten (ca. 3 Stunden), oder den gelben Markierungen (ca. 1,5 Stunden) folgen kann. Das Gebiet ist heute ein Naturschutzpark.

GARGANTA EL CHORRO

Am westlichen Ende der Sierra de Torcal führt eine Landstraße in Richtung Süden nach Alora. Von dort biegt man wieder nach Nordwesten ab und gelangt bei El Chorro zur GARGANTA EL CHORRO, wo sich auf etwa 5 km Länge ein Weg, der 'Camino del Rey', oberhalb einer wildromantischen Schlucht entlang windet, von dem aus man schwindelerregende Blicke in senkrecht abfallende Tiefen von bis zu 400 Metern hat.

Ich füge das Adjektiv 'schwindelerregend' bei solchen Stellen sicherheitshalber dazu, um diejenigen ein wenig vorzubereiten, die so wenig schwindelfrei sind wie ich selbst. Die Anderen sollten in der Nähe zu der Maurenpalaststadt Bobastro hinaufsteigen, wo neben diesen Ruinen die 'zweit-letzte' mozzarabische Kirche in den Felsen gehauen ist. Von

Malaga aus (70 km), am Guadalhorce entlang, über das Bergdorf ALORA, erreicht man ebenfalls El Chorro am Stausee und trifft bei Peñarubbia auf die Route nach Ronda.

LA RUTA DE LOS PUEBLOS BLANCOS (Straße der weißen Dörfer)

Von Ronda aus kann man auf einer kurvenreichen Straße, die entlang der Serrania de Ronda durch eine einsame Berglandschaft führt, in der, ähnlich der Route gleichen Namens von Arcos nach Grazalema in der Provinz Cadiz, sozusagen in Fortsetzung, vereinzelte weiße Dörfer weit verstreut an den Hängen der Berge liegen.

Man erreicht zunächst BENADALID, ALGATOCIN und GAUCIN, kurz danach eröffnen sich auf einem Paß von 1012 Metern Höhe und einem Restaurant mit Café-Bar Blicke wie aus dem Flugzeug, dann senkt sich die Straße hinab, rechts am Hang taucht JIMENA DE LA FRONTERA auf, weiter unten zweigt eine Zufahrt nach CASTELLAR DE LA FRON-TERA ab.

Bei SAN ROQUE stößt die Bergstraße auf die N 340 der Küste, und es eröffnet sich vor einem die Bucht von Algeciras mit dem Felsen von Gibraltar.

Ab Castellar: siehe Provinz Cadiz, 'Campo Gibraltar'. Die Schönheit der Strecken läßt sich nicht beschreiben, man muß sie erleben!

Zufahrten nach Ronda gibt es auch von Malaga über Coin - Burgo, oder von San Pedro de Alcántara aus, und schließlich die von Nordosten her-kommende Route über Campillos-Teba-Peñarubbia. Überall weiße Dörfer.

'Weiße Dörfer' bei Ronda. 'Cueva de Menga' bei Antequera.

Martos - die typischste Bergstadt der Provinz Jaén

Andalusischer Bauer

Die Provinz Jaen

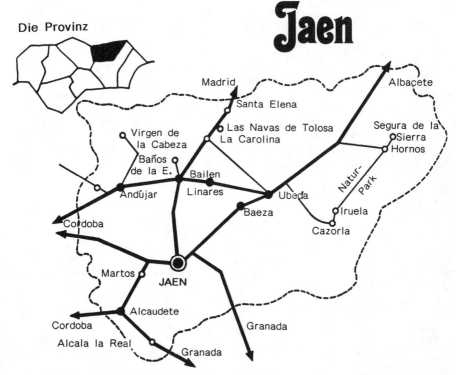

Die Provinz bezeichnet sich selbst als 'Tor Andalusiens', was für die aus dem Norden Kommenden zutrifft. Auf einer zweigeteilten Schnellstraße durchquert man das nördliche Grenzgebirge Andalusiens, die Sierra Morena, heute in 15 Minuten. Früher mußte man über viele Kurven den Paß 'Despenaperros' überqueren, wo beim nahen Navas del Tolosa der erste Sieg der Christen über die Mauren stattfand (1212). Heute wartet ein einfaches, idyllisches 'Waldhütten-Restaurant', das zum Camping 'El Estanque' gehört, jederzeit mit warmen Speisen auf. Eine angenehme Rast in dieser schönen, einsamen Gegend. 'El Estanque' liegt etwas südlich der Paßhöhe, vom S. her rechts, vom N. her links der Straße.

Für viele Touristen ist die Provinz Jaén nicht das Tor, sondern leider nur der Durchgang, der Windfang Andalusiens. Sie fahren durch nach Cordoba oder Granada und übersehen dabei leicht, daß auch diese Provinz ihr Lohnenswertes hat. Da sind zum einen die Renaissance-Städte Ubeda und Baeza; zum anderen aber hat hier der derjenige, der Zeit und Vorliebe für 'naturaleza' hat, der sich an Natur und Landschaft begeistern kann, genügend Gelegenheit, auf meist ruhigen Straßen durch eine hügelige Landschaft zu fahren, wo sich Olivenplantagen von Horizont zu Horizont erstrecken, und sich im Osten einer der schönsten Gegenden Andalusiens zu nähern: den Bergen der Sierras de Cazorla y Segura mit ihren Wäldern, Flüssen, Seen und dem herrlichen Naturschutzpark Sierra de Cazorla. Außerdem ist die Provinz reich an maurischen Alcazabas.

JAEN

Jaén wird oft kurz und lieblos als verschlafenes Provinznest abgetan. Das tut mir für diese Stadt immer ein wenig leid. Sicher, sie hat im Vergleich mit den 'Kunstgiganten' Granada, Sevilla und Cordoba, nicht viel herzuzeigen, und es geht ihr diesbezüglich wie Almeria oder Cadiz, aber ihre schmucke Altstadt rund um die Kathedrale ist gleichwohl andalusisch-lebendig, wenn man nicht gerade zwischen zwei und fünf Uhr nachmittags hinkommt, wo sie im Dornröschenschlaf der Siesta verweilt. Doch auch Jaen hat seine Superlative: die Kathedrale und die Burg Santa Catalina.

Das Kastell - Castillo de Santa Catalina
Die Burganlage sezte ich aus drei guten Gründen an die erste Stelle meiner Beschreibung.
Im Parador Nacional, der innerhalb ihrer Mauern integriert wurde, wohnt man zwar nicht zu Jugenherbergspreisen, aber mittelalterlich behaglich.
Die Burg ist eine der schönsten und eindrucksvollsten Beispiele maurischer Bergfesten, erbaut vom Geschlecht der Nasriden, die später die Alhambra von Granada schufen.
Vom Torre de Homenaje aus hat man einen phantastischen Blick über die tief unten liegende Stadt, aus deren Häusergewirr mächtig die Kathedrale herausragt, und über die Landschaft ringsum.
Die Burg wurde von Ferdinand III. (dem Heiligen) am Namenstag der heiligen Katharina, am 25 November 1246, erobert und trägt von diesem Tage an ihren Namen.

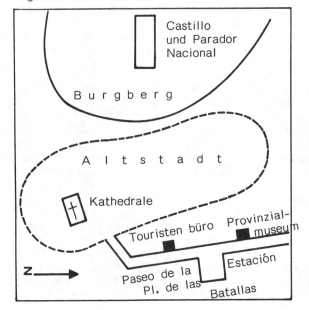

Die Kathedrale

Der gewaltige Baukörper gilt als eine der stilreinsten und größten Kirchen Andalusiens.

Der Vergleich mit Granadas Kathedrale drängt sich auf: das Imponiergehabe der spanischen Renaissance-Kirchen, die mit Dimensionen dieser Art so recht zeigen sollten, wer nach der siegreich abgeschlossenen Reconquista nun der Herr im Hause ist. Und wie die Kathedrale von Granada strahlt die von Jaen nicht Andacht und Besinnlichkeit aus, wie sie einem Gottes-

Die Kathedrale von Jaén

haus zukommt, sondern Macht und Eleganz. Man kann Kathedralen unter zwei Gesichtspunkten betrachten:
unter theologisch-ethischen und unter künstlerich-ästhetischen. Letzteres betreffend stellt die Kathedrale von Jaen unbestritten ein grandioses Beispiel der Renaissance dar.
In seiner Capilla Mayor (Hauptkapelle) wird in einem kostbaren Reliquiar aus Silber und Edelsteinen die 'Santa Faz', das Schweißtuch der Veronika aufbewahrt. Das wievielte?

Das Provinzialmuseum

enthält eine Gemäldesammlung und eine Abteilung achäologischer Funde, worunter die Höhlenmalereien von Despenaperros und Jimena besondere Beachtung verdienen.

In der zum neueren Stadtteil gehörigen Hauptstraße 'Paseo de la Estación' (Bahnhofstraße) befinden sich das Touristenbüro und das Provinzialmuseum. Zwischen beiden liegt die 'Plaza de las Batallas' (Platz der Schlachten), wo ein Monument von (vom?) Schlachten erzählt: dem Sieg der Christen über die Mauren bei Navas de Tolosa und der ersten Niederlage, die Napoleon bei Bailen einstecken mußte (Kapitel folgt).

PERLEN DER RENAISSANCE - BAEZA UND UBEDA

'CIUDAD MONUMENTAL' nennt sich jede berechtigterweise, denn ein Spaziergang durch die Altstädte von Baeza und Ubeda ist ein Gang durch vier Stilepochen: Gotik und Renaissance, der spanisch-spezielle Platereskenstil und Barock.

Wegen der schönen Sakral- und Profanbauten, vor allem der Renaissance, wurden beide Städte vom Europarat als 'Musterstädte' ausgezeichnet. Ubeda ist die Stadt der Renaissance, während Baeza neben diesem Stil auch mit schönen Beispielen der profanen Gotik und des Platereskenstiles aufwarten kann. Der große Meister der Renaissance, der auch die Kathedrale von Jaen schuf, hieß Andres de Vandelvira.

Baeza: Palacio Jabalquinto

BAEZA

DIE KATHEDRALE

Wenn man gerade den Custoden erwischt, der meist in der Kirche anzutreffen ist, zeigt er einem recht interessante Details:

Auf Knopfdruck öffnet er den 'Safe' der Kirche in einer Seitenkapelle, und während ein Tonbandgerät Choräle abspielt, erscheint eine etwa zwei Meter hohe Custodia (Monstranz) aus Gold und Silber vom Jahre 1668.

In einer linken Seitenkapelle sind Teile der Moschee zu sehen, die einst hier stand.

210

Ein Unikat ist die Kanzel in der Nähe der Vierung: sie ist ganz aus Schmiedeeisenarbeit. In der Bibliothek hinter dem Kreuzgang werden Meßbücher gezeigt, die allein wegen ihres Umfanges vor Diebstahl sicher sind: sie sind bis zu einem Quadratmeter groß und sehr schwer; sie stammen zum Teil aus dem 16. Jahrhundert.

2 DER BRUNNEN SANTA MARIA
eigentlich ein Triumpbogen für Philipp II. Er steht zwischen der Kathedrale und dem Seminar Felipe Neri.

3 DER PALAST JABALQUINTO
Die Fassade ist ein schönes Beispiel profaner Spätgotik (15. Jh.) mit Kielbögen über Portal und Fenstern. Die fünfbogige Galerie des zweiten Stockwerkes stammt aus der Renaissance, ebenso der Innenhof, von dem allerdings ein barockes Treppenhaus nach oben führt, das ein wenig an Balthasar Neumann erinnert.

4 KIRCHE SANTA CRUZ
Gegenüber dem Palast Jabalquinto; romanische Portale dieser Art sind selten in Andalusien.

5 EHEMALIGE UNIVERSITÄT
Heute ein Gymnasium.

6 PUERTA DEL BARBADO
Durch das alte Stadttor gelangen wir zur großen Plaza Jose Antonio, wo als bemerkenswertes Gebäude die

7 ALHONDIGA
steht, die alte Getreidemarkthalle, ebenfalls Renaissance. Von hier sind es nur ein paar Schritte zum Zentrum der Sehenswürdigkeiten von Baeza, zur Plaza de los Leones, in dessen Mitte die

8 FUENTE DE LOS LEONES
(Löwenbrunnen) aus spätrömischer Zeit steht. Über dem Brunnenbecken mit vier liegenden Löwen erhebt sich eine Säule, auf der die schon ziemlich verwitterte Skulptur angeblich die Ehefrau Hannibals, Imilce darstellt, die aus dieser Gegend stammte.

9 DIE CARNICERIA
mit dem großen Wappen Karls V. in der Mitte

Fuente de los Leones

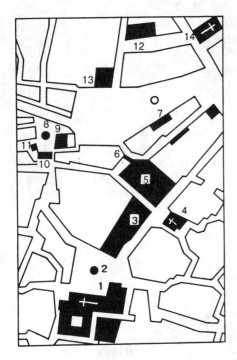

Das Zentrum von Baeza:

1 Kathedrale
2 Brunnen Santa Maria
3 Palacio del Jabalquinto
4 Kirche Santa Cruz
5 Ehemalige Universität
6 Puerta del Barbado
7 Alhondiga (Getreidehalle)
8 Fuente de los Leones
9 Carnicería (Fleischerei)
10 Casa del Populo
11 Puerta de Jaen
12 Ayuntamiento (Rathaus)
13 Konsistorialhäuser
14 Kirche Purisima Concepción

der offenen Galerie dürfte wohl das schönste Schlachthaus der Welt sein. In der ehemaligen Fleischerei, einem Renaissancebau des 16. Jahrhunderts, wo heute das Stadtarchiv untergebracht ist, wurden immerhin bis 1962 Schnitzel geschnitten und Koteletts gespalten. Apropos Schnitzel - wußten Sie, daß das 'Wiener Schnitzel' eine spanische Erfindung ist, durch die Habsburger nach Wien und so zu seinem Namen kam?

10 CASA DEL POPULO
Im Haus des Volkes (16. Jh.), Renaissance mit plateresker Verzierung, befindet sich heute unter anderem das Touristenbüro.
Vom Balkon am Übergang der Casa del Populo zur

11 PUERTA DE JAEN
wurde nach der Reconquista, der Eroberung von Baeza - die Stadt war nach der Maurenherrschaft wieder die erste christliche Gemeinde Andalusiens - die erste Messe gelesen. Das Stadttor Puerta de Jaen wurde anläßlich eines Besuches Karls V. errichtet.
Der unmittelbar anschließende

11 ARCO DE VILLALAR
wurde von der Stadt als Zeichen ihrer Ergebenheit gebaut, nachdem hier die 'Comuneros' einen Aufstand gegen die Steuerpolitik Karls V. gewagt hatten, der bei Villalar niedergeschlagen wurde.

12 DAS RATHAUS - AYUNTAMIENTO
In dem stattlichen Renaissancegebäude von 1559 befand sich ursprünglich Gericht und Gefängnis. Die Fassade ist plateresk verziert. Beachtenswert auch: die Schnitzereien an den Sparrenköpfen des Daches.

ÚBEDA

Das Zentrum der Altstadt und gleichzeitig die größte Anhäufung der Monumente ist die Plaza Vázquez de Molina und ihre nähere Umgebung. Ich erspare mir den Hinweis auf die Renaissance, da in Ubeda alle Gebäude, außer der Kirche San Pablo (Gotik) aus dieser Epoche stammen. Man beginnt den Rundgang am besten beim
1 HOSPITAL HONRADOS VIEJOS DEL SALVADOR
angebaut an die Apsis der
2 CAPILLA DEL SALVADOR
die von den beiden bekanntesten Baumeistern der Renaissance, Diego de Siloe und Andres de Vandelvira, erschaffen wurde. Die Hauptfassade wird durch platereske Verzierungen aufgelockert. Unmittelbar neben der Kirche steht man vor der Fassade des
3 PALACIO CONDESTABLE DAVALOS
in dem alten Adelspalast hat der zeitgenössische Besucher Gelegenheit, in einem der schönsten Paradore zu wohnen. Die Renaissance der Hauptfassade zeigt sich in einfacher und strenger Form. Um die Plaza Vázquez de Molina herum reihen sich gleich fünf beachtliche Monumente:
4 DER ALTE KORNSPEICHER
5 DER PALAST DES MARQUES DE MANCERA
6 DAS BISCHÖFLICHE GEFÄNGNIS (CARCEL DEL OBISPO)
7 KIRCHE SANTA MARIA DE LOS REALES ALCAZARES
Die an der Stelle des früheren maurischen Stadtpalastes im 13. Jh. errichtete Kirche zeigt als einziges Gebäude Ubedas einen Mischstil, verursacht durch zahlreiche Umbauten. Stilreiner ist der gotische Kreuzgang.

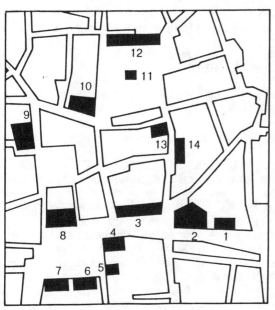

Das Zentrum von Ubeda:

1 Hospital H. V. del Salvador

2 Capilla del Salvador

3 Parador Nacional

4 Kornspeicher

5 Palast des M. de Mancera

6 Bischöfliches Gefängnis

7 Sta. Maria de los R. Alcácares

8 Palast Las Cadenas

9 Palast Vela de los Cobos

10 Altes Rathaus

11 St. johannes vom Kreuz

12 Kirche San Pablo

13 Haus der Wilden

14 Haus Los Manueles

213

Casa de las Cadenas

8 CASA DE LAS CADENAS
'Haus der Ketten' (Bild oben). Dieser Palast, heute das Rathaus von
Ubeda, zählt zu den schönsten Renaissancebauten nicht nur Andalusiens,
sondern ganz Spaniens. Die Hauptfassade mit ihren korinthischen und
ionischen Säulen, den Giebelfenstern im 1. Stock und den 'Okuli' (Oval-
fenster) des Dachgeschosses mit seinen Karyatiden, strahlt wohltuende
Harmonie aus.
9 PALACIO DE VELA DE LOS COBOS
einer der vielen und besonders schönen Adelspaläste Ubedas, ebenfalls
ein Werk Vandelviras.
An der Plaza del Priméro de Mayo (1. Mai) mit ihrem
11 DENKMAL DES JOHANNES VOM KREUZ
verrät das
10 AYUNTAMIENTO VIEJO (ALTES RATHAUS)
deutlich italienischen Renaissance-Einfluß, und die
12 KIRCHE SAN PABLO
unterbricht die Renaissance von Ubeda, denn an ihrem Hauptportal über-
wiegt die Gotik.
   Ziemlich entfernt vom Zentrum liegt das HOSPITAL SANTIAGO, eines
der schönsten Gebäude der Stadt, Andalusischer Escorial genannt, ehedem
ein Krankenhaus. Eine von Löwen flankierte Treppe führt zum Eingang,
im Innenhof ist eine große Freitreppe und im Nordportal reitet der 'Matamoros' über die besiegten Ungläubigen (Carrera del Obispo Cobos).
   Wer bis hierher brav sein Kulturprogramm absolviert hat, ist reif für
ein kühles 'cerveza' im malerischen Barrio de San Pablo (bei der gleichnamigen Kirche), um sich nach soviel adeliger Renaissance wieder in
andalusischer Alltagsumgebung zu befinden.
Die Puerta del Rosal führt in das Töpferviertel.
Die Karfreitagsprozession findet in Ubeda und Baeza nachts statt.

DIE STRASSE DER ALCAZABAS

- der Burgen aus maurischer Zeit -

Auf der westlichen, etwas längeren Verbindung Jaen - Granada kommt man zu drei Orten mit eindrucksvollen Zeugnissen der islamischen Ära in der Provinz Jaen.

MARTOS
Wie das Foto auf Seite 206 zeigt, ist dieser malerische Ort das typische Beispiel einer andalusischen Ansiedlung: auf der Felskuppe die Festungsruine, darunter ein Schloß, eine Kirche oder ein Kloster und dann der weiße Ring der Wohnhäuser. Ein harmonischer Anblick!

Martos wird vom Castillo de Peña gekrönt, den Türmen und Mauern der arabischen Festung. Von einem Felsen dieses Burgberges, auch Peña de Martos genannt, wurden, wie eine Sage berichtet, im Jahre 1312 die Brüder Carvajal, angeklagt des Mordes an einem Günstling Ferdinands IV., unschuldig zu Tode gestürzt. Vor der Vollstreckung des Urteils beriefen die Brüder den König 30 Tage nach ihrem Tod vor Gottes Gericht. Der König starb tatsächlich 30 Tage nach dem Urteil und hieß fortan 'El Emplazado', der vor Gericht geladene.

Einer anderen Legende nach soll hier der Nasridenkönig Muley Hassan, Vater des berühmten, letzten Königs Boabdil von Granada, seine Lieblingsfrau gefunden und geheiratet haben: Isabel, Tochter des christlichen Statthalters. Nach Muley Hassan ist der höchste Berg der Sierra Nevada benannt: Mulhacen.

Keine Legende ist, daß Martos 1225 von Ferdinand III., dem Heiligen, zurückerobert wurde, und weil dieses Ereignis just am Namenstag der heiligen Martha stattfand, erhielt der Ort den Namen, aus dem sich Martos entwickelte.

ALCAUDETE
wurde bereits 715 von Tarik erobert. Es war ständig umkämpft, bis 1245 derselbe Ferdinand auch hier vor den Toren erschien. Über der Altstadt erhebt sich auf einem Hügel der mächtige 'Torre del Homenaje' der arabischen Festung, den man bequemerweise auch von der idyllischen Plaza Mayor erblicken kann.

ALCALA LA REAL
Das schöne Städtchen wird beherrscht von einer großen Burganlage der Mauren, die zur Zeit der Reconquista heftig umstritten war, und heute unter Denkmalschutz steht.

Alfons XI erbaute innerhalb ihrer Mauern die Kirche Santo Domingo im Mudejarstil. Einige Teile des Turmes gehörten zum ehemaligen Minarett.

Über steile, weiße Gassen klappern immer noch Eselshufe.

MONTEFRIO
Auf einer landschaftlich schönen Nebenstraße, aber bereits in der Provinz Granada, sieht man schon von ferne die Burgruine auf einem senkrechten Felsen über dem kleinen Ort. Ein Erdbeben zerstörte im Jahre 1951 größere Teile der Burg, die sich fast so lange wie Granada als maurische Enklave halten konnte, bis 1486.

Baños de la Encina

An der N IV (Madrid-Cordoba) an den bewaldeten Ausläufern der Sierra Morena spielten sich zwei bedeutende, kriegerische Begegnungen ab, an die das Denkmal auf der Plaza de las Batallas in Jaen erinnern soll.

LAS NAVAS DE TOLOSA

3 km nördlich von LA CAROLINA. Ein Denkmal vor dem Ort kündet vom großen Sieg der Christen über die Mauren (1212), der ersten großen und entscheidenden Schlacht der Reconquista, bei der den Chroniken zufolge 200.000 Mauren und 25.000 Christen fielen. Die großen Heere der Königreiche von Kastilien, Navarra und Aragon konnten vereint die Almohaden bezwingen und, beflügelt durch diesen Erfolg, im Verlauf der folgenden 50 Jahre die meisten der maurischen Taifas (Kleinkönigreiche) Andalusiens zurückerobern (siehe Seiten 19 und 20).

In der Dorfkirche von VILCHES (13 km östlich von la Carolina) werden Beutestücke aus dieser Schlacht aufbewahrt.

BAILEN

Bei Bailén, dem Ort in der trockenen, heißen Ebene, die der Sierra Morena folgt, färbte sich 1808 der Boden rot, als die Truppen des Generals Castanos die Mannen Napoleons unter deren General Dupont vernichtend schlugen. Um Bailen herum ist heute der Boden vom rötlichen Staub der Stapelplätze von Ziegeleien und Keramikfabriken gefärbt.

BAÑOS DE LA ENCINA

11 km nördlich von Bailén. Über dem Weiß der Stadt erhebt sich ockerfarben der Mauerring der arabischen Festung in ovaler Form mit 14 quadratischen Türmen. Mit ihrer Silhouette wetteifert die Kirche San Mateo, die wieder einmal Gotik und Renaissance vereint.

LINARES

liegt ebenfalls in der weiten, von der Sonne durchglühten Ebene, die als die heißeste Gegend Spaniens gilt, in der Nachbarschaft von Bailén. Die einfache Stadt mit dem ansprechenden Zentrum ist der Geburtsort von Andres Segovia, dem berühmtesten Konzertguitarristen der Welt, und Todesort (in der Arena) von Manolete, einem der bekanntesten Matadore, dem die Stadt ein Denkmal setzte.

ANDUJAR

Hier wurde die Niederlage Duponts, die er bei Bailén erlitten hatte, besiegelt. Im Zentrum liegt die sehr hübsche Plaza Marcos Criado, um sie herum andalusisch malerische Straßen und Gassen.
30 km nördlich von Andujar, romantisch in den Bergen der Sierra Morena liegt das
Santuario Virgen de la Cabeza
in fast 700 Metern Höhe. Am Donnerstag vor dem letzten Sonntag im April beginnt die große Romeria, während der die Festwagen der 'Cofradias' (Bruderschaften) von Andújar hier herauf ziehen. Bis zum Sonntag feiert man in Andújar ein großes Fest.

Wenn man von der Hauptstrecke bei Bailen nach Linares-Ubeda abzweigt, kommt man in kurzer Zeit aus der Ebene in die Sierra Cazorla, die Höhen bis zu über 2000 Metern erreicht.

Tranco-See

DER NATURSCHUTZPARK

SIERRAS DE CAZORLA Y SEGURA

Im Osten der Provinz Jaen, beiderseits des Oberlaufs des Rio Guadalquivir, zwischen den Gebirgszügen Sierra de Cazorla und Sierra de Segura, liegt eine unberührte Landschaft von wilder Schönheit, eines der letzten, wirklichen Naturparadiese mit Wäldern, Flüssen, Seen und reicher Flora und Fauna.
Von Torreperogil, 10 km östlich von Ubeda, gibt es zwei Möglichkeiten, den Naturpark zu erreichen: über Peal de Becerro nach Cazorla, wo auch das Verwaltungszentrum des Parkes ist, oder über Villacarillo, dann nach 9 km rechts durch die Schlucht des jungen Guadalquivir zum Stausee El Tranco.
In der Folge beschreibe ich den Park von Cazorla, vom Haupteingang aus.

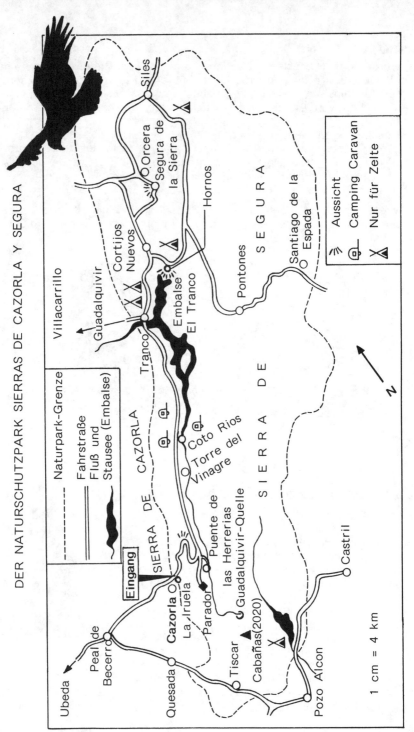

DER NATURSCHUTZPARK SIERRAS DE CAZORLA Y SEGURA

Naturpark-Grenze
Fahrstraße
Fluß und Stausee (Embalse)

Aussicht
Camping Caravan
Nur für Zelte

Siles
Orcera
Segura de la Sierra
Cortijos Nuevos
Hornos
Guadalquivir
Villacarrillo
Tranco
Embalse El Tranco
Pontones
Santiago de la Espada
SEGURA
SIERRA DE CAZORLA
SIERRA DE
Coto Rios
Torre del Vinagre
Eingang
Cazorla
La Iruela
Parador
Puente de las Herrerias
Guadalquivir-Quelle
Cabañas(2020)
Tiscar
Castril
Pozo Alcon
Quesada
Peal de Becerro
Ubeda

N

1 cm = 4 km

CAZORLA

Ein zauberhafter Ort, wird von oben von einer arabischen Festung und von weiter unten von seiner Efeuburg 'Castillo de la Yedra ' bewacht. Von seinen Plätzen ist die schönste die Plaza Santa Maria mit einem Renaissancebrunnen und der gleichnamigen Kirche. Kurz danach kommt man nach

LA IRUELA

mit der Burgruine hoch über dem Land. Einst gehörte sie dem Tempelritterorden, dann dem Erzbischof von Toledo, der sie den Mauren entrissen hatte, immer war sie umkämpft und heute steht sie still und romantisch da. Über viele Kurven steigt die Straße auf die Höhe von 1290 Metern und erreicht beim Paß 'Puerto de las Palomas' hinreißende Aussichtspunkte. Von dort oben sieht man bereits die Täler und Gebirgszüge des Naturschutzgebietes. Von der auf die andere Seite sich senkenden Straße führt eine Zufahrtsstraße von 8 km zum bereits innerhalb des Naturparkes gelegenen, modernen aber

La Iruela

gemütlichen Parador Nacional El Adelantado. Bevor man wieder auf die Paßstraße zurückfährt, biegt zwischen dieser und dem Parador eine Straße rechts hinunter zum Fluß, dem kurz vorher entsprungenen Guadquivir, nach Puente de las Herrerias, wo für die zur Belagerung nach Granada marschierende Isabella I. eilends eine Brücke gebaut wurde.

Wenn man am linken Ufer entlang flußabwärts fährt, liegt zirka 5 km vor COTO RIOS das Informationszentrum des Naturparkes 'Torre del Vinagre' mit Museum und einem botanischen Garten der andalusischen Flora. Dort gibt es auch Informationen zu Jagd und Fischfang. Das ganze Gebiet verfügt auch über gekennzeichnete Wanderwege.

Ab Coto Rios beginnt der Stausee El Tranco, über dessen Ende das Felsen-Nest HORNOS in der Ferne sichtbar wird. Bei TRANCO kann man entweder links abbiegend den Naturpark verlassen und durch die Schlucht des Guadalquivir unbeschreibliche Eindrücke und Ausblicke erleben, bis man die N 322 nach Villacarillo erreicht. Oder man fährt tiefer in das Gebiet der Sierra de Segura hinein, wo außergewöhnlich schöne Orte wie Segura de la Sierra warten.

Innerhalb des Naturparkes gibt es drei Campingplätze bei Coto Rios: 'Fuente de la Pascuala', 'Llanos de Arance' und 'Coto Rios'; vier Zeltplätze (nur für Zelte) bei El Tranco und Hornos; sieben Zeltplätze für Jugendgruppen entlang des Guadalquivir und am Stausee Embalse del Tranco, sowie zahlreiche Rast- und Picknickplätze an schönen Stellen.

Der Naturpark ist nicht nur eine erholsame, schöne Landschaft, sondern die Heimat vieler Bäume, Blumen und Tiere: Steinböcke, die seltene spanische Wildziege 'capra hispanica', Hirsche, Rehe, Damwild, Wildschweine, Mufflonschafe, Dachse und Raubvögel bis zum Königsadler, sowie Uhus, Eulen, Sperber, Schlangenadler, Habichte und andere. Die vom Aussterben bedrohte Geierart, der Lämmergeier mit seinen drei Metern Flügelspannweite ist hier noch zuhause, ebenso wie die seltene, gestreifte Eidechse. Von den Blumen seien nur genannt: Orchideen, Narzissen und die größte Veilchenart, die Viola Cazorlensis. Selten sind in Spanien so ausgedehnte Nadelwälder anzutreffen.

Der 'Coto Nacional de Cazorla' hat im Vergleich zum 'Coto Doñana' (Provinz Huelva) und Grazalema (Cadiz) den großen Vorteil, daß man ihn ohne schriftliche Voranmeldung oder Erlaubnis zu Fuß und per Auto, Sommer und Winter, besuchen kann. Die Campingplätze sind ganzjährig geöffnet.

Solera

Im Nordosten der Sierra de Segura liegt die schöne Bergstadt

SEGURA DE LA SIERRA

Über einem Gewirr von schmalen Gassen, Treppen und Torbögen, die in allen Richtungen Blicke aufs Gebirge freigeben, erhebt sich die Burg mit einem mächtigen zinnenbewehrten Turm. Auf dem Weg dorthin kommt man zu der monumental gefaßten Quelle 'Fuente Carlos I.' (Karl V.) - 16. Jahrhundert. In Ortsnähe, mit weitem Blick über die Landschaft, hat man eine Stierkampfarena mit unregelmäßigem Grundriß, ähnlich einem griechischen Amphitheater im arkadischen Hochland des Peloponnes in Griechenland, aus dem Felsen geschlagen.

Außerordentlich reizvoll ist auch das kleine, hoch über dem Trancostausee gelegene

HORNOS Von der Felsenburg ein prächtiger Ausblick.

QUESADA, südlich von Cazorla, liegt wunderschön vor der Bergkulisse.

SOLERA

Nach dem Kleinod des Felsendorfes (obige Zeichnung), das in völliger Abgeschiedenheit an der südlichen Provinzgrenze neben der Straße Ubeda-Jodar - Granada liegt, muß man als Liebhaber stiller Winkel einen Umweg machen.

Wie ich schon in der Einleitung zur Provinz Jaen sagte, wird derjenige, der beglückende Natureinsamkeit schätzt, sie hier finden.

Die Provinz **Almeria**

Die Hauptstadt der Provinz blickt zwar auf eine reiche Vergangenheit zurück, leidet aber ein wenig unter ihrer unbedeutenden Gegenwart - touristisch gesehen.

Das Hinterland allerdings ist in seiner Verlassenheit und karstigen Öde faszinierend, vor allem in der Umgebung von Tabernas.

Eine archaische Landschaft; so muß es auf unserer Erde ausgesehen haben an dem Schöpfungstage, da sich Erde und Wasser trennten. Die Bezeichnung 'Mondlandschaft', die als abgestandene Bezeichnung beharrlich in allen Büchern erscheint, ist falsch. Völlig falsch.

Auf dem Mond war nie Leben und wird nie Leben sein. Die wenigen Büschel dürren Grases, die hier in dieser verkarsteten Erde einen zähen Kampf ums Überleben führen - unten mühsam einen Tropfen Wasser suchend, von oben von einer gnadenlosen Sonne verbrannt - lassen erst so recht den beschwerlichen Übergang vom Nichts zum Leben erahnen. Es ist eine ergreifende Landschaft.

Landschaften bei Tabernas

ALMERIA

Die Stelle, auf der im gleißenden Licht die weiße Stadt Almeria und die mehrere Kilometer umfassenden Mauern der Festung stehen, ist uralter Kulturboden. In der Kupfer- und Bronzezeit entstand die bekannte 'Cultura Almeriense' (Keramik- und Kupferkunst), deren Zeugnisse man vor allem im 25 km nördlich gelegenen LOS MIRALLES gefunden hat. Wie immer und überall in Andalusien folgten auch hier den Phöniziern und Karthagern die 'alten Römer' und nannten ihren bedeutenden Handelshafen 'Portus Magnus'. Als Abd-ar-Rahman III. die Hafenanlagen erweiterte, und hier das Zentrum eines Königreiches (Taifa) entstand, bezeichnete er die Stadt als 'Al-mariya' (Meeres-Spiegel).

Heute ist das Schönste an ihr das Sonnenlicht, das von den weißen kubischen Häusern reflektiert wird, die vor den ockerfarbenen Burgmauern stehen. Agaven und Kakteen geben die grünen Farbnuancen dazu.

Die Zeit hat der alten Stadt den Glanz jener Epochen genommen, da sie als die schönste Stadt Spaniens galt, die selbst Granada in den Schatten stellte.

Aber der tiefblaue Himmel über den Häuschen des alten Stadtteils La Chanca oder dem Fischerviertel ist ungetrübt.

1522 zerstörte ein Erdbeben viel, auch die mit der Burg durch eine lange Mauer verbundene Tempelritterburg San Cristobal (12. Jh.), von der noch vier Türme stehen.

Auch die Kathedrale ist - wie könnte es anders sein in einer Gegend, wo die Seeräuberei so lange ihr Unwesen trieb - eine Festungskirche.

Die Kathedrale
Ihr wuchtiger, gedrungener Turm war ein Teil der Stadtbefestigung. Diego

de Siloe plante 1524 an der Stelle der durch das Erdbeben zerstörten Moschee den Neubau auch als wehrhafte Zuflucht für die häufig von Piraten bedrohte Bevölkerung, die ihr deshalb die Bezeichnung 'Catedral Fortaleza' gab. Zwei große Renaissance-Portale zieren die ansonsten militärisch-nüchtern erscheinenden Fassaden.

Das Archäologische Museum

Erwähnenswert sind die prähistorischen Funde aus den Höhlen der Provinz, vor allem aus der erwähnten Höhle 'Los Miralles'. (Die Fundstätte in eindrucksvoller Umgebung sollte man besuchen - siehe Seite 227).

Im 12. Jahrhundert war Almeria kurze Zeit christlich, dann bis 1489 arabisch. Der letzte König von Almeria, ein Onkel Boabdils übergab die Stadt am 26. Dezember 1489. Der unglückliche Boabdil suchte Almeria als letztes Exil nach seinem Abschied von Granada auf - mußte aber (die Katholischen Könige hielten auch ihm gegenüber ihre Abmachungen nicht ein) von Adra aus den Kontinent für immer verlaßen. Er zog in Glaubenskriege und starb bald darauf.

So schließt sich das Kapitel des letzten Nasridenkönigs, dessen Schicksal sich durch viele Berichte dieses Buches zog.

Nach dem großen Erdbeben erholte sich die Stadt nie mehr. Außer einem Besuch der anerkannt besterhaltenen Festung, die 20.000 Menschen Zuflucht gewähren konnte, lädt eigentlich nichts mehr zu längerem Verweilen ein; zumal die Aussicht von den Grünanlagen der Festungshöfe aus entweder ans Meer oder zurück in die bizarren Berge lockt.

VELEZ BLANCO

Wer Andalusien über Murcia mit Ziel Granada ansteuert, findet in Velez Blanco, sozusagen als Antrittsgeschenk, seinen ersten Eindruck von einem schmucken, am Berghang gelegenen, weißen andalusischen Städtchen mit einer Burg, die sich wie aus einem Märchenbuch über den Dächern erhebt.

Wer immer es in seinen Reiseablauf einplanen kann, sollte in Velez Rubio, der Stadt im Tal, besser noch im 6 km entfernten Velez Blanco übernachten, wo die Bar am zentralen Platz ein Restaurant hat und Zimmer vermietet (Plan). Wer sodann kurz vor Sonnenaufgang an dem in meiner Skizze angegebenen Platz steht, erlebt ein einmaliges Schauspiel: Der Ort liegt in der Morgendämmerung zunächst in fahlem Weiß, die Burg überragt ihn in geheimnisvollem Dunkel. Wenn die Sonne aufgeht

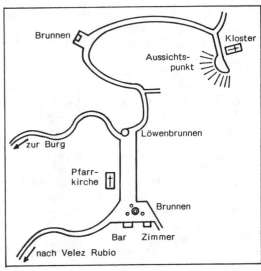

erstrahlen die Häuser in blendendem Weiß, und die Burg beginnt zu leuchten wie ein hellrotes Feuer (Farbfoto im vorderen, inneren Umschlagdeckel).

Ein schöner Auftakt zur andalusischen Reise!

Man kann das Castillo zwar auch von innen besichtigen (wenn der Wächter gerade nicht da ist: in der schon erwähnten Bar nach ihm fragen), doch leider sind die schönsten Teile - ein prächtiger Patio mit Marmorsäulen und Freitreppe - im Jahre 1903 demontiert und im Metropolitan Museum in New York aufgebaut worden. Der Graf Fajardo de Velez ließ an der Stelle einer früheren arabischen Alcazaba die Burg von dem italienischen Architekten Florentini im Renaissancestil erbauen. Durch schlanke Zinnen mit aufgesetzten Kügelchen wird der grazile Eindruck dieser Burg erreicht.

Wer übrigens in Velez Blanco kein Zimmer bekommt, oder wem sie zu einfach sind: Velez Rubio hat mehr Übernachtungsmöglichkeiten mit mehr Komfort. An der Straße zwischen den beiden Orten liegt die Höhle 'Cueva de los Letreros' (ein km vor Velez Blanco), wo Wandmalereien aus dem Paläolithikum entdeckt wurden.

Velez
Blanco

Von Velez Rubio aus muß man, wenn nicht Granada das nächste Ziel ist, 6 km zurück fahren in Richtung Puerto Lumbreras (moderner aber gemütlicher Parador mit guter Küche), auf eine Landstraße rechts abbiegen nach HUERCAL OVERA, und stößt dort auf die N 340. Jetzt muß man sich entscheiden: entweder auf dieser Straße über VERA, SORBAS und TABERNAS nach Almeria direkt, oder auf dem Umweg über die Küste fahren.

Die Ostküste

Etwa 5 km vor VERA zweigt man links ab nach CUEVAS DE ALMANZORA. Hinter LA PORTILLA rechts nach LAS HERRERIAS, am Ortsende rechts in Richtung VILLARICOS abbiegen. Nach etwa 1 km kann man, kurz nach einer einzeln stehenden Zypresse, auf einem Stück der alten Straße parken, geht 200 Meter über die Felder in westlicher Richtung auf einen kleinen Hügel zu, einer Ausgrabungsstätte der Kupferzeit, deren Funde im Achäologischen Museum in Madrid liegen.

Man muß schon archäologisch ambitioniert sein, um an den spärlichen Resten der Ausgrabungen, die 'Almizaraque' heißen, Gefallen zu finden.

Kurz danach erreicht man in VILLARICOS die Küste, die von hier bis hinter Mojacar aus ziemlich breiten Sandstränden (teilweise etwas Kiesel) besteht, in deren erstem Abschnitt, von der Mündung des Rio Almanzora bis GARRUCHA mit Schildern ausgewiesene Nacktbadestrände sind, für jeden zugänglich.

MOJACAR

Die alte, arabische Bergstadt liegt schneeweiß auf einem hohen Felsen oberhalb der Küste (Foto vordere, innere Umschlagseite), besitzt zwar immer noch viele malerische Gassen, aber inzwischen auch eine Reihe von Neubauten, unter anderem einen Parador Nacional, die sich ein wenig am Stil des Ortes orientieren, der zur maurischen Zeit große Bedeutung hatte. Länger als anderswo gingen hier die Frauen verschleiert.

DIE OSTKÜSTE

Die Küste bis zum Cabo de Gata erhält eine neue Straße, hat schöne, kleine Sandbuchten, eingerahmt von felsigen Steilhängen, und ist mit ihrem klaren Wasser ein Paradies für Schnorchler und Taucher. Die Fischerdörfer LAS NEGRAS und SAN JOSE haben sich ihre Idylle bis jetzt noch bewahren können.

An dieser Küste, die im Vergleich zu allen anderen in Spanien die meisten Sonnentage im Jahr, und auch im Winter ein sehr angenehmes Klima hat, geschieht seit 1986 einiges, wovon die Baukräne da und dort zeugen. Bleibt zu hoffen, daß man aus dem Süden an der Costa del Sol gelernt hat, was man mir in Almeria versicherte.

VON VERA NACH ALMERIA

Wer nicht auf Badefreuden erpicht ist, sollte von VERA aus auf der N 340 bleiben, um eine der eindrucksvollsten und für die Provinz Almeria typischen Landschaftsbilder zu erleben.

Um Huercal Overa und Vera herum zeigt die Landschaft noch 'Kultur': Wein, Tomaten, Oliven, Zitronen, Orangen. Ab

SORBAS

dessen 'casas colgantes' (hängende Häuser) zirka 40 Meter senkrecht über dem Tal des Rio Aguas ('Wasserfluß', der meistens trocken ist) auf dem Felsrand kleben, und erst recht ab

TABERNAS

einem hübschen und sauberen andalusischen Landstädtchen (sie sind eigentlich alle hübsch und sauber!) erscheint die Landschaft in jener überraschenden Einsamkeit, die in Europa einmalig ist und die man, sähe man nur Bilder von ihr, in Nordafrika vermuten würde, am Übergang des Rifgebirges zur großen Wüste.

In den Bergen der Sierra de los Filabres erkennt man bei klarer Sicht das in 2168 Metern Höhe liegende Observatorium des CALAR ALTO. Nicht ohne Stolz weist die Provinz auf die Pilotprojekte moderner Technologie hin: Europas größtes Observatorium und die, ebenfalls bei Tabernas liegenden Kraftwerke, die still, ohne Lärm und Umweltbelastung Sonnenenergie in elektrischen Strom umwandeln.

Seltsam - gerade in dieser Landschaft zwischen Nichts und Leben blicken Astronomen durch riesige Teleskope ins All, um vielleicht im unendlichen Nichts irgendwo Leben zu entdecken.

6 km südwestlich von Tabernas zeigt ein Schild nach links: 'MINI-HOLLY-WOOD'. Nach einigen Metern staubiger Straße betritt man über eine hölzerne Brücke ein Westerndorf. Man hat es hier für die Filmindustrie aus massiven Holz- und Steihäusern originalgetreu aufgebaut und viele Westernfilme oder Teile derselben gedreht. Wegen der passenden Umgebung strahlt es fast authentische Atmosphäre aus, und lohnt einen Besuch. Es ist alles da: Saloon (mit Ausschank), Schule, Pferdeställe, Kirche, Bank, Sherrif's Office mit Gefängnis, Galgen usw. Inzwischen kann man sogar Pferde für Spazierritte mieten. Von Mai bis Oktober finden täglich 'Western-Shows', ab 11 Uhr vormittags alle 90 Minuten statt, im Winter nur an Samstagen und Sonntagen.

Die Westküste

AGUADULCE: Hotelblocks an kleinen Stränden erinnern an Torremolinos; die Badegäste sind mehr im 'pool' als im Meer.
ROQUETAS DEL MAR: ähnlich, mit großem Yachthafen. Weiter westlich: ausgedehnte Sandstrände, meist 'unerschlossen'.

Zwischen Roquetas del Mar und ADRA sind ungefähr 1200 Quadratkilometer der flachen Küstenlandschaft unter Plastikplanen verborgen. Hier wird Gemüse aller Art angebaut und kann dreimal im Jahr geerntet werden.

DIE ALPUJARRA

Über diese Landschaft an den Südhängen der Sierra Nevada, eines der schönsten Gebiete Andalusiens, habe ich im Kapitel 'Granada' ausführlich berichtet. Die Alpujarra findet ihre Fortsetzung in der Provinz Almeria: zwischen ALCOLEA und ALHAMA DE ALMERIA
Wenn man von der N 340 bei BENAHADUX (siehe Provinzplan) links abbiegt, hat man nach etwa 5 km Gelegenheit, die 2 km rechts der Straße liegende 'Necropolis de los Millares zu besuchen. Ab ALHAMA DE ALMERIA schlängelt sich die ruhige Landstraße durch Orangenhaine und Weinberge hinauf zu malerischen Orten mit herrlichen Aussichten: Alicún, Illar, Ragól, Canjáyar, Fondón und Laujar de Andarax. Für die Strecke ab ALCOLEA: siehe Plan Seite 89.

*　*　*

Die Alpujarra ist eine Gegend des Abschieds: sie war es für die Mauren, die dem Land Andalusien so viel Kultur brachten, und hier im 15. Jahrhundert noch eine letzte Zuflucht fanden, bevor man sie endgültig aus dem Lande jagte; und sie ist es für uns mobile Touristen des 20. Jahrhunderts, die wir hier oben in den lichten Höhen der Sierra Nevada von Andalusien Abschied nehmen. Aber die Träne, die uns über die Wange rollt, fällt in ein Weinglas, aus dem wir bei unserem nächsten Besuch wieder trinken können.

HASTA LA VISTA - SI DIOS QUIERE

INFORMATIONSTEIL

SPANISCHE FREMDENVERKEHRSÄMTER

DEUTSCHLAND:
6000 Frankfurt, Bethmannstr. 50-54, Tel. 069-285760
8000 München 2, Oberanger 6, Tel. 089-2609570
4000 Düsseldorf, Graf-Adolf-Str. 81, Tel. 0221-370467
2000 Hamburg 1, Ferdinandstr. 64-68, Tel. 040-330787
ÖSTERREICH:
Wien, Rotenturmstr. 27, Tel. 663191
SCHWEIZ:
Zürich, Seefeldstr. 19, Tel. 2527930

OFICINAS DE TURISMO - Fremdenverkehrsämter in Andalusien

ALMERIA — Almeria: Hermanos Machado, 4; Edificio Múltiple-Lateral; Tel. 951-234705

CADIZ — Cadiz: Calderón de la Barca, 1; Tel. 956-211313
Algeciras: Avda. de la Marina; Tel. 956-656761
Jerez: Plaza de la Cristina

CORDOBA — Cordoba: Hermanos Gonzáles Murga, 13; Tel. 957-471235

GRANADA — Granada: Casa de los Tiros; Pavaneras, 19; Tel. 958-221022

HUELVA — Huelva: Vázquez López, 5; Tel. 955-257403

JAÉN — Jaén: Arquitecto Bergés, 1; Tel. 953-222737
Baeza: Plaza del Populo; Tel. 953-740444
Ubeda: Plaza de los Caídos; Tel. 953-750897

MALAGA — Malaga: Marqués de Larios, 5; Tel. 952-213445
Malaga: Flughafen; Tel. 952-312044
Ronda: Plaza de España, 1; Tel. 952-871272
Benalmádena: Straße nach Cádiz, km 229; Tel. 952-442494
Torremolinos: Bajos de la Nogalera, 517; Tel. 952-381578

SEVILLA — Sevilla: Avda. de la Constitución, 21; 954-221404

SPEZIELLE INFORMATIONEN VON A - Z

Auto: Grüne Versicherungskarte obligatorisch. Die spanische Haftpflicht-versicherung deckt nur Personenschäden, deshalb: Rechtsschutzversicherung und Vollkaskoversicherung empfehlenswert. Promillegrenze: 0,8. Geschwindigkeiten: Autobahn: 120, Landstraßen: 90/100, Ortschaften: 60. Gurte: nur außerhalb der Ortschaften Pflicht. Unfälle: siehe Notrufe. Beleuchtung: in beleuchteten Ortschaften: Standlicht.
Ein paar Begriffe:
aparcar - parken; aparcamiento - Parkplatz; ceda el paso - Vorfahrt beachten; cruce peligroso - gefährliche Kreuzung; desviación - Umleitung; obras - Straßenbauarbeiten; accidente - Unfall; semáforo - Ampel.

Banken: Montag bis Freitag: 9.00 - 13.00/14.00 Uhr, Samstag: 9.00 - 13.00
Diebstahl: besondere Vorsicht in Sevilla und den großen Hafenstädten.
Feiertage: 1.1. - 6.1. - 19.3. - Gründonnerstag und Karfreitag, - 1.5. - Fronleichnam - 25.7. - 15.8. - 12.10. - 1.11. - 8.12. - 25.12.
Haustiere: Impfen und Impfpass gegen Tollwut obligatorisch.
Konsulate: BRD:
   Malaga, Paseo del Limonar 28, Tel. 227866
   Sevilla, Avda. R. de Carrabza 22, Tel. 457811
   Österreich: Sevilla, C. Marques de Paradas 26, Tel. 222162
   Schweiz: Malaga, Puerta del Mar 8, Tel. 217266
Krankheit: ein Sozialversicherungsabkommen mit Spanien besteht. Besser: Private Urlaubskrankenversicherung; spanische Ärzte liquidieren weniger als ihre deutschen Kollegen.
Notrufe: Polizei: **091**
   Deutschsprachige Notrufe des ADAC: Barcelona: (93) 2008800 + (93) 2008044; Madrid: (91) 5930041; Valencia (96) 3600504; Alicante: (96) 5221046.
Post: = Correos und Telefonamt = teléfonos sind meist in separaten Gebäuden. Briefmarken (sellos) gibt es auch im Tabakgeschäft (tabacos).
Reiten: 1.) CORTIJO EL VALLE: siehe Seite 181
   2.) PEGASUS-REITERREISEN; 2000 Hamburg 60, Gründgensstr. 6, Tel. 040-6300036; Andalusienritte mit 8/13 und 9/15 Tagen in den Provinzen Cadiz und Malaga. Pferde: pura raza andaluza (Andalusier).
Telefon:
   Von Deutschland nach Spanien: Landesvorwahl: **0034**
   Die Provinzvorwahl, Z.B. Sevilla: 954:
   - von Deutschland aus: die 9 weglassen, also: 0034 - 54
   - von einer Provinz in die andere Provinz: 954
   - innerhalb einer Provinz: Vorwahl weglassen, nur Teilnehmernummer!
   Von Spanien nach Deutschland: Landesvorwahl: **07 - 49**
nach der 07 höheren, langen Ton abwarten, dann zügig durchwählen, die erste 0 der Ortskennzahl weglassen.
   Spanien - Schweiz: 07 - 41; Spanien - Österreich: 07 - 43
   Provinzvorwahlnummern: Sevilla: 954; Cadiz: 956; Cordoba: 957; Huelva: 955; Jaen: 953; Malaga: 952; Almeria: 951; Granada: 958
Siesta: in Andalusien heilig; von ca. 14.00 bis ca. 17.00 Uhr.
Wasser: möglichst kein Leitungswasser trinken! Agua mineral con/sin gaz.
Zug: allgemein: nur der Stierkampf ist in Spanien pünktlich. Bei Fernschnellzügen kann man nicht einfach zum Schalter gehen "Ein Billet nach. . ." , man muß vorbuchen; je nach Saison einen bis mehrere Tage voher. Bei den 'Talgo'-Zügen (Luxus-Fernschnellzüge) Wochen vorher!
   Speziell: **AL ANDALUS EXPRESO:**
   Ein besonders schönes, nicht ganz billiges Vergnügen!!!
   Eine Reise im Stil des 'Fin de Siècle' mit Plüsch, Samt und Pleureusen, ein Luxushotel auf Schienen mit Schlaf- und Speisewagen, Bar- und Salonwagen. Auf zwei Routen, Mitte April bis Mitte Oktober, jeweils mit Aufenthalten und Besichtigungen: Route A: Sevilla-Cordoba-Malaga-Jerez-Sevilla: 4 Tage, ca. DM 1400,-. Route B: umgekehrte Richtung, aber 3 Tage, ca. DM 1200,-. Auskunft: RENFE Büros Sevilla, Cordoba.

ÖFFNUNGSZEITEN

GRANADA

Alhambra und Generalife
9.30-20.00 (Winter 9.30-17.45); mit Nachtbeleuchtung: Sommer: (April-Sept.) Di.+Sa. 22.00-24.00; Winter: Sa. 20.00-22.00.
Museen im Palast Karls V
9.30-13.00; Mo. zu.
Capilla Real
Sommer: 11.00-13.00/16.00-19.00; Winter: 11.00-13.00/15.30-18.00.
Kartäuser-Kloster
10.00-13.00/16.00-19.00.

CORDOBA

Mezquita
10.30-13.30/16.00-19.00; 01.10.-31.03.: 15.30-17.30.
Städtisches Museum
9.30-13.00/17.00-20.00 (Winter: 16.00-19.00); Mo. zu.
Archäologisches Museum
9.00-14.00/18.00-20.00 (Winter: 17.00-19.00); Mo. zu.
Museum der Künste
10.00-13.00/16.00-19.00 (Winter: 15.00-17.00); So. 10.00-14.00.
Für längere Zeit wegen Renovierung geschlossen.
Medina Azahara
9.30-13.00/15.30-17.30.

SEVILLA

Kathedrale + Giralda
10.30-13.00/16.00-18.30; So. Nachm. zu.
Alcázar
9.00-12.45/15.00-17.45; Sa./So.: 9.00-13.00.
Museo de Bellas Artes
10.00-14.00/16.00-19.00; Mo. zu; So. + Feiert.: nachm. zu.
Casa de Pilatos
EG: 9.00-20.00/19.00 (Winter); 1. Stock: 10.00-13.00/15.00-19.00.
Museo Archeologico
10.00-14.00; So. + Mo. zu.
Archivo General de Indias
10.00-13.00; So. zu.
Italica
9.00-18.30 (Winter: 17.30); Mo. zu.

HUELVA

Kloster La Rabida
10.00-12.15/16.00-18.15; Mo. zu; Führungen alle 45 Min. im Sommer auch 19.00 und 20.00.

Aracena: Höhle
10.00-19.00 (Winter: 10.00-18.00).
Coto-Donaña-Naturpark
8.00-13.00/14.30-19.30; Anmeldung: 430432.

JAEN

Kathedrale
8.30-13.30/16.30-20.00.
Museo Provincial
10.00-14.00/16.00-19.00; Mo. zu.
Naturpark Cazorla
Information durch: Oficina del Parque Natural de Cazorla,
Calle M. Falero 41, Cazorla; T. 720115.

ALMERIA

Alcazaba
9.30-13.00/16.00-20.00 (Winter: 15.00-19.00).
Archäologisches Museum
10.30-13.30; So. zu.
Westernstadt Tabernas
Sommer: 9.00-21.00; Winter: 9.00-18.00.
Observatorium Calar Alto
Mo.-Fr. vormittags nach Voranmeldung.

CADIZ

Städtisches Museum Cadiz
10.00-14.00; Sa. + So. zu.
Kathedrale
10.00-14.30; So. zu.

MALAGA

Kunst-Museum Malaga
10.30-13.00/17.00-20.00 (Winter: 16.00-19.00); Mo. zu.
Alcazaba
10.30-13.00/17.00-20.00 (Winter: 16.00-19.00).
Pileta-Höhle
9.00-14.00/16.00-19.00.
Cueva de Menga
10.00-13.00/15.00-18.00; Mi. zu.

CAMPINGPLÄTZE

Für die Richtigkeit hinsichtlich der Plätze und ihrer Öffnungszeiten kann keine Gewähr gegeben werden, da bekanntlich beides häufigen Änderungen unterworfen ist. Empfehlenswert: ADAC Campingführer Südeuropa - enthält zwar nicht alle Plätze, aber detaillierte Informationen. Nummerierte und ausgewiesene Stellplätze sind in Spanien die Ausnahme; man arrangiert sich. Die Plätze des Innenlandes sind meist preiswert und zwanglos, die der Küste sind zahlreich, komfortabel, teurer und im Juli und August ziemlich voll. Die meisten Plätze sind bis 23.00 oder 24.00 Uhr offen. 'Se prohibe acampar' (Camping verboten) findet man an manchen Küstengebieten, vor allem aber in militärischen oder archäologischen Zonen.

ALMERIA

ADRA   C. Las Gaviotas; ganzjährig.
          La Sirena Loca; Juni - Sept.
          Las Vegas; ganzjährig.
ALMERIA   C. La Garrofa; ganzjährig.
ALMERIMAR   C. Mar Azul; 01.04.-30.10.
CUEVAS DE ALMANZORA   C. Las Rozas; ganzjährig.
EJIDO   C. Mar Azul; Mai - Sept.
GARRUCHA   FKK-C. Las Palmeras; ganzjährig.
LA HABANA   C. La Habana; ganzjährig.
MOJACAR   C. El Cantal de Mojacar; ganzjährig.
SAN JOSE   C. Tau.
VERA   C. Almanzora; ganzjährig.

CADIZ

ALGECIRAS   C. Costa Sol; ganzjährig.
          Bahia, ganzjährig.
ARCOS   C. Arcos; 01.05.-30.09.
BARBATE   C. Camaleon; ganzjährig.
          Caños de Meca; ganzjährig.
CHICLANA   C. La Barrosa; ganzjährig.
CONIL   C. Cala del Aceite; Juni - Okt.
          Fuente del Gallo; ganzjährig.
          Municipal Conil; 15.05.-30.09.
          Pinar Tula; Juli - Sept.
PUERTO DE SANTA MARIA   C. Guadalete; ganzjährig.
PUERTO REAL   C. El Pinar; 01.03.-30.10.
ROTA   C. Punta Candor; 01.05.-30.09.
SAN ROQUE   C. San Roque; ganzjährig.
TARIFA   C. Paloma; ganzjährig.
          Rio Jara; ganzjährig.
          Tarifa; ganzjährig.
          Torre de la Peña; ganzjährig.
          Torre de la Peña II; ganzjährig.

VEJER   C. Vejer; ganzjährig.

CORDOBA

CORDOBA   Campamento Municipal del Turismo; ganzjährig.
          Lagartijo; N4 nach Madrid, bei km 398 links.
SANTAELLA   La Campiña; ganzjährig.

GRANADA

ALBOLOTE   C. Cubillas; ganzjährig.
ALMUÑECAR   C. El Paraiso; ganzjährig.
CARCUNA   C. Don Captus; ganzjährig.
CASTELL DE FERRO   C. El Cortijo; Mai - Sept.
                   Las Palmeras; April - Sept.
                   El Sotillo; Juni - Sept.
GRANADA   C. El Ultimo; ganzjährig.
          Los Alamos Santa Fé; 01.04.-31-10.
          Maria Eugenia; ganzjährig.
          Camping-Motel Sierra Nevada; 15.03.-15.10.
LA ZUBIA   Camping-Motel Reina Isabel; ganzjährig.
OTURA   C. El Juncal; ganzjährig.
SALOBREÑA   C. El Penon; April - Okt.

HUELVA

ALJARAQUE   C. Club Las Vegas; ganzjährig.
EL ROMPIDO C. Catapum; ganzjährig.
MATALASCAÑAS   C. Rocio Playa; ganzjährig.
MAZAGON   C.-Caravaning Playa de Mazagón; ganzjährig.
          Donana Playa; ganzjährig.
          Fontanilla Playa; ganzjährig.
PALMA DEL CONDADO   C. La Vina; ganzjährig.
PUNTA UMBRIA   C. Pinos del Mar; 15.06.-15-09.

JAEN

ANDUJAR   Camping
CAZORLA - Naturpark; ganzjährig.
SANTA ELENA   C. El Estanque; ganzjährig.

MALAGA

CALAHONDA   C. Los Jarales; ganzjährig.
ESTEPONA   C.-Caravaning La Chimenea; ganzjährig.
FUENGIROLA   C. Fuengirola; ganzjährig.
             La Rosaleda; ganzjährig.
LA CALA DE MIJAS   C. Calazul; ganzjährig.
                   El Castillo; ganzjährig.
                   Playa la Debla; 01.07.-30.09.
MALAGA   C. Balneario del Carmen; ganzjährig.

MARBELLA   C.-Caravaning La Buganvilla; ganzjährig.
          Marbella Playa; ganzjährig.
SABINILLAS   C. Chullera III; Juni - Sept.
             C. Chullera II; ganzjährig.
TORRE DEL MAR   C. Torre del Mar; ganzjährig.
TORREMOLINOS   C. Torremolinos; ganzjährig.
VELEZ MALAGA   C. Valle Niza; ganzjährig.

SEVILLA

DOS HERMANAS   C. Wilson; 01.02.-30.11.
               Club de Campo; ganzjährig.
SEVILLA   C. Sevilla; ganzjährig.

HOTELS

Die Kategorien:

* * * * *   Hotels der 1. Klasse, Luxus
* * * *   Hotels mit jedem Komfort
* * *   Hotels mit Komfort
* *   Bürgerliche Hotels mit etwas Komfort
*   Einfache, bürgerliche Hotels
H   Hotels mit Restaurant
HR   Hotel Residencia - Hotel garni
PN   Parador Nacional

Die Paradores Nacionales

Seit 1926 hat der spanische Staat ein Netz von inzwischen 86 Hotels gebaut, teils in restaurierten Burgen und Schlössern (Jaen, Carmona), in Stadtpalästen (Ubeda), in Klöstern (Granada, Ayamonte), teils als Neubauten (Mazagon, Cazorla, Cordoba u.a.). Die immer noch staatseigenen Betriebe werden unter individueller Regie geführt. Die Einteilung in Kategorien erfolgt wie bei privaten Hotels, und die Preise haben sich inzwischen angeglichen. Der Service ist höflich-liebenswürdig, aber nicht herzlich. In touristisch frequentierten Orten (Granada) und zu Hauptreisezeiten rechtzeitig reservieren (Euroscheck für 1 Nacht). Reservierung auch über: Ibero-Hotel, Düsseldorf, Berliner Allee 22, Tel.: 80014
    Eine Empfehlung:
Wer im Winter Andalusien bereist und an kühleren Nordwindtagen gelegentlich in einfachen Landgasthäusern übernachtet, sollte einen kleinen, leichten Heizlüfter mitnehmen; des Morgens, beim Gang zum 'Cuarto de Baño' kann es schon mal kühl und klamm sein. Die Spanier machen es auch so. Man achte aber auf die jeweilige Netzspannung! In Sevilla gibt es noch 110 Volt!
Ein paar Begriffe:
Gibt es Zimmer? - Hay habitaciones?; Doppelzimmer - un doble; Bett - cama; Bad - Cuarto de bano; Dusche - ducha; für eine Nacht - por una noche; wieviel kostet es - cuanto es?

Die 17 Paradores Andalusiens und eine kleine Auswahl sonstiger Hotels:
GRANADA (958)

GRANADA: PN **** San Francisco, Alhambra, Tel. 221493 + 221462
Washington Irving H ***, Paseo de Generalife (bei Alh.) Tel. 227550
Sacromonte HR ** Plaza del Lino 1, Tel. 26641
America HR * , neben dem Parador, Tel. 227471 (April - Oktober)
SIERRA NEVADA: PN Sierra Nevada Tel. 480200
ALPUJARRA: die meisten Orte verfügen über kleine Pensionen.

CORDOBA (957)
CORDOBA: PN **** La Arruzafa, Tel. 275900
Maimonides HR *** C. Torrijos 4 (neben Mezquita) Tel. 471500
LUCENA: Baltanas HR ** Avda. J. Solis, Tel. 500524
PRIEGO DE CORDOBA: Fuente del Rey H ** Hrs. de Toledo, T. 540125

SEVILLA (954)

SEVILLA: Macarena H **** S. J. de Rivera, Tel. 375700
Reyes Catolicos HR *** Gravina 57, Tel. 211200, zentral, beim Bahnhof
Montecarlo H ** Gravina 51, Tel. 217503, gehört zum vorgenannten.
CARMONA: PN **** Alcazar del Rey Don Pedro, Tel. 141010

HUELVA (955)

HUELVA: Luz Huelva HR ****, Alameda Sundheim 26, Tel. 250011
ARACENA: Sierra de Aracena HR **, Gran Via, Tel. 110775
AYAMONTE: PN *** Costa de la Luz, Tel. 320700
ISLA CRISTINA: Paraiso HR **, Camino de Playa Tel. 331873
MAZAGON: PN *** Cristóbal Colón, Tel. 376000

CADIZ (956)

CADIZ: PN *** Atlantico, Duque de Najera 9, Tel. 226905
ARCOS DE LA FRA.: PN *** Casa del Corregidor, Tel. 700500
EL BOSQUE: Las Truchas H ** Avda. Diputación 1, Tel. 61
CAÑOS DE MECA: Trafalgar Appartements, beim Strand, Tel. 450394
CONIL DE LA FRA.: Flamenco H *** Fuente del Gallo, Tel. 440711
    Cortijo de la Fontanilla, Bungalows, Tel. 441024
GRAZALEMA: Grazalema H *, C. Comercal, Tel. 111342
JEREZ DE LA FRA.: Garaje Centro HR * (mit Garage) C. Dona Blanca 10
    Tel. 332450
SANLUCAR DE B.: Guadalquivir H *** C. de Ejercito Tel. 360742
TARIFA: Dos Mares H *** Ctra. de Cadiz (am Strand) Tel. 684035
    Balcon de España H *** Ctra. de Cadiz, Tel. 684326
ZAHARA DE LOS ATUNES: Atlanterra H **** Tel. 432608
    Antonio H ** (am Strand) Tel. 431241
    Castro H * Ortsmitte, Tel. 430248
    Nicolas H * Ortsmitte, Tel. 431174
EL PALMAR: (zwischen Conil und Caños de Meca:
    Francisco H * direkt am Strand, Tel. 450464
BOLONIA (zwischen Zahara und Tarifa):
    Bellavista H, El Jerezano H, Antonio Rios H

MALAGA (952)

MALAGA: PN *** Gibralfaro, Tel. 221902-3-4
ANTEQUERA: PN *** PN de Antequera, Tel. 840261
NERJA: PN **** PN de Nerja, Tel. 520050
TORREMOLINOS: PN **** Del Golf, Tel. 381255

JAEN (953)

JAEN: PN **** Castillo de Santa Catalina, Tel. 264411
BAILEN: PN *** PN de Bailen, Tel. 670100
CAZORLA: PN *** Del Adelantado, Im Naturschutzpark, Tel. 721075
UBEDA: PN *** Palacio Condestable Davalos, Tel. 750345

ALMERIA (951)

ADRA: Abdera H ** mit Garage, Mitte der Hauptstraße, Tel. 400100
MOJACAR: PN **** Reyes Catolicos, Tel. 478250   ·
PUERTO LUMBRERAS: der Parador Nacional gehört zwar zur Provinz
    Murcia, liegt aber fast am Beginn von Andalusien. Modern, trotzdem
    gemütlich, gute Küche, reichliches Frühstück. Tel. 968-402025

Die schönsten Paradores hinsichtlich Lage und Gebäude:
    Granada, Jaen, Ubeda, Carmona, Malaga,
Moderne Paradores, aber in schöner Lage:
    Mazagón, Cazorla, Arcos, Sierra Nevada
Die spanischen Fremdenverkehrsämter geben Prospekte über Hotels und
Paradores heraus.
Telefonnummern sind häufigen Veränderungen unterworfen, deshalb:
Keine Gewähr!!

AUSSPRACHE UND REDEWENDUNGEN

C = vor O, U, A wie K, vor E und I wie englisches TH
CH = wie TSCH ducha (Dusche) = dutscha
H = wird nicht gesprochen: hasta (bis) = asta
J = wie CH in 'Dach': Jerez = cheré
LL = wie J: Sevilla = Sevija
Ñ, ñ = wie NJ : Manana = manjana
QUE = wie ke: Queso (Käse) = keso
Z = wie das C = engl. TH

uno,dos,tres,cuatro,cinco,seis,siete,
ocho,nueve,diez / ciento / mil
       10   100   1000

Guten Tag - buenos dias
Guten Abend - buenas tardes
Gute Nacht - buenas noches
bitte (Wunsch) - por favór
danke (sehr) - (muchas) gracias
bitte (nach danke) - de nada
Verzeihung - perdone
es tut mir leid - lo siento
ich verstehe nicht - no entiendo
haben Sie Zimmer? - hay habita
                   ciones?

wie sagt man - como se dice
sehr angenehm (bei Vorstellung) - en-
                      cantado
was gibt es ? - que hay?
was empfehlen Sie? - que puede re-
                  recomendarme?
groß/klein - grande/pequeño
Reparaturwerkstatt - taller mecanico
die Rechnung - la cuenta
Wasser, Wein, Bier - aqua, vino, cerveza

Fortsetzung von Seite 236 - noch ein paar häufig gebrauchte Begriffe:

Wie komme ich nach . . ? - Como puedo llegar a . . ?

wo/wohin - donde/ a donde
woher/wann - de donde/cuando
sehr nahe - muy cerca
weit weg - muy lejos
rechts/links - a la derecha/izquierda
geradeaus - siempre derecho
oben/unten - arriba/abajo
gestern/morgen - ayer/ manana
heute/jetzt - hoy/a hora mismo
Brot/Fleisch/Fisch-pan/carne/pescado

Frühstück - desayuno
Mittag-/Abendessen - almuerzo/cena
Essen/Getränke - comida/bebidas
gut durchgebraten - bien hecho
wenig   "   - poco hecho
Speise-/Würfeleis - helado/hielo
kalt/temperiert - frio/natural
Flasche/Glas - botella/vaso
Teller/Löffel - plato/cuchara
Messer/Gabel - cuchillo/tenedor

ÐER JAKOBSWEG

HANSJÖRG SING

* Ein Reise- und Kunstführer durch Frankreich (Burgund-Auvergne-Massiv Central-Gascogne-Pyrenäen) und Nordspanien (Navarra-Kastilien-Galicien) entlang des mittelalterlichen Pilgerweges nach Santiago de Compostela.

* Mit der Geschichte und den Legenden der Wallfahrt und des europäischen Jakobskultes.

* Mit Beschreibungen der Landschaften und Städte, zahlreichen Fotos und Zeichnungen.

* Mit praktischen Informationen zu Hotels, Gastronomie, Camping und Zeichnungen von Straßen, Stadtplänen, Kirchen u.a.

In der 2. Auflage (1987) und 3. Auflage (1988) erweitert um:

* Wanderkarten - 20 seitiger, detaillierter Kartenteil durch Nordspanien.
* Die Küsten Galiciens - Landschafts- und Badeurlaub.
* Der Arles-Weg über den Somportpaß.
* Der Vézelay-Weg durch Limousin und Perigord (Dordogne).

Pressestimmen:
WAZ, NRZ, WR, WP: ". . . erfüllt alle Anforderungen an einen guten Reiseführer. . gründlicher, touristenfreundlicher Kulturführer. . ."
Südwestpresse: ". . .beispielhafter Führer. . .lebendig, mit umfassenden Informationen, ohne Einschränkungen zu empfehlen. . . "

ISBN 3-9801068-1-0

VIA VERLAG * PF 3572 * 79 ULM

Der Autor über sich selbst

Schlierseer von Geburt, Bayer mit Liebe zum Biergarten, aber ohne Lokalpatriotismus, Europäer aus Überzeugung.

Epikuräer mit ausgeprägter Neigung für alles Schöne. Gute Küche und gepflegte Keller nicht verachtend.

Eifriger Verfechter von Toleranz, wo immer sie angebracht ist. Vorurteilsfrei, aber kritisch.

Immer abseits der großen Touristenstraßen anzutreffen, vor allem in stillen Kreuzgängen und gemütlichen Tavernen.

Umgangs-Spanisch, Französisch und Italienisch sprechend, weil er es für wichtig hält, sich mit den Einheimischen zu unterhalten und nicht nur nach der Frage "Wie komme ich nach...." weiterzuhasten.

Im Hauptberuf Arzthelferinnen unterrichtend, für die er auch ein Buch geschrieben hat: "Grundlagen zur Hygiene und Gerätemedizin"

Außerdem: "Der Jakobsweg" (Seite 239), sowie "Paris" und "Toskana", drei Reiseführer für Indivualisten.

Seine Devise auf Reisen:

Die Vergangenheit bewundern,
die Gegenwart genießen.

Schreibt seine Bücher mit Herzblut und Elsässer Riesling und möchte noch so manchen Reiseeindruck von liebenswerten Gegenden an interessierte Leser weitergeben.

Die Mitarbeiterin:

Olly Sing-Gubo

Früher als Pianistin und Sängerin der Kunst dienend, jetzt lieber auf Kunst-Reisen.

Unveränderliche Kennzeichen:

Temperament und gute Laune.

Ohne ihre kräftige Mitarbeit wäre dieses Buch nicht entstanden.

240